# Azoren

*Zeit für das Beste*

Highlights – Geheimtipps – Wohlfühladressen



»Gott gab dem Meer Abgründe und Gefahren und

ließ es doch den Himmel widerspiegeln.«

Fernando Pessoa

BRUCKMANN

# Azoren

## Zeit für das Beste

Birgit Siegel
Thomas Stankiewicz

BRUCKMANN

**Seite 2/3**: Steilküsten prägen die Insel Flores.
**Oben**: Die Landwirtschaft prägt das Leben auf den Azoren.
**Mitte:** Im Osten von São Miguel ist jeder Aussichtspunkt ein Park.
**Unten:** Warten auf die Prozession

# INHALTSVERZEICHNIS

## Faial und Pico



## Santa Maria, Graciosa, Flores, Corvo



## Reiseinfos

**Oben**: Städtisches Ambiente an der Hafenpromenade von Ponta Delgada
**Unten:** Marienverehrung wird auf den Azoren großgeschrieben.

# DIE TOP TEN

## HEILIGGEISTFESTE (S. 21)

Kaum ein Ort ohne eine aufwändig gestaltete Heiliggeistkapelle: Der Glaube an die Macht des »Espírito Santo« ist bei den Azorianern tief verwurzelt. Anlässlich einer feierlichen Prozession trägt man die Heiliggeistkrone durch die Straßen, Brote und Wein werden verteilt, bunt geschmückte Ochsenwagen fahren quietschend durch den Ort. Schnell findet man beim gemeinsamen Löffeln der Heiliggeistsuppe Kontakt zu Land und Leuten.

## HORTENSIENBLÜTE (S. 46)

Im Juli verwandeln sich die Azoren in ein hellblaues Blütenmeer. An Straßen- und Wegrändern, an Aussichtspunkten und zwischen Weideflächen: Überall auf den Inseln blühen prächtige Hortensienhecken – ein faszinierendes Schauspiel.

## FEUERSEE (S. 88)

In einem mit Lorbeerwäldern bewachsenen Vulkankrater funkelt der Feuersee auf der Insel São Miguel. Die wilde, naturbelassene Landschaft begeistert Naturfreunde und Wanderer.

## PARK TERRA NOSTRA (S. 90)

Botanik vom Feinsten bietet der Park Terra Nostra in Furnas auf São Miguel. 600 Kamelienarten, Azaleen in allen Farben, Palmfarne, Ginko- und Mammutbäume warten auf die Besucher, Wasserläufe und Seerosenteiche erfreuen das Auge. Badespaß zu jeder Jahreszeit verspricht das riesige Becken mit heißem Thermalwasser.

## ANGRA DO HEROÍSMO (S. 116)

Der geschützte Naturhafen von Angra war im 16. Jahrhundert Knotenpunkt des Atlantikhandels. Anfang des 17. Jahrhunderts baute man den Ort nach einem Erdbeben als typische Renaissancestadt wieder auf. In der Gassen der Altstadt ist die Seefahrtsgeschichte lebendig, daher erhielt Angra von der UNESCO die Auszeichnung Weltkulturerbe.

## ALGAR DO CARVÃO (S. 126)

Auf Terceira kann man in das Innere eines Vulkans hinabsteigen. Über 100 m tief geht es in den gewaltigen Schlot hinab, dessen Wände in verschiedenen Farben glitzern. Am Grund funkelt ein kleiner See, darüber erhebt sich eine riesige, mit weißen Stalaktiten besetzte Kuppel. Auch wenn man schon viele Höhlen besichtigt hat: Der Algar do Carvão ist ein Highlight.

## FAJÃS VON SÃO JORGE (S. 148)

Steil ragt die schmale Insel São Jorge aus dem Meer auf, unterhalb der grünen Steilküste befinden sich jedoch kleine ebene Fleckchen Land am Meer. »Fajãs« nennt man diese fruchtbaren und sonnigen Landzungen, auf denen allerlei exotische Früchte gedeihen. Malerische kleine Siedlungen befinden sich hier, eine schöner als die andere. Kaum ein Besucher lässt sich die spektakuläre Wanderung in die Fajã de Santo Cristo mit ihrem Salzwassersee entgehen.

## CAPELINHOS-VULKAN (S. 176)

Um 2,4 $km^2$ vergrößerte sich die Westspitze der Insel Faial 1957/58 durch einen über ein Jahr lang andauernden Vulkanausbruch. Die schwarze Vulkanasche lässt bei Wind Sandstürme entstehen, an der alten Küstenlinie ragt die Ruine des Leuchtturms in den Himmel. Faszinierend ist die von Lavabomben übersäte Mondlandschaft, auf der sich langsam etwas Grün ansiedelt.

## BERG PICO (S. 192)

Majestätisch erhebt sich der 2351 m hohe Vulkan aus dem Meer. Der höchste Berg Portugals fasziniert mit seinem wolkenumspielten Gipfel und ist eine Herausforderung für Bergsteiger. Im Winter ist seine Spitze als einziger Ort auf den Azoren mit Schnee bedeckt.

## FLORES (S. 246)

In Sachen Grün schafft es Flores, die anderen Inseln noch zu übertreffen. Wasserfälle ergießen sich von Steilwänden, verwunschene Seen zieren das Hochland. Im Sommer verwandelt sich die Insel in ein Blumenmeer, unter Wasser findet man gesunkene Schiffe und eine große Artenvielfalt.

**Oben**: Ausblick über das Tal von Furnas
**Unten:** Wale muss man schützen – das weiß auf Pico heute jedes Kind.

# Der Außenposten Europas

**Vom »Azorenhoch« hat man gehört, als Reiseziel sind die Inseln jedoch vielfach noch wenig bekannt. Weit draußen im Atlantik ragen sie einsam aus dem Meer auf. Rechnet man die französischen Übersee-departments nicht mit, bildet ein Felsen vor der Westküste der Azoreninsel Flores das geografische Ende Europas. »All-inclusive« bieten die Azoren nicht, sonst aber fast alles, was man sich von einer authentischen Urlaubsregion wünschen kann.**

## Unbekannte Perlen

Vom Azorenhoch hört man immer wieder im Wetterbericht, über die Inseln selbst ist wenig bekannt. Auch die Portugiesen vom Kontinent, zu deren Land sie gehören, wissen oft erstaunlich wenig über die autonome Inselgruppe. Fragen zu den Azoren haben da schon so manchen Teilnehmer in Fernsehshows um seinen Gewinn gebracht.

Auf die Azoren zieht es vor allem Urlauber, denen Natur und Ursprünglichkeit wichtiger sind als eine touristische Infrastruktur, die ins letzte Eck reicht. Langweilig wird es ohnehin nicht: Es scheint, als hätte eine höhere Macht bei der Erschaffung der Azoren besonders tief in den Farbtiegel gegriffen, auf engem Raum finden sich Landschaften, wie sie unterschiedlicher nicht sein können: Schwarze Lavaküste und grünes Weideland, idyllische Seen und wilder Atlantik, beschauliche Sandbuchten und steile Klippen schaffen eine reizvolle Atmosphäre, der man sich nur schwer entziehen kann. In den kleinen Orten geht das Leben seinen ruhigen Gang, im Dorfladen fühlt man sich um einige Jahrzehnte zurückversetzt. Das i-Tüpfelchen sind die Gastfreundschaft und die Fülle an Traditionen,

# Steckbrief Azoren

**Lage:** Die Azoren liegen im Nordatlantik zwischen 36 ° und 40 ° nördlicher Breite und zwischen 25 ° und 31 ° westlicher Länge, also in etwa auf einer Linie zwischen Lissabon und New York.

**Fläche:** 2323 Quadratkilometer, davon São Miguel 745 Quadratkilometer, Pico 445 Quadratkilometer und Terceira 400 Quadratkilometer.
Die größten Orte sind Ponta Delgada (ca.17 500 EW, incl. direkt angrenzender Gemeinden ca. 50 000 EW), Angra (ca. 11 000 EW) und Horta (ca. 6100 EW).

**Geographie:** Die neun Inseln der Azoren unterteilen sich in die West-, Zentral- und Ostgruppe. Die Distanz zwischen der westlichsten Insel Flores und der östlichsten Insel Santa Maria beträgt 602 Kilometer.

**Zeitzone:** Mitteleuropäische Zeit (MEZ) minus 2 Stunden

**Einwohner:** 246 772 EW, davon 137 856 auf São Miguel.

**Währung:** Euro

**Amtssprache:** Portugiesisch

**Politik und Verwaltung:** Die Azoren sind seit 1976 eine autonome Region mit eigenen Verwaltungsbefugnissen. Die Regierung befindet sich auf São Miguel, das Parlament auf Faial. Die regionalen Ministerien, »secratarias« genannt, sind auf den drei Hauptinseln verteilt. Wahlen sind alle vier Jahre, 2012 hatte die Linkspartei PS zum dritten Mal in Folge die Mehrheit der Stimmen. Eine Hauptstadt der Azoren gibt es nicht, die Inseln sind in 19 Verwaltungsbezirke (Câmaras) unterteilt.

**Flagge:** 

**Religion:** 97 % der Azorianer sind römisch-katholisch.

**Wirtschaft und Tourismus:** Das wichtigste Exportprodukt der Azoren sind Milcherzeugnisse. Die meisten Milchproduzenten sind kleine Familienbetriebe, die Verarbeitung – vor allem zu Käse – findet mehrheitlich in großen Molkereibetrieben statt. Der berühmteste Käse der Azoren kommt von der Insel São Jorge. Auf den Azoren gibt es etwa 250 000 Kühe, die jährliche Milchproduktion liegt bei ca. 550 Mio Litern. Weitere Exportprodukte sind Rindfleisch, Bauholz, Blumen (insbesondere *Protheas*), Fisch und in kleineren Mengen Ananas.

**Zeitzone:** Die Zeitdifferenz zu Mitteleuropa beträgt minus 2 h, zu Lissabon minus 1 h.

**Elektrizität:** Die Spannung beträgt 220 V, die Stecker sind die gleichen wie in Deutschland.

**Klima:** Die Temperaturen an der Küste bewegen sich ganzjährig zwischen 10° C und 30° C.

die hier wie kaum sonst irgendwo in Europa noch gelebt werden und auf die die Einheimischen auch mit Recht stolz sind.

## Geographie

Die Azoren bestehen aus mehreren bewohnten Inseln, die in drei Gruppen unterteilt werden. Die Ostgruppe besteht aus der größten Insel São Miguel und der Nachbarinsel Santa Maria. Zur Zentralgruppe gehören die Inseln Terceira, Graciosa, São Jorge, Faial und Pico, wobei der gleichnamige Vulkanberg auf der letztgenannten Insel mit 2351 m die größte Erhebung innerhalb des portugiesischen Hoheitsgebiets darstellt. Flores und Corvo bilden schließlich die niederschlagsreiche Westgruppe. Bis auf Pico liegt auf den meisten Inseln der höchste Punkt um die 1000 m, nur Corvo, Santa Maria und die mit 403 m flachste Insel Graciosa liegen erheblich darunter.

Die Distanz zwischen Flores und Santa Maria beträgt immerhin fast 600 km, die Fläche der Inseln zusammengenommen entspricht ungefähr der des Saarlands. Die Azoren liegen auf etwa einem Drittel des Weges zwischen Europa und Amerika. Von Ponta Delgada nach Lissabon sind es 1450 km, nach Neufundland 2450 km.

## Beste Reisezeit

Das Azorenwetter ist für seine Unberechenbarkeit bekannt und kann zu jeder Jahreszeit positiv wie negativ überraschen. Die regenärmsten Monate sind Juli, August und September, allerdings können sich gerade an warmen Tagen leicht Kondenswolken in den Bergen bilden, die für Regen sorgen. Zum Baden ist es ab Mitte Juli ideal, im August erreicht das Meer seine Höchsttemperatur und bleibt bis Oktober noch angenehm warm. Ge-

**Oben:** Leuchtturm am Capelinhos-Vulkan auf Faial
**Mitte:** Nach einer Kneipe muss man meist nicht lange suchen.
**Unten:** Erfrischung im Pool nach einem erlebnisreichen Tag

fürchtet sind die Johannisnebel, die in der zweiten Junihälfte die Azoren heimsuchen. Dichte Nebelglocken umhüllen dann die Inseln und bewegen sich tagelang nicht vom Fleck, Anfang Juli hat der Spuk aber in der Regel wieder ein Ende. In den letzten zehn Jahren traf diese Bauernregel achtmal zu. Juli und August sind zwar die regenärmsten Monate, allerdings können schwülfeuchte Tage dann gerade Wanderern zu schaffen machen. Auch im Winter kann man mit dem Wetter Glück haben, sollte sich aber auf den einen oder anderen Regentag einstellen. Die Temperaturen bewegen sich dann zwischen 10 °C und 17 °C, was sich bei der oft hohen Luftfeuchtigkeit schon mal recht kühl anfühlen kann. Zwischen November und April sollte man unbedingt darauf achten, dass die Unterkunft beheizbar ist, ansonsten muss man wie die Azorianer tapfer frösteln.

Auch im Sommer sind die Azoren bis auf einige beliebte Aussichtspunkte selten überlaufen, im Winter hat man die kleineren Inseln oft fast für sich allein.

## Entdeckungsgeschichte

Inwieweit die Azoren vor der Entdeckung durch den portugiesischen Seefahrer Diogo de Silves bekannt waren, lässt sich wohl nicht mehr mit letzter Genauigkeit rekonstruieren. Auf genuesischen Seekarten waren bereits im 14. Jahrhundert einige Inseln im Bereich der Azoren eingezeichnet, darunter auch eine mit dem Namen San Zorzo. Von dieser Bezeichnung könnte auch der Name »Açores« herrühren, denn von weiter Ferne am Horizont erspähte Inseln erscheinen meist als bläulicher Schimmer, also »azzurro«, wie ein Italiener sagen würde. Auch sollen die Entdecker Corvos an der exponierten Ponta do Marco eine Reiterstatue entdeckt haben, die nach Westen zeigte. Angeb-

**Oben:** Enge Gassen auf der kleinsten Azoreninsel Corvo
**Unten:** Heiligenbilder sind an vielen Häusern zu finden.

**Oben:** Nur wenige Kilometer liegen zwischen den Inseln Faial und Pico.
**Mitte:** Wasserflugzeuge prägen die Geschichte von Horta.
**Unten:** Der Sand an den Stränden der Azoren ist meist dunkel.

lich soll sie auf Geheiß von König Manuel abmontiert worden und dabei zu Bruch gegangen sein.

Wie dem auch sei, die Portugiesen fanden auf den Inseln weder Menschen noch wilde Tiere, dafür aber fruchtbares Ackerland und Süßwasser vor. Da es auf dem Festland an Weizen fehlte, siedelte man auf den Azoren Bauern an, die auf den fruchtbaren, noch nicht ausgelaugten Böden gute Ernten erwirtschafteten. Heinrich der Seefahrer und der Christusorden übernahmen die weltliche und geistliche Verwaltung der Azoren, an diese Zeit erinnern viele Denkmäler, die mit dem Templerkreuz verziert sind. Selbstversorgung und Export von Agrarprodukten – erst Weizen und Färberwaid, dann Orangen und Wein, schließlich Tee und Ananas – prägten die Lebensweise auf den Azoren-Inseln.

## Zwischenstopp auf dem Atlantik

Ab dem 16. Jahrhundert wurde insbesondere Terceira zum Knotenpunkt des Atlantikhandels, was zwar gute Geschäfte versprach, aber auch Piraten und Korsaren anlockte, die den Gewürzschiffen aus Indien und den Inselbewohnern das Leben schwer machten. In den Hauptorten bildete sich bald eine Elite aus Großgrundbesitzern und Händlern heraus, die besonders im 18. und 19. Jahrhundert ein erstaunlich luxuriöses Leben führten.

## Der Außenposten Europas

In der ersten Hälfte des 19. Jahrhunderts war Ponta Delgada dank großer Einnahmen aus dem Orangengeschäft eine der reichsten Städte in Portugal. Die Familien der Oberschicht besaßen riesige Ländereien, schickten ihre Sprösslinge auf Internate nach Paris und London und beschäftigten ein ganzes Heer an Dienstboten und Gärtnern.

Beinahe unglaublich hoch ist Zahl der Klöster, die es in den Hauptorten gab. Hier brachte die Elite die jüngeren Kinder unter, die nicht standesgemäß verheiratet werden konnten. Zunächst sorgten vor allem die Franziskaner für das Seelenheil der Azorianer, später kamen Jesuiten, Karmeliter und Augustiner dazu. Als sich im Jahr 1829 in Portugal der Liberalismus durchsetzte, wurden die Klöster aufgelöst, viele beherbergten in der Folgezeit staatliche Einrichtungen, was auch heute noch der Fall ist.

## Strategischer Knotenpunkt

Im 20. Jahrhundert gingen die Azoren durch ihre strategische Lage noch einmal in die Geschichte ein. Faial wurde zum Knotenpunkt der Telegrafenkabel im Altantik, im Ersten und Zweiten Weltkrieg errichteten Engländer und Amerikaner Militärstützpunkte, bis in die 1960er-Jahre legten die Flieger der Transatlantik-Routen auf den Azoren einen Zwischenstopp ein.

## Bleiben oder auswandern

Trotz allem war das Leben für das einfache Volk nie leicht, bereits im 17. Jahrhundert gab es mehrere Auswanderungswellen, zunächst nach Brasilien, später in die USA, nach Kanada und sogar bis nach Hawaii. 320 000 Einwohner hatten die Azoren Anfang der 1960er-Jahre – heute sind es 70 000 weniger. Antonio Salazar, der Portugal

**Oben:** Die Auswanderer fühlen sich oft zwei Ländern verbunden.
**Unten:** Amerika ist in den Dörfern stets präsent.

36 Jahre lang als Diktator regierte, investierte kaum in die Azoren, auf dem Land wohnte man in ärmlichsten Verhältnissen, Perspektiven gab es kaum. Nach der Nelkenrevolution 1974, in der große Teile des Militärs gegen die autoritäre Diktatur putschten und den Weg zur Demokratie öffneten, ging es für die Azorianer endlich langsam bergauf. Der Autonomiestatus gab neues Selbstbewusstsein, eine gute Ausbildung war nicht mehr ein Privileg der Elite. Immer wieder haben Azorianer in ihrer fast 600-jährigen Geschichte schwere Krisen gemeistert – leider bestand ein Teil der Lösung immer aus Emigration. Diese Tendenz ist auch in der letzten Zeit wieder zu beobachten.

## Tierwelt

Aufgrund unterschiedlich temperierter Meeresströmungen ist die Anzahl der Fischarten in den Gewässern um die Azoren beträchtlich. Auch Wale und Delfine bevölkern die Gewässer um die Inseln, einige der Meeressäuger bleiben ganzjährig auf den Azoren, andere z.B. die Bartenwale ziehen nur im Frühling vorbei. Im Sommer ist die häufigste Walart der Pottwal, den man noch bis in die 1980er-Jahre zur Trangewinnung jagte.

Auf dem Land war vor der Ankunft der ersten Siedler der endemische Azoren-Abendsegler (*Nyctalus azoreum*) das einzige Säugetier. Die kleine Fledermausart ist die tagaktivste der Welt und daher auch im Sonnenschein oft zu beobachten. Mit den Schiffen gelangten Mäuse und Ratten auf die Inseln, die Siedler führten Mauswiesel, Frettchen und das auf einigen Inseln zur Plage werdende Wildkaninchen ein. Später wurden verschiedene Froscharten auf die Inseln gebracht, die erfreulicherweise die Stechmücken dezimieren, und über die Lavasteinmauern huscht die Madeira-Mauereidechse.

**Oben:** Über den Ausblick können sich die Kühe auf Faial nicht beklagen.
**Mitte:** Kristallblaues Meer auf Pico
**Unten:** Im Meer um die Azoren gibt es viele Delfine.

Auch in der Vogelwelt gibt es einige für die Azoren typischen, nur hier lebenden Vertreter. Leicht zu beobachten sind der Azorenbussard, der einzige Greifvogel, und die Azoren-Gebirgsstelze mit ihrem leuchtend gelben Bauch. Vom Wintergoldhähnchen gibt es gleich drei Unterarten, der neben dem Zaunkönig kleinste Vogel Europas versteckt sich gerne in Bäumen, ist aber an seinem hohen Tschilpen leicht zu erkennen. Eine Besonderheit ist der Azorengimpel, den es nur im Osten der Insel São Miguel gibt und den man mit diversen Schutzprojekten vor dem Aussterben bewahrt hat. Spatzen kamen erst in den 1960er-Jahren auf die Azoren. Vermutlich auf der Militärbasis auf Terceira ausgesetzt, eroberten sie rasend schnell die anderen Inseln und machen nun den einheimischen Singvögeln den Lebensraum streitig. Zu den häufigsten Seevögeln gehören die Gelbfußmöwen und die im Winter nach Afrika ziehenden Seeschwalben. Befindet man sich nachts außerhalb der großen Ortschaften an der Küste, wird man Zeuge eines fast Angst einflößenden Geschreis. Es sind aber lediglich die Gelbschnabelsturmtaucher, die sonst ihr Leben auf dem Meer verbringen und nur des Nachts zum Füttern der Jungen die Nester in den Felsen aufsuchen. Viele Freiwillige sammeln im Herbst im Rahmen des Projekts »SOS Cagarro« orientierungslose Jungvögel von den beleuchteten Straßen und bewahren sie so davor, überfahren zu werden. Auch das Handy vieler Azorianer gackert manchmal urplötzlich los – das Sturmtauchergekreisch ist ein beliebter Klingelton.

## Pflanzenwelt

Aus botanischer Sicht haben die Azoren mehr zu bieten als aus faunistischer. Nur ein Drittel der knapp 1000 Gefäßpflanzen waren vor der Besiedlung durch den Menschen auf den Inseln vorhan-

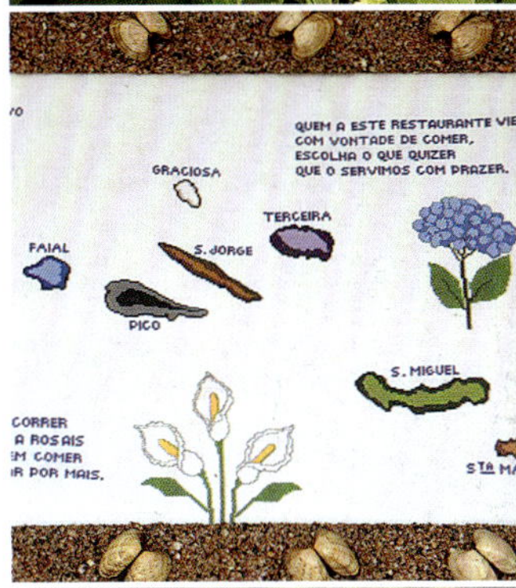

**Oben:** Eine Hortensie versteckt sich im Grün.
**Mitte:** Stickerei hat eine lange Tradition auf den Inseln.
**Unten:** Blüten gibt es auf den Azoren zu jeder Jahreszeit.

AUTORENTIPP!

**AUF SCHUSTERS RAPPEN**

**Kraterrand von Sete Cidades auf São Miguel.** Der Wanderweg »Vista do Rei« auf dem Kraterrand von Sete Cidades besticht bei klarem Wetter durch seine fantastischen Ausblicke über die Seen und das Meer. Karte: PR3SMI; Schwierigkeit: leicht; Länge: 7 km; Dauer: ca. 2 Stunden

**Nordküste von Santa Maria.** Eine an Landschafts- und Vegetationsformen äußerst vielseitige Tour mit Ausblicken über den Atlantik. Karte: PR1SMA; Schwierigkeit: Mittel; Länge: 6,7 km; Dauer: ca 3 Stunden

**Vom Cabeço Verde zum Capelinhos auf Faial.** Geologisch interessante Tour über mehrere Vulkanhügel bis zum 1957/68 entstandenen Vulkanland an der Westspitze der Insel. Karte: PR1FAI; Schwierigkeit: Mittel; Länge: 7 km; Dauer: ca 2,5 Stunden

**Westküste von Flores.** Auf alten Inselpfaden kann man die komplette Westküste der Insel mit ihren Wasserfällen und Steilküsten erkunden. Karte: PR2FLO; Schwierigkeit: Mittel; Länge: 10 km; Dauer: ca 2,5 Stunden

**Mistérios Negros auf Terceira.** Im von Lorbeerwald bewachsenen Vulkanland im Hochland der Insel fühlt man sich fast wie der erste Entdecker der Insel. Karte: PRC1TER; Schwierigkeit: schwierig; Länge: 5 km; Dauer: ca 2,5 Stunden

Beschreibungen der Wandertouren auf Deutsch und detaillierte Karten zum Ausdrucken unter http://wanderwege.visitazores.com/de

den, davon kommen ca. 70 Arten und Unterarten nur auf den Azoren vor. Die berühmteste unter den endemischen Pflanzen ist die zur Küstenvegetation gehörende Azoren-Glockenblume, die man in letzter Zeit auch immer häufiger in Gärten sieht. Gerade auf den Inseln São Jorge, Pico und Flores findet man in den Bergen noch größere Bestände des Lorbeerwaldes, der ursprünglichen Höhenvegetation mit Wacholderbäumen und Stechpalmen. Vielerorts wurde der Lorbeerwald durch die zur Holzgewinnung gepflanzte Japanische Sicheltanne verdrängt. Der Azoreanische Lorbeerwald ist als Wasserspeicher wichtig, deshalb wurden in den letzten Jahren wieder verstärkt ursprüngliche Wälder begründet. Projekte an den Schulen, Ausstellungen und Pflanzaktionen sollen die Bevölkerung für die Bedeutung der einheimischen Pflanzenwelt sensibilisieren.

Viele der heute für die Azoren »typischen« Pflanzen wurden als Zier- oder Nutzpflanzen eingeführt. Auch die überall präsente Hortensie ist nicht einheimisch. Auf den Azoren nehmen die Blüten auf Grund des leicht sauren Bodens eine hellblaue Farbe an, bei höherem pH-Wert sind sie eher rot gefärbt. Auf den Azoren gibt es keinen Monat ohne Blüten, allerdings zeigen nicht alle zur gleichen Zeit ihre Pracht. So wird man etwa im Winter vergeblich nach Hortensien suchen und im Sommer keine Kamelien finden. Letztere stehen im Januar und Februar in voller Blüte, ab Ende März sind Klivien und Azaleen an der Reihe, im Juli säumen Hortensien und Schmucklilien die Straßen. Pünktlich zum Schulbeginn nach den Sommerferien blühen die Belladonna-Lilien, eine rosafarbene Amaryllis-Art, und die hübsch anzusehende, aber stark invasive Girlandenblume. Im Herbst präsentieren die Yuccas ihre großen weißen Blüten, gegen Weihnachten zieren Fackellilien und Aloe die Gärten.

## Geologie

Bergauf und bergab geht es auf den Azoren, denn die Inseln sind durch die Kräfte und vor allem das Auswurfmaterial unzähliger Vulkane geformt worden. Der Archipel ragt ebenso wie Island auf dem Mittelatlantischen Rücken, wo die euroasiatische und nordamerikanische Kontinentalplatte aufeinander treffen, aus dem Ozean. Der Rücken verläuft zwischen Faial und Flores, die beiden Platten driften pro Jahr zwei Zentimeter weit auseinander. Südlich der Azoren befindet sich der Übergang zur afrikanischen Platte, es handelt sich also um eine dreifache Plattengrenze. Vom Atlantischen Rücken Richtung Südosten verläuft das Terceira-Rift, das sich bis zur afrikanischen Platte hinunterzieht und so die dreieckige Mikroplatte der Azoren bildet, auf der die Inseln der Zentral- und Ostgruppe liegen. Flores und Corvo dagegen befinden sich relativ stabil auf der amerikanischen Platte und bleiben von Erdbeben in der Regel ganz verschont.

Santa Maria ist die älteste Azoreninsel, nach Schätzungen der Fachleute bewegt sich ihr Alter zwischen 8 und 16 Mio. Jahren. Zuletzt – vor 250 000 Jahren – entstand die Insel Pico. Manche Inseln wie São Miguel und São Jorge bestanden ursprünglich aus zwei Teilen, die sich später annäherten und zusammenwuchsen. Mit Sicherheit abgeschlossen ist die Entstehungsgeschichte nur auf Santa Maria, alle anderen Inseln sind noch potentiell geologisch aktiv, also das, was man gemeinhin als »schlafende Vulkane« bezeichnet.

## Von Vulkanismus geprägt

Außer auf Santa Maria, Flores und Corvo wurden die Bewohner auf allen Inseln immer wieder mit Ausbrüchen konfrontiert, seit 1427 haben sie die

**Oben:** Wandern auf der Insel Corvo
**Unten:** Als »Prinzessinnenohrringe« wird diese Fuchsienart gerne bezeichnet.

**Oben:** Am Eingang zum Frachthafen von Praia auf Terceira
**Unten:** Die mit Pudding gefüllten Fofas von Povoação sollte man probiert haben.

Bevölkerung fast 30-mal in Angst und Schrecken versetzt. Die Hälfte der Eruptionen fand übrigens im Meer statt. 1957 begann ein Vulkan an der Westspitze von Faial zu brodeln, über ein Jahr lang kam es immer wieder zu Ausbrüchen, am Ende hatte sich die Insel um über 2 qm vergrößert. Um nicht von einem Vulkanausbruch überrascht zu werden, überwacht man die Inseln mit verschiedenen Messeinrichtungen wie Erdbebenmeldern. Zusammen mit der Universität der Kanaren entwickelt die Universität der Azoren ein Frühwarnsystem für Vulkanaktivität.

## Von Erdbeben erschüttert

Viel Zerstörung brachten auch Erdbeben mit sich. Die schlimmste Katastrophe in der Geschichte der Inseln war das Erdbeben 1522 auf São Miguel. Eine Kombination aus Beben, Erdrutsch und Flutwelle zerstörte die Inselhauptstadt Vila Franca komplett, man geht von bis zu 4000 Toten aus. Aber auch die Zentralgruppe blieb nicht verschont: 1757 starben bei einem zweiminütigen Beben, dessen Wert am oberen Ende der Mercalli-Skala (Messung des Ausmaßes der Schäden) lag, 20 % der Inselbevölkerung. 1964 gibt es über Monate immer wieder starke Beben auf Faial und im Westteil von São Jorge, ein Teil der Bevölkerung muss nach Terceira evakuiert werden. 1980 zerstörte ein Erdbeben mit einem Richterwert von 7,2 die Stadt Angra auf Terceira und richtet im Osten von São Jorge große Schäden an. Ein Drittel der Häuser Terceiras waren nicht mehr bewohnbar. Das letzte größere Beben betraf im Jahr 1998 die Insel Faial.

Früher interpretierte die Bevölkerung solche Naturkatastrophen als Strafe Gottes, der Ursprung vieler religiöser Traditionen geht auf solche Ereignisse zurück. Während man heutzutage auf Grund

der Finanzkrise an einigen weltlichen Festen spart, finden die religiösen, auf Gelübde zurückgehenden Prozessionen weiterhin statt.

## Wirtschaft

Die Hauptexportprodukte der Azoren waren schon immer landwirtschaftliche Erzeugnisse und daraus hergestellte Güter. Mehrmals in der Geschichte hat man sich auf ein Produkt spezialisiert, etwa auf Orangen. Ließ die Nachfrage nach, kam die große Krise. Zumindest so lange, bis man eine neue Einnahmequelle gefunden hatte. Seit den 1950er-Jahren haben sich die Inseln verstärkt auf die Milchwirtschaft verlegt, gefördert wurde diese Tendenz zusätzlich durch die EU-Agrarpolitik in den 1980er-Jahren. Heute spricht man von einer »Kuh-Monokultur«, fast jede verfügbare Fläche wird als Weideland genutzt. Auf jeden Azorianer kommt statistisch eine Kuh, mehr als 500 Mio. Liter Milch produziert man im Jahr, fast ein Drittel der portugiesischen Milch kommt von den Inseln. Große Molkereibetriebe und einige kleine Produzenten verarbeiten die Milch vor allem zu Käse, der in Lissabon in jedem Supermarkt zu finden ist. Auch ein großer schweizerischer Konzern lässt auf den Azoren Milchpulver produzieren. Industriebetriebe gibt es kaum, zwei Zigarettenfabriken und eine Zuckerfabrik in Ponta Delgada sind fast schon alles.

**Oben:** Die malerische Caldeira Funda auf Flores
**Mitte:** Mit viel Arbeit verbunden ist der Weinbau auf Pico.
**Unten:** Ein Azorianer macht auch zu Pferde eine gute Figur.

**Oben:** Glückliche Kühe an der Südküste von São Miguel
**Mitte:** Milchbauer an der Melkstation
**Unten:** Auf der felsigen Insel Pico gibt es wenig Ackerland.

## Am Tropf der EU

1986 trat Portugal der EU bei, seit 1999 zählen die Azoren zu den »Regionen in äußerster Randlage« und kommen somit in den Genuss umfangreicher Strukturhilfen. Gefördert wurden vor allem Verbesserungen der Infrastruktur, Straßen, Häfen und Flughäfen wurden gebaut. Ein weiteres Augenmerk galt den Bildungsmaßnahmen, in wenigen Jahren hat sich der Bildungsgrad vor allem bei den Jüngeren stark verbessert. Die von der EU geförderte Bautätigkeit fiel mit dem Wiederaufbau nach den Erdbeben von 1980 und 1998 zusammen, bald war der Job auf dem Bau lukrativer als die Arbeit auf dem Feld.

## Zukunftsperspektiven

Jetzt sind fast alle großen Bauprojekte abgeschlossen, die portugiesische Finanzkrise macht sich durch geringere Gehälter und Renten sowie eine höhere Steuerlast auch auf den Azoren bemerkbar. Die Arbeitslosenquote, die vor einigen Jahren noch unter 4 % lag und somit die niedrigste Portugals war, ist in wenigen Jahren auf 17 % (Stand 2013) angestiegen. Viele Azorianer wählen die altbewährte Lösung: Die Jungen spielen mit dem Gedanken, dahin auszuwandern, wo es Arbeit gibt. Das kann Nordamerika, Frankreich, Deutschland oder Angola sein.

Eine Hoffnung für die Inseln sind Touristen aus dem Ausland. Kamen früher mehr als 50 % der Gäste vom portugiesischen Festland, ist es heute nur noch ein kleiner Teil. Einige Jahre lang versuchte man die Hotels mit günstigen Angeboten auf dem skandinavischen Markt zu füllen. Mittlerweile haben sich die Veranstalter andere Charterziele gesucht, aber die Azorianer haben zumindest gelernt, dass Qualität mehr bringt als Masse.

## Feste und Bräuche

Wer in der Fastenzeit nach São Miguel reist, sieht sie singend und betend die Straßen entlang ziehen: Gruppen von Männern in dunklen Wollumhängen, mit Pilgerstab und Rosenkranz. Es ist die Zeit der Pilger, die von ihrem Heimatort aus in einer Woche die gesamte Insel umrunden. Nachtquartier und Verpflegung bekommen die Männer in den Dörfern unterwegs, gestartet wird gegen vier Uhr morgens und erst gegen 18 Uhr ist der Tag mit einer Andacht in der örtlichen Kirche beendet. Unterwegs besuchen die Pilger alle Kirchen und Kapellen, die der Mutter Gottes geweiht sind. Persönliche Anliegen, tiefer Glaube und das starke Zusammengehörigkeitsgefühl unter den »Brüdern« der Gruppe veranlassen viele, Jahr für Jahr dabei zu sein. Wie zahlreiche andere religiöse Traditionen geht auch der Pilgerzug auf eine Naturkatastrophe zurück, in diesem Fall auf das verheerende Erdbeben von Vila Franca im Jahr 1522.

Im Juni gibt es in vielen Orten fröhliche Feste zu Ehren der Volksheiligen Santo António (13. Juni), São João (24. Juni) und São Pedro (29. Juni). Zu Johanni rund um den 21. Juni ziehen bunt kostümierte Gruppen singend und tanzend durch die Straßen, die Feste erinnern fast ein wenig an Fasching. Die größten Johannisfeste finden in Angra auf Terceira, auf Faial und in Vila Franca auf São Miguel statt. Der Tag des heiligen Petrus wird in Ribeira Grande auf São Miguel mit einem großen Reiterumzug begangen.

Unter den religiösen Festen ist die Verehrung des heiligen Geistes eine der großen Besonderheiten der Azoren. Der Ursprung der Feste liegt vermutlich in der Mystik des 13. Jahrhunderts, verstarkt wurde der Kult durch die portugiesische Königin Isabel (1271–1336) und die Franziskaner.

**Oben:** Keine Prozession ohne Blaskapelle
**Mitte:** Herz Jesu Prozession in Ribeira Grande
**Unten:** Kirche von Praia da Vitória mit manuelinischem Eingangsportal

*AUTORENTIPP!*

**UNTERKÜNFTE MIT AZORENFLAIR**

**Aldeia da Cuada.** Die liebevoll restaurierten Steinhäuschen des verlassenen Dörfchens inmitten des schönsten Teils der Insel Flores begeistern Naturliebhaber. Faja Grande, 9960-070 Lajes da Flores, Tel. 292 59 00 40; www.aleiadacuada.com

**Adegas do Pico.** Ferien machen wie die Einwohner Picos – im inseltypischen Häuschen mit azorianischem Mobiliar und Meerblick. Rua do Ramal, 9940-062 Prainha do Norte, Tel. 933 25 62 77; www.adegasdopico.com

**Quinta Nossa Senhora das Mercês.** Das wunderbare alte Herrenhaus mit großzügigen Gartenanlagen gehört zu den stilvollsten Unterkünften der Azoren. Caminho De Baixo, São Mateus, 9700-550 Angra do Heroismo; Tel. 295 64 25 88; www.quintadasmerces.com

**Hotel Terra Nostra.** Das neu restaurierte Traditionshotel in Furnas verfügt über direkten Zugang zum gleichnamigen Park und einen ansprechenden Wellnessbereich. Rua Padre Jose Jacinto Botelho, Furnas; www.terranostrahotelazores.com

**Hotel Talisman.** Unschlagbar ist die Dachterasse mit kleinem Pool und die Lage direkt im historischen Zentrum von Ponta Delgada. Rua Marquês da Praia de Monfort 40, 9500-089 Sao Miguel, Tel. 296 30 85 00; www.hoteltalisman.com



Gewagtere Thesen wollen in den Festen gar eine jüdische Tradition sehen, der man einen christlichen Deckmantel verpasst hat.

Auch bei dem letzten Vulkanausbruch 1957/58 auf Faial wurden in Bittprozessionen die Heiliggeistkronen zum Vulkan getragen. Das Symbol des Heiligen Geistes ist eine versilberte Krone mit Zepter, die zwischen Ostern und Pfingsten jeweils für eine Woche im Haus einer Familie des Ortes aufbewahrt wird. Ein Zimmer wird ausgeräumt, um der Krone ein würdiges Zuhause auf einem eindrucksvoll mit Blumen und Stickereien geschmückten Altar zu schaffen. Eine Fahne oder Blumen am Hauseingang machen auf das Heiliggeistzimmer aufmerksam, Betrachten ist ausdrücklich erwünscht. Am darauf folgenden Sonntag gibt es während der Messe eine Krönungszeremonie, in der die Krone der nächsten Familie anvertraut wird. Wer die Krone am Pfingst- oder Dreifaltigkeitssonntag zu Gast hat – übrigens eine große Ehre für die Familie – veranstaltet ein riesiges Fest, bei dem es Heiliggeistsuppe für alle gibt. Nach speziellen Rezepten gebackene Brote und Wein werden verteilt, früher hatten die Feste auch die Funktion der Armenspeisung. Der genaue Ablauf der Feste ist auf jeder Insel anders, überall aber hat man dem Heiligen Geist eigene Kapellen errichtet. Lange Zeit waren der Kirche diese vom Volk organisierten Feste, in die teils heidnische Bräuche einflossen, ein Dorn im Auge. Verbieten ließen es sich die Leute nicht, zu sehr glaubte man an die Macht des »Senhor Espírito Santo«, des »Herrn Heiliger Geist«.

Im Sommer und Herbst werden reihum die Schutzpatrone der einzelnen Orte gefeiert. Der Ablauf ist stets ähnlich: Die Straßen werden mit Blütenteppichen geschmückt, Blaskapellen und als putzige Engelchen verkleidete Mädchen begleiten die Prozession. Am Abend isst und trinkt man zusammen, entrollt die Lose der Tombola und vor der beleuchteten Kirche sorgen Blaskapelle, Folkloregruppe und Bands für Unterhaltung. Während des Sommers vergeht kaum ein Wochenende ohne Fest – einfach mitfeiern!

## Musik

Musik war auf den Azoren schon immer von großer Bedeutung und oft die einzige Abwechslung zur harten Arbeit in der Landwirtschaft, die kaum genug zum Leben abwarf. Abends traf man sich im Schein der Petroleumlampe zu den »Guitarradas«, bei denen mehrere Gitarrenspieler zusammen improvisieren. Die zwölfseitige azorianische Gitarre hat durch die Metallseiten einen sehr vollen Klang, man erkennt sie an den herzförmigen Schallöffnungen. Der junge Musiker Rafael Carvalho spielt wunderschöne Solos auf dieser Gitarre, viele junge Azorianer wollen ihm inzwischen nacheifern. Auf den Azoren gibt es über hundert Blaskapellen, die allesamt schmuck in einheitlichen Uniformen aufspielen. Im Sommer sind sie oft im Einsatz, um die Prozession und das Abendprogramm der Dorffeste musikalisch zu untermalen. Nicht verpassen sollte man in Ponta Delgada die Konzerte des Kirchenchors von São José (Coral de São José), beeindruckend ist auch der Chor von Lajes do Pico, der bereits mehrere CDs herausgebracht hat. Wunderschön sind die Balladen der jungen Sängerinnen Helena Oliveira aus São Miguel und Raquel Dutra aus Faial. Wenn es etwas moderner sein darf, sind die Auftritte der Bands Bandarra von Faial und Tributo von São Jorge ein Highlight. Im Sommer gibt es in vielen Orten Musikfestivals mit unterschiedlichen Stilrichtungen. Das Kulturangebot in den größeren Orten sollte man nutzen, die Karten sind günstig und die Azorianer freuen sich sehr über das Interesse.

**Oben:** Der nächste Badeplatz ist nie weit.
**Mitte:** Musikaufführung im ehemligen Franziskanerkloster
**Unten:** Ihre Freizeit widmen viele Azorianer der Blaskapelle.

**Oben:** Dunkler Sandstrand in der Nähe von Ponta Delgada
**Mitte:** Pico ist die Weinbauinsel der Azoren.
**Unten:** Frischer Fisch im Hafen von Ribeira Quente

## Azoren kulinarisch

Die Azorianer essen gerne und reichlich, endlose Unterhaltungen drehen sich auch nach dem dritten Dessert noch bevorzugt um Gerichte und deren Zubereitung. Da kein Restaurant ausschließlich von Touristen leben kann, müssen Preise und Portionen den Erwartungen der Einheimischen entsprechen. Satt wird man immer – kleine Portionen für teures Geld sind für Azorianer nicht akzeptabel. Sie lieben vor allem bodenständige Küche ohne allzu viele Soßen oder Experimente, besonders deftige Fleischgerichte und Steaks werden im Restaurant gerne bestellt. Die Einrichtung des Gasthauses ist gerade auf dem Land dabei eher zweitrangig.

Inzwischen hat sich das gerade in den größeren Orten geändert. Dort eröffnen immer mehr schicke Restaurants mit ambitionierten jungen Köchen, die aus hochwertigen lokalen Produkten tolle Kreationen schaffen. Auch auf Fisch spezialisierte Restaurants findet man immer häufiger und, um guten Fisch zu essen, sollte man auch ein solches aufsuchen. Lecker sind dicke Stücke vom frischen Thunfischfilet (*Naco de atum*), gegrillte Brassen (besonders fein ist der Alfonsim) oder ein zartes Filet vom Gabeldorsch (*Abrótea*). Sehr lecker sind die *Caldeiradas*, ein lecker gewürzter Fischeintopf mit Kartoffeln oder Spezialitäten, die in einer dachziegelartigen Tonform geschmort werden (*na telha*). Außerdem sind noch die Wurstspezialitäten zu erwähnen, wie die auf São Miguel mit frischer Ananas servierte Blutwurst (*Morcela*), die mit grobem Schweinefleisch gefüllte *Linguiça* oder die oft scharf gewürzten *Chouriços*. Auch Liebhaber von Meeresfrüchten kommen auf ihre Kosten, vor allem der Oktopus (*Polvo*) von den Azoren ist butterweich und wird gerne in einer Rotweinsoße zubereitet.

Beim Dessert darf es gerne süß sein, in den Puddings ist reichlich Sahne und gesüßte Kondensmilch enthalten. Kalorienbewussten bleibt zum Glück noch der Griff zur gesunden und aromatischen Azoren-Ananas.

Auf dem Markt fällt die sonderbare schwarze Tarowurzel auf. Als gekochte Beilage war sie lange eine wichtige Nahrungsquelle der ärmeren Bevölkerungsschichten, besonders in Jahren mit schlechten Getreideernten. Die Azorianer bezeichnen den Taro als »Inhame«, obwohl die Pflanze mit der in Afrika kultivierten Yamswurzel nicht verwandt ist.

Wein aus Edelreben wird vor allem auf der Insel Pico produziert, kleinere Mengen auch auf São Miguel und Terceira. Der tiefrote Landwein »Vinho de Cheiro«, aus einer reblausrestistenten amerikanischen Rebsorte gekeltert, ist nicht immer ein Hochgenuss. In größeren Mengen und über lange Zeit genossen, macht er durch den hohen Methanolgehalt körperlich abhängig. Heute wird der Landwein als Kneipengetränk immer mehr durch Bier ersetzt und auch hier kann man auf ein azorianisches Produkt zurückgreifen. Die Brauerei Melo Abreu in Ponta Delgada braut das recht starke Especial (5,5 %) mit Hopfen aus Bayern und produziert unter der Marke »Kima« eine leckere Maracuja-Limonade.

**Oben:** Sauer eingelegte Wachteleier sind ein beliebter Snack.
**Unten:** Frisch aus dem Meer ist der Fisch ein Genuss.

# Geschichte im Überblick

**1427** Vermuteter Zeitpunkt der Entdeckung der Ost- und Zentralgruppe durch den Seefahrer Diogo de Silves

**1439** Karte der Azoren, gezeichnet von Gabriel de Valesca. Dies ist die erste korrekte kartographische Darstellung der Inseln und das erste überlieferte königliche Dokument, in dem die Azoren Erwähnung finden. König Afonso V. beauftragt Heinrich den Seefahrer mit der Besiedlung der Inseln. Im selben Jahr besiedelt Gonçalo Velho Cabral Santa Maria. Meist waren es Mitglieder des Adels, die mit der Zuteilung von Landparzellen auf den Azoren belohnt wurden.

**1450** Bulle von Papst Nikolaus V., in der alle unter Heinrich dem Seefahrer entdeckten Gebiete dem portugiesischen König zugesprochen werden.

**1452** Entdeckung von Flores und Corvo durch Diogo de Teive

**1498** Nach der geglückten Indienfahrt von Vasco da Gama wird Terceira zum obligatorischen Stopp der Indienflotte auf dem Rückweg nach Lissabon.

**1534** Gründung der Diözese der Azoren mit Sitz auf Terceira

**1580–1640** Spanische Herrschaft in Portugal. Während dieser Zeit nehmen die Angriffe von englischen Korsaren auf den Azoren stark zu.

**1580–83** Terceira bleibt die letzte Bastion im Kampf gegen die Spanier.

**1650–1750** Anbau von Färberwaid (*Isatis tinctoria*) auf den Azoren. Der blaue Farbstoff wird zu einem höchst lukrativen Exportartikel, Hauptabnehmer sind die Textilfabriken in England und Flandern. Es kommt zu Hungersnöten unter der Landbevölkerung, da die Großgrundbesitzer immer mehr auf den Anbau von Färberwaid setzen und deshalb immer weniger Kartoffeln und Korn pflanzen lassen.

**1670** Beginn der Auswanderungswelle nach Brasilien

**1750** Beginn des Orangenanbaus in großem Stil

**1766** Marquês de Pombal setzt auf Terceira eine königstreue Zentralverwaltung der Azoren ein.

**1821–30** Bürgerkrieg zwischen dem liberalen König D. Pedro IV. und seinem absolutistischen Bruder D. Miguel. Von Terceira aus werden unter dem Conde de Vila Flor liberale Truppen organisiert, nach entscheidenden Siegen auf den Azoren setzt sich der Liberalismus schließlich auch auf dem Festland durch.

**1834** Auflösung der religiösen Orden

**1852** Die Reblaus zerstört die Weinberge. Auf Pico führt die fehlende Einnahmequelle zu großen Hungersnöten.

**1864** Beginn des Exports von Ananas. Hauptabnehmer sind England und Deutschland.

**1870–1880** Zerstörung der Orangenplantagen durch Schildlaus und Wurzelfäule, Konkurrenz durch preisgünstigere Früchte aus Südspanien.

**1870** Auswanderungswelle in die USA

**1878** Einführung des Tees als Kulturpflanze auf São Miguel

**1880** Beginn des Walfangs durch azorianische Walfangboote. Bereits seit 1830 betreiben amerikanische Großsegler um die Azoren Walfang und heuern billige Arbeitskräfte an.

**1892** Erste Autonomiebewegung auf den Azoren. Grund war der Verbot des Exports von Alkohol (aus Süßkartoffeln produziert). Das wichtigste Exportprodukt der Insel São Miguel wurde somit fast wertlos, Bauern und Industriellen wurde die Einnahmequelle entzogen.

**1993** Vertrag zwischen Portugal und England zur Verlegung von Telegraphenkabeln auf den Azoren

**1910** Ende der Monarchie, häufig folgende Regierungswechsel

**1917–1919** Während des Ersten Weltkriegs unterhalten die Amerikaner eine Marinebasis in Ponta Delgada.

**1932** Beginn der Diktatur in Portugal

**1943** Die Briten bauen eine Luftwaffenbasis auf Terceira, nach dem Zweiten Weltkrieg wird auf dem Gelände eine NATO-Basis eingerichtet. 1944 beginnen die Amerikaner mit dem Bau eines Flughafens auf Santa Maria.

**1974** Die Nelkenrevolution beendet 42 Jahre Diktatur. Die zunächst recht aktive Unabhängigkeitsbewegung FLA (Frente da Libertação dos Açores) setzt sich nicht durch.

**1976** Inkrafttreten der Statuten der Autonomen Region der Azoren, die Wogen glätten sich. Gründung der Universität der Azoren.

**1987** Endgültiges Verbot des Walfangs auf den Azoren

**1999** Die Azoren werden zu den »Regionen in äußerster Randlage« der Europäischen Union. Auf Grund dieses Förderkriteriums fließen umfangreiche Strukturhilfen aus dem Kohäsionsfond auf die Inseln. Bereits 1986 war Portugal der EU beigetreten.

**2007** Graciosa und Corvo werden Biosphärenreservat der UNESCO, seit 2009 zählt auch Flores dazu.

**2013** Auch die Azoren sind von der portugiesischen Wirtschaftskrise betroffen. Die Arbeitslosenquote steigt. Zum Ausgleich der Transportkosten war die Steuerlast für die Azorianer bisher 30 % geringer als auf dem Festland.

**Seit 2013** beträgt der Unterschied nur noch 20 %, somit ist auch die Mehrwertssteuer angehoben.

# INSEL SÃO MIGUEL – WESTTEIL

Ponta da Bretanha
Pilar
Covas
Silveiras
Ponta dos Mosteiros
Beira-Mar de Baixo
EN1-1
Bretanha
Mosterios
Ilhéu dos Mosteiros
João Bom Fajãs
Ponta da Agulha
Remédios
Nordwestküste
5
Ponta do Escalvado
Fajãs
Lomba do Pico
611
Sta. Bárbara
Ponta de Sta. Barbara
Lagoa Azul
Moura
4
Südwestküste
3
Sete Cidades
Santo António
Ponta de Sto. A
Ponta da Ferraria
Caldeira Seca
Caetanas
Mãe de Deus
Moio
Lagoa de Santiago
Gr. do Alqueive
EN1-1a
Ginetes
Pico da Cruz
845
Cancela
Lagoa Verde
Lagoa Rasa
Amoreiras
Capela
Lomba dos Gagos
Socorro
Éguas
873
Pedras
Ponta da Candelária
Candelária
Três Cru
Lomba da Cruz
Monte Alegre
Chã dos Monteiros
Ponta da Lomba da Cruz
Biscoito
Feteiras
Lomba de Igreja
Saramagal
Ponta da Fonte Grande
EN1-1a
Arribanas
Covoada
Milagres
Canada do Moio
Arrifes
Relva
Ponta da Relva
Santa Clara
Atlantischer Ozean

São Miguel
0
3 km
N
Atlantischer Ozean
Ponta dos Fenais
Ponta das Calhetas
Fenais da Luz
de Cima
o Vicente
reira
Calhetas
Ausente
Amoreiras
Morro de Rabo de Peixe
Rabo de Peixe
P. das Praias
Ribeira Seca
Ponta do Forte
Ponta do Ermo
Ponta do Cintão
Ribeirinha
Baia de Sta. Iria
6
Ribeira Grande
R. Grande
Fábrica
Mafoma
Pico da Pedra
Boavista
Caldeiras
Santa Barbara
EN3-1a
Carreira
Caldeira Velha
Lombadas
Lagoa do Fogo
7
Fajã de Cima
Abelheira
Almas
Ginjal
Cabouco
Bernarda
Barrosa 947
Serra de Água de Pau
Baixo
Livramento
Lagoa
Santa Cruz
Remédios
Sao Roque
P. de Rosto do Cão
P. dos Caetanos
Ponta dos Carreiros
Ponta da Lagoa
Quinta
TA
GADA
8
ER1-1
Água de Pau
Ribeira Chã
Água de Alto
Praia
Ponta da Água de Pau
Caloura
Ponta da Galera
Ponta da Pirâmide
9
Vila Franca do Campo

**Seite 28/29:** Blick über die Seen von Sete Cidades
**Mitte:** Blick auf das Zentrum und den Turm der Hauptkirche
**Unten:** Stand in der Markthalle von Ponta Delgada



# 1 Ponta Delgada modern

## Urbanes Flair der Azoren-metropole

**Im Gegensatz zu den ansonsten sehr traditionell geprägten Azoren gibt sich Ponta Delgada erfrischend modern. Die einzige wirkliche Stadt des Archipels bietet umfangreiche infrastrukturelle Einrichtungen, ist dabei überschaubar und ohne Hektik. Im Sommer gibt es auf den Plätzen der Stadt Konzerte, auch in den beiden Theatern ist regelmäßig Programm. Für lockeres Flair sorgen die Studenten der Universität, die am Wochenende die Kneipen bevölkern.**

Eine offizielle Hauptstadt gibt es auf den Azoren nicht, trotzdem ist Ponta Delgada mit 18 000 Einwohnern im Stadtgebiet mit Abstand die größte Stadt der Azoren. Rechnet man die direkt angrenzenden Gemeinden dazu, leben im Ballungsraum von Ponta Delgada fast 50 000 Menschen und da-

### MAL EHRLICH

#### HALBPENSION JA ODER NEIN?

Während sich das Angebot an Restaurants in den Hauptorten ständig verbessert und mittlerweile auch Gourmets zufriedenstellt, hinkt die Küche – mit einigen rühmlichen Ausnahmen – in vielen Hotels noch hinterher. Auch sind zur vom Hotel vorgesehenen Essenszeit die Aussichtspunkte im Abendlicht am schönsten, die Prozessionen finden in den ländlichen Gemeinden meist erst gegen 18 Uhr statt. Schade, wenn man dann schnell zurück ins Hotel zum Abendessen muss. Fast immer kann man dort aber auch spontan eine Mahlzeit bestellen und dann meist zwischen Buffet und à la carte wählen.

mit ein Fünftel der Gesamtbevölkerung der Azoren. Hier finden sich ein Großteil der Industriebetricbc, der Hotelbetten und der qualifizierten Arbeitsplätze. Viele der jungen Leute mit guter Ausbildung, die hier arbeiten, kommen von bevölkerungsarmen Inseln wie Pico, Santa Maria und Flores hierher. Sie suchen auf der größten Insel der Azoren nach besseren beruflichen Perspektiven, vielleicht auch nach etwas mehr Privatsphäre und weniger »Aufsicht« durch die Familie.

## Portas do Mar – Hafen für Kreuzfahrtschiffe

2008 wurde der riesige neue Hafen für Passagierschiffe inklusive Restaurants, Bars und Boutiquen fertig gestellt. Hier legen die großen Kreuzfahrtschiffe auf den Transatlantik-Routen an, im Frühling auf dem Weg in die Karibik und im Herbst auf dem Weg ins Mittelmeer. Die Azorianer freuen sich, dann ist endlich mal was los im sonst eher beschaulichen Städtchen. In den Restaurants kann man an lauen Sommerabenden draußen sitzen und danach in die benachbarten Bars umziehen. In der Mittagspause füllt sich der Badeplatz mit den Büroangestellten der Umgebung – viel Schiffsverkehr gibt es auf den Azoren sowieso nicht und sogar direkt am Hafenbecken ist das Wasser wunderbar sauber.

Mit dem Ausbau des Hafens wurde auch die Uferpromenade verlängert und verläuft nun mit Rad- und Fußweg in östlicher Richtung bis nach São Roque zu den Stränden.

## Die Markthalle

Im ehemaligen Kreuzgang des Graça-Klosters befindet sich seit Mitte des 19. Jahrhunderts die Markthalle. Während es im Supermarkt oft vor al-

AUTORENTIPP!

**STREET ART**

Seit 2011 findet jedes Jahr im Sommer das Walk & Talk Festival statt, zu dem junge Künstler vom Festland und auch aus dem Ausland nach São Miguel reisen. Zwei Wochen lang gibt es Performances, Kunstprojekte und vor allem tolle Wandmalereien. An Mauern, Tanks, Hafenmauern und Wohngebäuden findet man die bunten Kunstwerke. Beeindruckend sind die Arbeiten des portugiesischen Künstlers Vils, der winzige Löcher in den Putz schlägt und so riesige Porträts von Menschen entstehen lässt. Zu sehen sind seine Werke an der Galaria Arco 8 (siehe Seite 37) und am Fischerhafen in Rabo de Peixe. Interessant ist auch das Projekt des belgischen Künstlers Yves Dacoster: Auf Anfrage malt er kunstvoll gestaltete Herzen an Privathäuser. Die Nachfrage ist groß und man muss nicht lange suchen, um eines seiner Kunstwerke zu finden.

**Oben:** Die Hafenpromenade von Ponta Delgada im Abendlicht
**Mitte:** Der neue Hafen ist ein beliebter Treffpunkt.
**Unten:** Beliebt in der Mittagspause: der Badeplatz am Hafen



lem importierte Ware gibt, findet man hier die regionalen Produkte. Ein Besuch lohnt sich besonders am Freitag oder Samstag, wenn neben den festen Händlern auch die Bauern ihre Erzeugnisse anbieten und die Azorianer für das Wochenende einkaufen. Essen und kochen ist wichtig auf den Azoren – beim Metzger oder Gemüsehändler werden die Waren achtsam geprüft, bevor sie im Einkaufskorb landen. Einen Einblick in den Artenreichtum des Meeres bekommt man bei den Fischhändlern: Bunte Papageifische, Gabeldorsche, Oktopusse und frischer Thunfisch werden zu vergleichsweise günstigen Preisen angeboten. Auch die leckeren Zwergbananen und Ananas bekommt man hier und im Käseladen stapeln sich die Laibe bis unter die Decke.

## Die Universität

Bis Mitte der 1970er-Jahre mussten die Azorianier auf das Festland umsiedeln, um einen Hochschulabschluss zu erlangen. Mittlerweile bietet die Universität der Azoren ein breites Angebot an Fachrichtungen an, darunter auch exotischere Studiengänge wie Meeresbiologie oder einen Master in Vulkanologie. Da auf den meisten der Azoreninseln potentiell aktive Vulkane vorhanden sind, ist eine enge Überwachung der Erdbebenaktivität und anderer Faktoren wichtig. Auf dem Campus in Ponta Delgada werden die auf allen Inseln erhobenen Informationen gesammelt und im rund um die Uhr besetzten Kontrollzentrum von Fachleuten ausgewertet. An Forschungsgebieten fehlt es nicht auf den Azoren – die Meereswelt mit Walen und Delfinen und den heißen Quellen am Meeresgrund, Geologie und Botanik bieten reichlich Material. Hier arbeitet man auch mit Universitäten im Ausland zusammen, im Sommer sieht man häufig Forschungsschiffe im Hafen.

## Kulturelles Leben

Für eine Kleinstadt ist das Kulturleben in Ponta Delgada nicht schlecht, die nächste Großstadt ist Lissabon und so bleibt Kulturschaffenden nichts anderes übrig, als sich vor Ort zu engagieren. Ponta Delgada hat mehrere Chöre, ein Stadtorchester, eine Militärkapelle und zwei Balletttruppen für modernen Tanz zu bieten. Viele der kulturellen Veranstaltungen finden im Teatro Micaelense statt. Das in den 1950er-Jahren in dem für die Salazar-Diktatur typischen Baustil errichtete Theater ist die erste Adresse für Veranstaltungen. Im Sommer finden außerdem oft Musikveranstaltungen auf den Plätzen der Stadt, vor allem vor dem Rathaus auf der Praça 5 de Outubro und am neuen Hafen statt. Es lohnt sich also, auf Aushänge und Plakate zu achten.

## Strandleben

Gerade mal 4 km vom Stadtzentrum von Ponta Delgada entfernt sind die beiden dunklen Sandstrände Praia das Milícias unterhalb der Kirche von São Roque und die kleinere Praia do Pópulo. Während es auf den Azoren vor zwei Jahrzehnten noch nicht üblich war, seine Freizeit am Strand zu verbringen, sonnt man sich mittlerweile gerne mit Kind und Kegel und erfreut sich am kühlen Nass. Einige Unerschrockene stürzen sich bei Tempera-

**Oben:** Junge Azorianer schätzen das städtische Ambiente.
**Mitte:** Eingangsbereich der naturwissenschaftlichen Fakultät
**Unten:** Entlang der Promenade befinden sich auch moderne Bauten.

**Oben:** Eine azorianische Badenixe
**Mitte:** Unschlagbar im Aroma: die azorianische Ananas
**Unten:** Die Ananaspflanzen werden in Treibhäusern gehegt und gepflegt.

turen um die 16° C auch im Winter in die Fluten, die meisten aber warten bis zum Sommer, da erreicht das Meer dann im Monat August bis zu 25° C. Während der Badesaison sind an den Stränden Rettungsschwimmer stationiert, ist die rote Flagge gehisst, sollte man keinesfalls baden gehen, bei gelber Flagge nur vorsichtig im seichten Wasser. Gerade die Gefahr durch Strömungen wird am Atlantik häufig unterschätzt.

## Leckere Frucht – die Ananas

In der Umgebung von Ponta Delgada fallen sofort die weiß gekalkten Glastreibhäusern ins Auge – hier gedeiht die viel gepriesene Azoren-Ananas. Ganze zwei Jahre dauert es, bis aus der Wurzel eine Frucht gewachsen ist, und das hat natürlich seinen Preis. Bereits Mitte des 18. Jahrhunderts exportierte man die Luxusware zu hohen Preisen nach England und Deutschland. Heute hat die preisgünstige Konkurrenz aus anderen Ländern einen Export ins Ausland fast unmöglich macht. Dabei hat die hiesige Ananas fast Bio-Standard. Der Arbeitsaufwand ist enorm, zweimal müssen die Planzen umgesetzt werden, jedes Jahr im Frühling werden die Treibhäuser gegen die übermäßige Sonneneinstrahlung weiß gekalkt. Kurios ist die Beräucherung der Treibhäuser, ein einst durch Zufall entdeckter Mechanismus: Kurz bevor die Pflanzen Blüten ansetzen, zündet man in Gefäßen Feuer an und füllt so das Treibhaus mit dickem Rauch. Dadurch reichert sich in den Pflanzen eine Substanz an, die alle schnell und zur gleichen Zeit zum Blühen bringt. Es handelt sich um Ethylen, das zum Nachreifen von Südfrüchten verwendet wird. Die süßesten Früchte werden im Sommer und Herbst geerntet. Erwischt man eine säuerliche Frucht, hilft der Griff zum Salzstreuer. Dadurch wird die Säure neutralisiert, die Ananas doch noch wohlschmeckend.

## Infos und Adressen

### SEHENSWÜRDIGKEITEN

**Ananasplantage Três Cruzes.** Führung und Film zum Thema »Anbau und Verkauf von Bio-Ananas«. Tgl. 9–18 Uhr, Rua de Santo António, Fajã de Baixo, Tel. 912 24 53 30.

**Galeria Fonseca Macedo.** Galerie für zeitgenössische Kunst mit interessanten Ausstellungen. Mo–Sa 14.00–19.00 Uhr, Rua Dr. G. P. Falcão, 9500 Ponta Delgada, www.fonsecamacedo.com

### ESSEN UND TRINKEN

**Restaurante Anfiteatro.** Unter der Rampe am neuen Hafen befindet sich das moderne Restaurant der Tourismusfachschule. Hier kochen und bedienen die Schüler unter Aufsicht ihrer Lehrer und bereiten aus regionalen Produkten kreativ angerichete Leckerbissen. Kein Ruhetag. Portas do Mar, 9500 Ponta Delgada, Tel. 296 20 61 50, www.efth.com.pt

**Rotas da Ilha Verde.** Das gemütliche, kleine Restaurant bietet vegetarische Küche in familiärer Atmosphäre. Sa-Mittag und So Ruhetag, Rua de Pedro Homem 49, 9500-055 Ponta Delgada, Tel. 296 62 85 60.

Blick aus dem Hotel Marina Atlântico

Bei beliebten Restaurants hilft Reservieren.

### ÜBERNACHTEN

**Hotel Marina Atlântico.** Modernes, komfortables Hotel im maritimen Stil an der Uferpromenade von Ponta Delgada. Es lohnt der Aufpreis für die Zimmer zur Meerseite. Avenida João Bosco Mota Amaral 1, 9500-767 Ponta Delgada, Tel. 296 30 79 00, www.bensaude.pt

**São Miguel Park Hotel.** Angenehmes Hotel mit guter Küche in ruhiger Lage in der Nähe des Stadtparks. Rua Manuel Augusto Amaral, 9500-222 Ponta Delgada. Tel. 296 30 60 00, www.bensaude.pt

### AUSGEHEN

**Arco 8.** Hier trifft sich die alternative Szene. Avenida Engenheiro Abel Ferim Coutinho, Santa Clara, 9500-191 Ponta Delgada, Tel. 296 28 41 03, http://arco8.blogspot.pt

**Baía dos Anjos.** Beliebte Bar am neuen Yachthafen. Später am Abend häufig Live-Musik. Portas do Mar. www.baiadosanjos.com

**Mitte:** Das Stadttor ist das Wahrzeichen von Ponta Delgada.
**Unten:** Das Rathaus und die Figur des Erzengels Michael





# 2 Ponta Delgada historisch

## Kirchen, Klöster und Paläste

**Charmant wirkt der historische Stadtkern mit kleinen Straßen und Plätzen auf seine Besucher. Hier kann man an Herrenhäusern aus der Zeit des Orangenhandels sowie zahlreichen Kirchen und historischen Gebäuden vorbeibummeln. Die Elite des 19. Jahrhunderts hatte eine Vorliebe für Botanik, die noch erhaltenen prächtigen Gärten lassen das Herz eines jeden Pflanzenliebhabers höher schlagen.**

Nachdem die erste Inselhauptstadt Vila Franca 1522 bei einem großen Erdbeben zerstört wurde, avancierte Ponta Delgada schnell zum Zentrum der Insel. Bereits zuvor hatten sich immer mehr wohlhabende Insulaner hier niedergelassen und nutzen das flache Land der Umgebung für den Ackerbau. Unter den ersten großen Bauprojekten war Mitte des 16. Jahrhunderts die Festung São Brás, die die Bevölkerung vor den Angriffen englischer und französischer Freibeuter schützen sollte. Vor dem Bau von Hafen und Uferpromenade stellte das Fort den äußersten Punkt einer schmalen Landspitze (auf Portugiesisch Ponta Delgada) dar. 1546 erhielt Ponta Delgada das Stadtrecht, die aus Händlern und Großgrundbesitzern bestehende Elite der Insel baute sich im Ort daraufhin stattliche Wohnhäuser, Kirchen und Klöster entstanden. Schnell definierten die drei Hauptkirchen São Pedro, São Sebastião und São José die heute noch gültige Unterteilung in drei Stadtviertel. Durch den lang ersehnten Bau der Hafenmole Mitte des 19. Jahrhunderts avancierte Ponta Delgada zur wirtschaftlich bedeutendsten Stadt des Archipels.

## Rund um den Hauptplatz

Mitten auf dem von Arkaden umgebenen Hauptplatz Praça de República steht das dreibogige Stadttor Portas da Cidade. Ursprünglich wurde es 1783 als Eingangstor zum Ort direkt am Hafen erbaut, 1952 aber an seinen heutigen Platz umgesiedelt. Obwohl sie älter wirken, stammen die beiden Gebäude links und rechts davon aus den 50er-Jahren, sie sind dem Hauptplatz von Lissabon nachempfunden. Vor dem barocken Rathaus aus dem 18. Jahrhundert wacht der Erzengel Michael. Eine Besteigung des Turms lohnt sich, von dort hat man den besten Blick über das Stadtbild von Ponta Delgada.

Die Igreja Matriz de São Sebastião ist die Hauptkirche von Ponta Delgada. Sie ist dem Heiligen der Pestkranken geweiht. Ursprünglich nur eine kleine Kapelle, wurde sie nach 1532 durch ein repräsentatives Gotteshaus im spätgotischen Stil ersetzt. Den Eingang und die Südseite der Fassade zieren Portale im manuelinischen Stil, eine portugiesische Variante der Gotik, in der sich exotische Motive aus der Seefahrt wiederfinden. Die beiden Seitenportale aus schwarzem Lavastein und ein Großteil der Ausgestaltung des Innenraums stammen aus der Zeit des Barocks. Als schließlich ein großzügiger Spender eine Uhr stiftete, muße der Kirchturm aufgestockt werden und bekam sein adrettes Häubchen.

Ein paar Straßen nördlich befindet sich die Jesuitenkirche Igreja do Colégio de Todos os Santos mit ihrer beeindruckenden Barockfassade. 1737 begann man mit dem Bau eines gigantischen Schnitzaltars, der allerdings unvollendet blieb, da die Jesuiten 1760 aus Portugal vertrieben wurden. Daher ist der Altar nur teilweise vergoldet, was der Faszination die von ihm ausgeht aber keinen

AUTORENTIPP!

**SANTO-CRISTO-FEST**

Am fünften Sonntag nach Ostern ist es soweit: Eine Woche lang feiert man in Ponta Delgada das Fest zu Ehren des Senhor Santo Cristo dos Milagres. Bereits die Festbeleuchtung ist sehenswert und das Anbringen der 70 000 Glühbirnen dauert drei Wochen lang. Am Samstagvormittag erweisen Motorräder, Polizeiautos und Taxis der Insel vor dem Esperança-Kloster dem Heiligen mit einem ohrenbetäubenden Gehupe die Ehre. Am Nachmittag umrunden Gläubige mit riesigen Prozessionskerzen dicht gedrängt die Praça 5 de Outubro. Bereits vor der großen Prozession am Sonntag lohnt sich ein Spaziergang durch die Stadt, um die kunstvoll gestalteten Blütenteppiche zu bewundern. Begleitet wird die Jesusfigur dann von unzähligen Gläubigen, Blaskapellen, Pfadfindern und Würdenträgern der Insel.

**Besuch des Esperança-Klosters**
tgl. 17.30–18.30 Uhr (Eingang Avenida Roberto Ivens).

**Oben:** Stadtrundfahrt mit der Pferdekutsche gefällig?
**Mitte:** Prunkvoller Barockaltar in der Jesuitenkirche
**Unten:** Hauptalter der Igreja de São Sebastião

Abbruch tut. Viele Kunstgengenstände wurden in andere Kirchen der Insel verteilt, auch der wunderschöne Schnitzaltar links neben dem Hauptaltar der Sebastianskirche zierte einst das Gotteshaus der Jesuiten. Heute befindet sich im Gebäude ein Kirchenkunstmuseum mit einigen kuriosen Ausstellungsstücken. Manchmal finden in der Kirche auch Konzerte statt, die große Sallkirche hat eine einmalige Akustik. Im Klostergebäude nebenan ist die Stadtbibliothek untergebracht, eine gelungene Kombination aus historischem Gebäude und moderner Architektur. Hier kann man sich in der ruhigen Cafeteria mit Tischen im Innenhof vom Stadtspaziergang erholen.

## São Pedro

Schmuck thront die Igreja de São Pedro aus dem Jahr 1748 oberhalb des Hafens, vom Vorplatz hat man einen schönen Blick über die Stadt. Die reich verzierte Barockkirche birgt eine überaus wertvolle geschnitzte Madonnenfigur rechts neben dem Hauptaltar.

Nicht zu übersehen ist das mächtige Gebäude im englischen Stil gegenüber der Kirche. Thomas Hickling, ein durch den Orangenhandel reich gewordener Amerikaner, ließ das Gebäude Ende des 18. Jahrhunderts im gregorianischen Kolonialstil erbauen. Als Sommersitz suchte er sich das Tal von Furnas aus und legte den Grundstein zum heuten Park Terra Nostra.

## São José

Hinter der Festung São Brás liegt an der Praça 5 de Outubro die mächtige Igreja de São José. Das Gotteshaus gehörte ursprünglich zu dem Franziskanerkloster Convento de Nossa Senhora da Conçeição. Im Jahre 1709 begann man mit dem Bau

## Spaziergang durch die Gärten des 19. Jahrhunderts

**A Relvão** – Die Ulmenallee führt zur um die Jahrhundertwende erbauten Wetterwarte. Das Gebäude nebenan beherbergte früher die anglikanische Kirche der englischen Händler.

**B Garten der Universität** – Ehemaliger Privatgarten mit seltenen Kamelienarten und hübschen Teichen. Im neoklassizistischen Wohnhaus befindet sich heute das Direktorat der Universität.

**C Jardim José de Canto** – Als Baumsammlung konzipierter Garten, der einer der reichsten Familien der Azoren im 19. Jahrhundert gehört. Ganze Schiffsladungen an Bäumen ließ der hoch gebildete José de Canto auf die Azoren bringen, darunter auch die stattlichen Kauribäume (*Agathis australis*) an der Auffahrt zum Haus.

**D Jardim Santana** – José Jâcome Correia ließ hier 1851 mit Hilfe schottischer und belgischer Gärtner einen Garten nach modernsten Vorstellungen seiner Zeit pflanzen, die ästhetische Wirkung und durch Blumenbeete erzielte Farbkontraste in den Mittelpunkt stellte. Das mächtige Herrenhaus ist heute der Amtssitz des Präsidenten der Azoren, daher ist während offizieller Anlässe eine Besichtigung des Gartens nicht möglich.

**E Jardim António Borges** – Die Heirat mit einer reichen Witwe ermöglichte dem jüngeren Bruder des Erben des Terra Nostra Parks die Finanzierung seiner Gartenprojekte. Englische Gärtner legten den Park Mitte des 19. Jahrhunderts als romantischen englischen Garten an. Mit künstlich angelegten Stollen wollte der Gründer des Parks die Lavastollen der Insel nachbauen, sie sind heute aus Sicherheitsgründen abgesperrt. Ein gewaltiger Gummibaum (*Ficus elastica*) zieht die Aufmerksamkeit der Besucher auf sich, aber auch die verschiedenen Arten der Araukarie (*Araucaria*) und ein Jacaranda haben stattliche Größe erreicht.

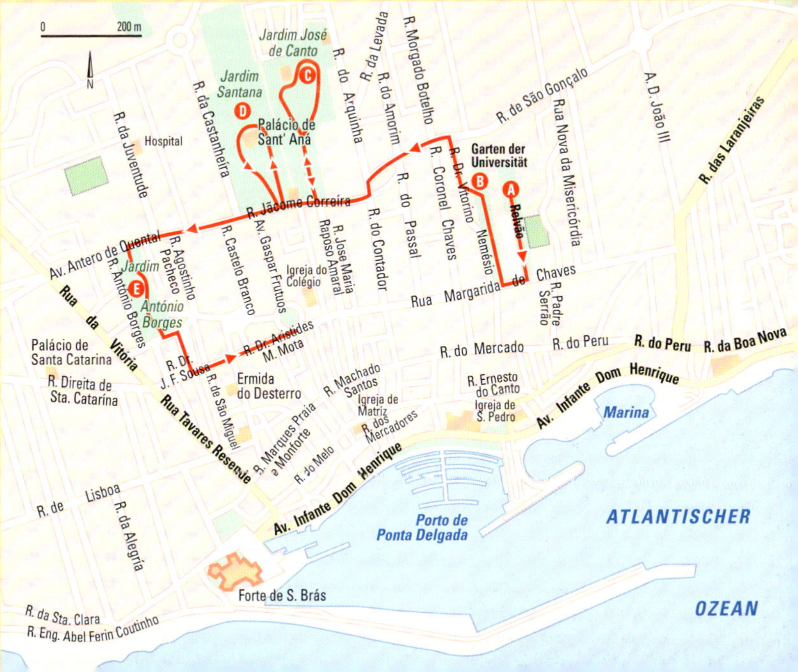

AUTORENTIPP!

**RESTAURANTE SÃO PEDRO**

Seit Jahren ist das São Pedro eines der besten Restaurants von Ponta Delgada und zeigt, dass die Azoren durchaus mehr als deftige Hausmannskost zu bieten haben. Eine riesige Auswahl an Gerichten zaubert die Köchin in ihrer kleinen Küche, besonders lecker ist hier der Oktopus (*Polvo*) und der im leckerer Soße geschmorte Silberbarsch (*Cherne na Telha*). Die gute Weinauswahl und ein netter Service machen den Abend perfekt. Einer der beiden Besitzer ist ein sehr talentierter Hobbyfotograf, daher zieren Fotos der Insel die Wände. Auch die bebilderte Speisekarte ist auf Grund dieser fotografischen Begeisterung entstanden und kein Touristennepp. Die eindrucksvollen Landschaftsaufnahmen an den Wänden kann man übrigens auch käuflich erwerben.

**Restaurante São Pedro.** Sa, So nur abends geöffnet, Largo Almirante Dunn 23, 9500-092 Ponta Delgada, Tel. 296 28 16 00, www.restaurantesaopedro.com

der dreischiffigen Kirche, deren Vorderfront in Kalkstein gemeißelte Reliefs mit Szenen aus dem Leben des heiligen Franziskus schmücken. Die geschnitzten Seitenaltäre im Inneren wurden von wohlhabenden Familien der Stadt gestiftet. Die 1797 in Lissabon gebaute Orgel ist eine der besten der Azoren und war damals das teuerste Instrument in der Geschichte der Inseln.

Nebenan befindet sich das ehemalige Klarissinnenkloster Nossa Senhora da Esperança, das seit dem 16. Jahrhundert besteht, heute aber einem anderen Orden untersteht. Da die Nonnen in strenger Klausur lebten, konnten sie nur durch eine Drehvorrichtung Dinge mit der Außenwelt austauschen. Noch heute tut eine Nonne hinter dem »Roda« Dienst, legt man eine Spende hinein, bekommt man ein Andenken des Klosters.

Hinter dem Platz birgt eine mächtige gelbe Fassade das 1917 erbaute Coliseu Micaelense. Das größte Theater des Ortes strahlt nach der Renovierung wieder im alten Glanz, die Bälle zu Silvester und Fasching sind einer der Höhepunkte des gesellschaftlichen Lebens der Stadt. Dann geht es auch zumindest kleidungstechnisch recht formell zu: für die Herren ist der Smoking Pflicht, bei den Damen ein langes Abendkleid gerne gesehen. In den Gebäuden rund um das Coliseu befindet sich die Brauerei Melo Abreu. Zur Herstellung der süffigen Biermarke Especial wird übrigens Hopfen aus Bayern verwendet.

## Die Zeit der Gärten

Während die Oberschicht vorher meist in etwas streng und dunkel wirkenden riesigen Palästen im Stadtzentrum residierte, wurde es Mitte des 19. Jahrhunderts modern, sich ein moderneres

Haus mit großen Fenstern umgeben von einem exotischen Park bauen zu lassen. Gerne wurden für diese Projekte ausländische Architekten und Landschaftsgärtner zu Rate gezogen. Für die riesigen Gartenanlagen war in der Stadt kein Platz, man musste an den nördlichen Stadtrand ausweichen. Es entbrannte ein richtiger Wettkampf unter den Gartenbesitzern, schiffsladungsweise wurden exotische Pflanzen aus England und Frankreich importiert, belgische und englische Pflanzenhändler machten in Ponta Delgada gute Geschäfte. Es gehörte in dieser Zeit zum guten Ruf, seine Freizeit dem Studium der Botanik zu widmen. Keine Kosten und Mühen scheute man, um eine von Menschenhand gestaltete »perfekte Natur« zu schaffen. Bis auf eine Ausnahme sind die großen Gärten heute in der Hand des Staates, kaum ein Privatmann kann es sich heute leisten, die großen Anlagen zu pflegen und zu unterhalten.

**Oben:** Der riesige Ficus ist die Hauptattraktion des António-Borges-Gartens.
**Unten:** Der Turm des Esperança-Klosters

# Infos und Adressen

## SEHENSWÜRDIGKEITEN

**Gruta do Carvão.** Besichtigung einer Lavahöhle. Führungen Okt.–Mai Di–So 14.30, 15.30, 16.30 Uhr, Juni–Sept. 10.30, 11.30, 14.30, 15.30, 16.30 Uhr, Rua do Paim, 2ªCircular, 9500 Ponta Delgada.

**Jardim António Borges.** 9–18 Uhr, im Sommer bis 20 Uhr.

**Jardim da Universidade.** So geschlossen.

Die Figur von José de Canto im gleichnamigen Park

**Jardim José de Canto.** 9 –18 Uhr.

**Jardim Sant'Ana.** Apr.–Sept. Di–Fr 10–17 Uhr, Sa 13–17 Uhr, Okt.–März Sa 13–17 Uhr.

**Museu de Arte Sacra (Jesuitenkirche).** Empfehlenswerter Audioguide (in englischer Sprache). Largo do Colégio, Di–Fr 10–12.30 und 14–17 Uhr, Sa/So 14–17.30 Uhr.

**Museu Militar.** In der Festung Fote São Brás, Di–Fr 10–17.30 Uhr, Sa/So 14–17 Uhr.

**Rathausturm.** Mo–Sa 9–16 Uhr.

## ESSEN UND TRINKEN

**A Tasca.** Beliebtes, rustikales Bar-Restaurant in einem historischen Speicherhaus. Große Auswahl an Petiscos (Kleinigkeiten) wie leckeren Würsten und Garnelen. Ruhetag So Mittag. Rua do Aljube 16, 9500 Ponta Delgada, Tel. 296 28 88 80.

**Delícias do Mar.** Etwas abgelegen, aber große Auswahl an frischem Fisch. Sa Ruhetag. Rua Medeiros de Albuquerque 6, Calheta, 9500-324 Ponta Delgada, Tel. 296 38 31 03.

**Restaurante A Colmeia.** Das Restaurant des Hotel do Colégio ist seit langem eine renommierte Adresse für gehobene azorianische Küche. Ruhetag Sa, So mittags. Travessa do Colégio, 9500-046 Ponta Delgada, Tel. 296 30 66 10.

## ÜBERNACHTEN

**Hotel Talisman.** Sympathisches Hotel in traditionellem Stadtpalast. Dachterrasse mit Pool. Rua Marquês da Praia e Monforte 40, 9500-089 Ponta Delgada, Tel.296 30 85 00, www.hoteltalisman.com

**Residencial Alcides.** Freundliche Pension in zentraler Lage. Rua Hintze Ribeiro 67/77, 9500-049 Ponta Delgada, Tel. 296 28 26 77, www.alcides.pt

**Quinta da Terça.** Reiterferien auf historischem Gutshof. Rua P. Domingos Silva 221, Livramento, 9500-614 Ponta Delgada, Tel. 296 64 21 34, www.quintadaterca.com

**Quinta de São Caetano.** Die freundlichen Besitzer vermieten drei Zimmer und ein Ferienhaus im azorianischen Stil strandnah inmitten eines großen Gartens. Rua de São Caetano 38, Livramento, 9500-613 Ponta Delgada, Tel. 296 38 37 13, www.quintascaetano.com

**Quinta Glória ao Carmo.** Drei stilvolle Doppelzimmer mit antiken Möbeln und zwei moderne Apartments in einem herrschaftlichen Haus aus dem 18. Jahrhundert. Rua da Glória ao Carmo 5, 9500-618 Livramento, Tel. 296 62 98 47, www.gloriaaocarmo.com

## EINKAUFEN

**Mercado da Graça.** Mo–Fr bis 18 Uhr, Sa bis 14 Uhr. Mo kein Fisch.

**Parque Atlântico.** Großes Einkaufszentrum im Norden der Stadt mit Kino und großem Supermarkt. Tgl. 11–23 Uhr, Supermarkt Continente 9–22 Uhr, Rua da Juventude, 9500 Ponta Delgada.

**Paulo do Vale.** Lavaschmuck vom preisgekrönten Designer. Rua Machado dos Santos 89, 9500 Ponta Delgada, www.paulodovale.com

**Rei do Queijo.** Große Auswahl an Käse und anderen Produkten der Azoren. Markthalle Mercado da Graça.

## AUSGEHEN

**Colégio 27.** Stilvolle Jazzkneipe und Restaurant. Mo Ruhetag. Rua Carvalho Araújo 27, 9500-040 Ponta Delgada, Tel. 296 28 89 30.

**Tanda's Bar.** Hier tanzen ab 23 Uhr alle diejenigen, die dem Teenie- und Technoalter entwachsen sind. Rua Manuel Inácio Correia 79, 9500 Ponta Delgada.

## AKTIVITÄTEN

**Belazorica.** Engagiert geführte Inseltouren mit dem Kleinbus (auf Englisch). Tel. 911 58 46 62, www.azores-tours.com

**Futurismo.** Whalewatching und andere Aktivitäten. Marina Pêro de Teive, Loja A, 9500 Ponta Delgada, Tel. 296 62 85 22, www.futurismo.pt

**Picos da Aventura.** Whalewatching und sportliche Aktivitäten wie Radfahren, Klettern und Canyoning. Hotel Marina Atlântico, Avenida J. B. Mota Amaral, 9500-150 Ponta Delgada, Tel. 296 28 32 88, www.picosdeaventura.com

**Trilhos da Natureza.** Geboten werden Ausflüge im Geländewagen, Mountainbiketouren und Wanderungen, außerdem Bootstouren und Ausfahrten zum Fischen. Tel. 919 02 05 06, www.trilhosdanatureza.com

## INFORMATIONEN

**Delegação de Turismo de São Miguel.** Infante Dom Henrique, 9500 Ponta Delgada, Tel. 296 30 86 10, Zweigstelle am Flughafen.

Dachterrasse des Hotel Talisman

**Mitte:** Die Lagoa de Santiago mit der Caldeira von Sete Cidades im Hintergrund
**Unten:** Auf dem Weg zur Milchsammelstelle



# 3 Sete Cidades

## Wo die Prinzessin zu Hause ist

**Daran führt kein Weg vorbei: Zu schön ist der Panoramablick vom Kraterrand über die beiden Vulkanseen, besonders wenn die Hortensien blühen. Die perfekt geformte Caldeira mit ihren kleinen Nebenkratern auf dem Grund wirkt fast wie künstlich geschaffen. Egal ob man sportlich den Kraterrand umwandert oder gemütlich am Seeufer entspannt – man sollte sich Zeit nehmen für dieses wundervolle Fleckchen Erde.**

Der Vulkankomplex von Sete Cidades entstand vor etwa 500 000 Jahren als eine vom östlichen Teil getrennte Insel. Die »Ostinsel« erstreckte sich vom Fogo-Vulkan bis nach Nordeste, erst vor 500 Jahren begann sich die Meerenge zwischen den beiden Inselteilen durch rege Vulkantätigkeit zu füllen. Entstanden ist dabei die reizvolle, mit mehr

### MAL EHRLICH

#### BLAUER UND GRÜNER SEE

Stets als die große Attraktion angepriesen wird die unterschiedliche Färbung der Seen von Sete Cidades. Im kleineren See spiegelt sich das umliegende Waldland, im großen See der Himmel – so weit die Theorie. Mit hohen Erwartungen steht man nun am Königsblick und die Enttäuschung ist groß: der Farbunterschied ist kaum zu erkennen. In der Tat funktioniert die Spiegelung nur an wolkenfreien Tagen und dann am besten gleich nach Sonnenaufgang – das sollte man bei der Ausflugsplanung beachten. Freuen sollte man sich trotzdem auf den Ausblick: Auch ohne grün und blau ist die Landschaft einzigartig.

als 300 Vulkankegeln gespickte Landschaft zwischen Ponta Delgada und Ribeira Grande. Am Grund der riesigen Caldeira von Sete Cidades liegen außer dem Lagoa Azul und dem Lagoa Verde noch zwei weitere, in Sekundärkratern entstandene Seen, die Lagoa de Santiago und die versteckte Lagoa Rasa. Der Wasserstand der Seen hängt von der Niederschlagsmenge ab, der direkt am blauen See liegende Ort hatte deshalb immer wieder mit Überschwemmungen zu kämpfen.

Das Problem wurde in der 1930er-Jahren durch den sieben Jahre dauernden Bau eines 1,2 km langen Tunnels gelöst. Über einen Kanal wird das überschüssige Wasser aus dem See in Richtung Küste geleitet. In Monsteiros fließt es dann ins Meer, früher wurde mit den Fluten eine Wassermühle angetrieben. Mit Taschenlampe ausgerüstet kann man den Tunnel auch zu Fuß durchqueren – früher eine Abkürzug zu den Nachbarorten.

## Im Reich der Legenden

Um den Krater von Sete Cidades und seine verwunschenen Seen ranken sich allerhand Legenden. So sucht man im Krater vergebens die sieben Städte, die der Name des Ortes in seiner Übersetzung verspricht. Dieser soll vielmehr auf eine im 13. Jahrhundert auf der Iberischen Halbinsel entstandenen Sage zurückzuführen sein, laut der von den Mauren mit dem Schiff flüchtende christliche Bischöfe auf einer mystischen Atlantikinsel sieben Städte gegründet haben sollen. Lange Zeit war die Insel der sieben Städte ähnlich wie Atlantis auf den Seekarten verzeichnet.

Einer anderen Geschichte nach soll sich ein König sehnlichst eine Tochter gewünscht haben. Eines Tages erschien ihm eine gute Fee, die ihm eine Tochter versprach, die er aber bis zu ihrem 18. Le-

**Oben:** Der schnellste und abenteuerlichste Weg zur Küste – durch den Tunnel von Sete Cidades
**Unten:** In einem Nebenkrater versteckt sich die Lagoa de Santiago.

## AUTORENTIPP!

**KAJAKTOUR**
Zu den Sommerhäusern des 19. Jahrhunderts gehörte in Sete Cidades obligatorisch das Bootshaus. Bereits damals schätzte man es, gemütlich über den See zu paddeln und am Seeufer nach verwunschenen romantischen Plätzchen zu suchen. Auch wenn sich im Sommer einiges an Besuchern in Sete Cidades tummelt: Auf dem See ist man für sich allein und kann zu Fuß nicht zugängliche Flecken an den steilen Ufern ansteuern. Meist lässt der sportliche Ehrgeiz schnell nach – zu schön ist es, sich einfach in der Mitte des Sees zu sonnen. Wechselkleidung und Handtuch sind hilfreich, beim Paddeln lässt sich etwas Spritzwasser nicht vermeiden. Die Kajaks müssen mindestens einen Tag vorher beim Ecoturismo Cresaçor vorbestellt werden.

**Cresaçor Ecoturismo.** Mai–Sept. Mo–Fr 9.30–18.30 Uhr, Sa, So 10.30–18.30 Uhr, Okt–Apr. Mo–Sa 9.30–17.30 Uhr, Rua Nova 45, 9555-209 Sete Cidades, Tel. 919 53 82 14.

bensjahr nicht sehen durfte. Voller Freude ließ er sieben Städte bauen, in denen die Prinzessin in allem nur erdenklichen Luxus aufwachsen solle. Kurz vor deren 18. Geburtstag nahm jedoch der Wunsch des Königs, endlich seine Tochter zu sehen, überhand. Als Kaufmann verkleidet schlich er sich in die sieben Städte. Doch kaum hatte er das Stadttor durchschritten, tat sich ein riesiger Vulkan auf und verschluckte die sieben Städte. Zurück blieb nur ein riesiger Krater.

Die bekannteste Geschichte, die sich um die Seen rankt, ist wohl die der Prinzessin und des Hirtenjungen, denen – obwohl schwer verliebt – die Heirat durch den König untersagt wurde. Gewaltsam getrennt füllte die blauäugige Prinzessin den blauen See mit ihren Tränen, während der Hirtenjunge sich am grünen See seine – natürlich grünen – Augen ausweinte. Weinen ist heute nicht mehr angesagt, das Seeufer bietet sich zum Spazierengehen, Picknicken und Biken an.

## Vista do Rei – königlicher Ausblick

Der Königsblick bietet ein gar unvergleichliches Panorama über den gesamten Krater. Als der König Carlos I. von Portgal 1901 zu seinem großen Besuch auf die Azoren reiste, wurde auch er damals zum Kraterrand geführt. König und Königin sollen vom Ausblick so beeindruckt gewesen sein, dass der Aussichtspunkt fortan den Namen Königsblick bekam. Wenig königlich ist die Bauruine im Hintergrund, die zum Glück immer weiter von der Natur zurückerobert wird. Es handelt sich um den fehlgeschlagenen Versuch, hier mit Hilfe eines ausländischen Investors ein 5-Sterne- Hotel zu bauen. Leider schwebte schnell statt dem Azorenbussard der Pleitegeier über dem Hotel.

## Arme Bauern und reiche Sommerfrischler

Noch bis in die 1970er-Jahre ging es im Bauerndorf Sete Cidades recht ärmlich zu. Abgeschieden lebte man im Krater, betrieb etwas Landwirtschaft, die Frauen wuschen die Wäsche der wohlhabenden Städter im See, Strom gab es erst seit Anfang der 1980er-Jahre. An die alte Zeit erinnern noch die auf Stelzen stehenden Kornspeicher in den Gärten. Besser ging es der Oberschicht, die sich im Sommer am angenehmen Klima erfreute und sich die Zeit mit Angeln und Bootstouren vertrieb.

Von weitem sichtbar ist ein großes Haus am Kraterrand, einst die Sommerresidenz der aus Genua stammenden Händlerfamilie Raposo d´Amaral. Diese finanzierte auch den Bau der neugotischen Kirche von Sete Cidades, der Spender hieß Nicolau Maria und so ist der Heilige Nikolaus auch heute noch der Namenspatron.

Direkt an der Brücke zwischen den beiden Seen steht ein weiteres herrschaftliches Haus mit großem Park am Seeufer: Hier verbrachte António Borges (der heutige Stadtpark von Ponta Delgada war Privatgarten seiner Hauptresidenz) die Ferien und besaß große Ländereien. Das ist heute in Sete

**Oben:** Aussichtspunkt im Waldpark der Lagao do Canário
**Mitte:** Der Königsblick spricht für sich
**Unten:** Fotostopp an der Lagoa de Santiago

**Oben:** Auf dem Weg zur Probe der örtlichen Blaskapelle
**Unten:** Familienpicknick am See

Cidades wie auch in anderen ländlichen Gemeinden ein Problem: Das Land gehört einer Erbengemeinschaft, die darauf stehenden Häuser den darin lebenden Bewohnern.

## Feste feiern

In Sete Cidades werden die Traditionen hoch gehalten und viel Arbeit in die Vorbereitung der religiösen Feste gesteckt. Wunderbar anzusehen ist die Prozession zum Dorffest im Sommer, die Blütenteppiche ziehen sich schier endlos hin. Richtig was los ist zu den Heiliggeistfesten – gleich drei davon werden jedes Jahr in Sete Cidades gefeiert. Wochenlang wird dekoriert und im Hinterhof eine Art Bierzelt aus Holz aufgebaut, dann gibt es tagelang große Essen, zu denen das ganze Dorf eingeladen ist.

## Versteckte Seen

Die Straße durch das Inselinnere in Richtung Königsblick gehört zwar zu den wolkenreichsten Regionen der Insel, die verwunschen wirkenden Seen haben jedoch dennoch ihren Reiz. Zuerst passiert man das Eingangstor zu den Lagoas Empadadas, zwei flachen Kraterseen inmitten eines Sicheltannenwaldes. Entlang einer Verwerfung haben sich in diesem Gebiet eine Vielzahl fast linear angeeordneter Vulkanseen gebildet. Etwa 1,5 km weiter die Straße entlang gelangt man an den Eingang zum Naherholungsgebiet um die Lagoa do Canário. Es lohnt sich, die wenigen Meter zu dem kleinen See hinunterzusteigen. In dem von Spazierwegen durchzogenen Areal befinden sich Trinkwasserquellen, die unter anderem die Wasserversorgung von Ponta Delgada darstellen. Am Ende der breiten Erdstraße führen Stufen zu einem fantastischen Aussichtspunkt, von dem aus man an klaren Tagen den ganzen Vulkankomplex von Sete Cidades überblicken kann.

## Infos und Adressen

### ESSEN UND TRINKEN

**Lagoa Azul.** Rustikales Restaurant mit azorianischer Küche. Fr–So beliebtes Buffet. Essen nur mittags. Rua da Caridade 18, 9555-198 Sete Cidade, Tel. 296 91 56 78.

### AKTIVITÄTEN

**Lagoa do Canário und Lagoas Empadadas.** Eine Vielzahl kleiner Seen, umgeben von dichten Wäldern mit Spazierwegen und Aussichtspunkten. Besonders schön sind die Pfade durch das mit dicken Moospolstern bewachsene Tal hinter der Lagoa do Canário. An wolkenfreien Tagen lohnt die markierte Wanderung durch das Seengebiet auf der anderen Straßenseite. Mai–Sept. Mo–Fr 8.30–16 Uhr, Sa/So 10–19 Uhr, Okt.–Apr. Mo–Fr 8.30–15 Uhr.

**Wanderung am Kraterrand.** Die 12 km lange Wanderung beginnt in der Nähe der Lagoa do Canário (Wandertafel an der Straße) und führt auf einem bequemen Feldweg um einen großen Teil des Kraters herum und schließlich hinab ins Dorf. Die Tour lohnt nur an wolkenfreien Tagen. Noch schöner, aber auch mit mehr Aufstiegen verbunden ist die Wanderung in umgekehrter Richtung mit Blick über weite Teile der Insel. Die bei einer kompletten Umrundung des Kraters zurückgelegte Strecke beträgt etwa 20 km, wovon man ca. 5 km lang die Asphaltstraße entlanglaufen muss. Toll ist diese Tour für sportliche Mountainbiker. Fahrradverleih bei Cresaçor Ecoturismo (siehe Autorentipp S. 48)

Zeitvertreib im Café von Sete Cidades

### VERANSTALTUNGEN

**Sata Rallye Azores.** Die spektakulärste Route der im Frühling stattfindenden internationalen Offroad Rallye führt entlang des Kraterrandes. www.satarallyeacores.com

Das Restaurant Lagoa Azul ist an Sommerwochenenden gut besucht.

**Mitte:** Die Weite des Meeres an der Westspitze der Insel
**Unten:** Badespaß am Strand von Mosteiros

# 4 Südwestküste

## Ländliche Idylle

**Oberhalb der steil abfallenden Küste reihen sich hortensiengesäumte Weiden, auf denen die Kühe grasen, und kleine idyllische Dörfchen aneinander. Die Landzunge Ferraria und der Fischerort Mosteiros sind die einzigen Regionen, die direkt am Meer liegen. Die wunderbar zerklüftete Küste hinter Mosteiros lässt sich ab João Bom auf einer kleinen Wanderung erkunden.**

Falls Wolken und Nebel eine Wanderung an den großen Krater unmöglich machen, bietet sich die gemütliche Tour zum Rocha da Relva an. Am Aussichtspunkt am westlichen Ortsende von Relva kann man das Auto parken und dem Feldweg bis zum Beginn der Wanderung folgen. Ein kleiner, markierter Pfad führt entlang einer beeindruckenden Steilküste zu einer Siedlung von kleinen Sommerhäusern am Meer. Unterwegs kann man gut die unterschiedlich gefärbten Basalt- und Tuffschichten studieren. Hin und zurück ist man ca. 2,5 Stunden unterwegs, dabei passiert man Weiden mit freundlichen Eseln und kleine Weinberge.

## Ferraria – heißes Bad und freche Engländer

Unterhalb des Ortes Ginetes gilt es, ein ganz besonderes Fleckchen zu erkunden: die Ferraria. Über der Landzunge thront der 1901 erbaute Leuchtturm, der dem Schiffsverkehr den Weg zur Zentralgruppe weist.

Lava aus dem am Ortsende gelegenen Vulkanhügel »Pico das Camarinhas« hat am Meer eine kleine Landzunge gebildet, die man vom Aussichtspunkt gut überblicken kann. Von oben ist der kleine Pseudovulkan auf dem Lavadelta nicht zu übersehen, verdampfendes Meerwasser ließ den kleinen Krater entstehen. Die kleine Bucht daneben ist stets gut besucht: Unter dem Steinplateau befindet sich eine 60° C heiße Quelle, bei Ebbe wird das Meerwasser bis auf 40° C aufgeheizt. Bei ruhiger See ist das Bad ein ganz besonderes Erlebnis, allerdings funktioniert der Trick nur bei Ebbe – kommt die Flut, gelangt zu viel kaltes Wasser in die Bucht.

Neben dem Parkplatz steht direkt am Meer das Gebäude der Therme. Vor einigen Jahren noch eine Ruine, wurde sie renoviert und bietet Entspannungsprogramme für Anwendungen. Café und Restaurant sorgen für das leibliche Wohl. Zum Zeitpunkt des Erscheinen des Reiseführers waren die technischen Probleme der Anlage behoben, was hoffentlich auch so bleiben wird.

Im Meer rund um den Vulkan machten sich in den letzten Jahrhunderten öfter einmal Vulkantätigkeiten bemerkbar. Zur größten Berühmtheit brachte es der Ausbruch des Jahres 1811, bei dem etwa 3 km vor der Ponta da Ferraria eine Insel von 2 km Durchmesser und 90 m Höhe entstand. Der Ausbruch wurde von der englischen Fregatte HMS Sabrina beobachtet und – in einem Komplott mit dem englischen Konsul von São Miguel – hisste der Kapitän unmittelbar danach auf dem neuen Stück Land die englische Flagge. Damit wurde das Eiland zum englischen Territorium. Portugal war entsetzt, hatte diplomatisch wenig entgegenzusetzen, zu sehr war man im Kampf gegen Napoleon auf die Engländer angewiesen. Die Geologie entschied nach einigen Monaten zu Gunsten der Azorianer – die »Ilha Sabrina«, wie das Inselchen genannt wurde, sackte in sich zusammen und verschwand im Meer.

**Oben:** Westküste mit den Felsinselchen von Mosteiros
**Unten:** Auf dem Weg zum warmen Bad an der Ponta da Ferraria

**Oben:** Mosteiros ist ein sonniges Fleckchen.
**Unten:** Ein toller Anblick sind die Felsnasen vor Mosteiros.

## Mosteiros

Einen tollen Blick über Mosteiros und einen Teil der Landzunge Ferraria hat man vom Aussichtspunkt Ponta do Escalvado bei Várzea aus. Das flache Landstück an der Küste ist durch einen Vulkanausbruch des Pico da Mafra entstanden, der sich oberhalb des Dorfes erhebt. Die geschützte Lage in einer Bucht machte Mosteiros zu einem wichtigen Fischerhafen, und noch heute fährt das ein oder andere Boot zum Fischen hinaus. Die exzellenten Fischgründe sind besonders bei Hobbyfischern beliebt. Vor der Küste befindet sich der aus vier Felsnasen bestehende Überrest eines Vulkans, in dem östlichsten Felsbrocken meint man ein Kloster zu erkennen, was ihm den Namen »mosteiro«, was so viel wie Kloster bedeutet, eintrug, dann kommt ein Zepter, schließlich der Mönch und daneben sein Lesepult.

Am Ortseingang befindet sich ein dunkler Sandstrand mit schönem Blick auf die Felsen, etwas weiter bildete ins Meer fließende Lava attraktive Naturbadebecken. Von João Bom aus führt ein gut sichtbar markierter zweistündiger Rundweg die sonst schwer zugängliche Küste westlich von Mosteiros entlang.

# Infos und Adressen

### ESSEN UND TRINKEN

**O Raião.** Hier essen die Bauern der Umgebung: Die deftigen Gerichte auf dem kleinen Büffet kommen direkt aus dem Holzofen. Regulär nur Mi, Do und Sa mittags geöffnet. Rua da Ribeira 132,Candelária (ganz oben im Ort), Tel. 296 29 53 33.

**Saca-Rolhas**. Besonders die Fischgerichte sind in dem kleinen, gemütlichen Restaurant zu empfehlen. Ruhetag So. Rua da Corujeira 3, 9500-657 Relva, Tel. 296 71 67 47.

### ÜBERNACHTEN

**Captain's Lodge.** Viele der in diesem Teil der Insel wohnhafte Ausländer vermieten Ferienhäuser. Nett ist es bei der Hamburgerin Petra Hillebrand, die seit Jahren als Reiseleiterin tätig ist. Rua do Alqueive 30, 9555-073 Ginetes, Tel. 916 39 65 13 www.azorenferien.eu

**O Moinho da Bibi.** Zum urigen Ferienhaus umgebaute Windmühle. Canada do Moinho 5, 9555-047 Candelária, Tel. 296 38 14 86, www.moinhodabibi.com

### AKTIVITÄTEN

**Naturpool.** Bad im warmen Meerwasser an der Ponta da Ferraria. Angaben zu Ebbe und Flut findet man unter anderem in der Regionalzeitung Açoreano Oriental, die in vielen Hotels und Cafés ausliegt (Baixa-mar = Ebbe).

Für eine Runde Kicker ist immer Zeit.

**Termas da Ferraria.** Kleine Therme mit Innen- und Außenbecken und verschiedenen Anwendungen wie etwas Massagen. Auch halbtages oder ganztages Verwöhnprogramme sind buchbar. Mi–So 11–19 Uhr (jahreszeitliche Änderungen möglich). Restaurant Mi–So mittags. Rua Ilha Sabrina, 9555-102 Ginetes, Tel. 296 29 56 69, www.termasferraria.com

Familienspaß im warmen Wasser der Ferraria

# 5 Nordwestküste und Capelas

## Wein, Wale und Windmühlen

**Das beste Klima der Nordküste soll Capelas haben, und tatsächlich scheint hier oft die Sonne, wenn gegenüber in Ponta Delgada dunkle Wolken hängen. Einige stattliche Anwesen aus dem 18. und 19. Jahrhundert zeugen vom einstigen Reichtum der Großgrundbesitzer. Von der mit Platanen gesäumten Inselrundstraße ergeben sich immer wieder hübsche Ausblicke über die Dörfer, die Küste um Capelas bietet Felsküste vom Feinsten.**

**Mitte:** Blick auf Bretanha
**Unten:** Das Walfängerdenkmal erinnert an die ehemalige Bedeutung des Walfangs für den Ort.

In der Gegend von Capelas ist die landwirtschaftliche Vergangenheit präsent. Nur hier an der Nordküste sieht man noch Ananastreibhäuser, in den überdachten Holzgestellen hängen im August die Tabakblätter zum Trocknen. Früher gab es in der Gegend viel Weinbau, jetzt hat man sich auf Rinderhaltung verlegt. Seit einigen Jahren gibt es wieder Inselwein von der Nordküste. Im nahen São Vincente Ferreira wird unter dem Label Quinta da Jardinete Rot-, Weiß- und Rosewein produziert. Ungewöhnlich für die Azoren sind einige der Rebsorten des süffigen Weißweins: Weißburgunder und Grüner Veltliner. Hier zeigt sich der Einfluss des österreichischen Großvaters des Besitzers.

### Capelas

Walfang war bis in die 1970er-Jahre ein wichtiger Nebenverdienst für viele Inselbauern, die maschinelle Verarbeitung der Pottwale fand allerdings in Capelas statt. 1942 wurde eine moderne Fabrik errichtet, drei Walfanggesellschaften gingen mit ihren Booten auf die Jagd. Heute ist von der Walfabrik nur noch der Schornstein übrig, der Rest fiel vor einigen Jahren zum großen Ärger der Bevölkerung einer Immobilienspekulation zum Opfer. Das einzige original erhaltene Walfangboot fristet nun ein nicht ehrvolles, aber von Witterungseinflüssen geschütztes Leben als Ausstellungsstück im Einkaufszentrum von Ponta Delgada.

Der Walausguck, von dem aus die Tiere geortet wurden, befindet sich auf dem »Morro« einem von Meeresgrotten durchzogenen Vulkanfelsen an der Küste. Westlich des Morro, am Ende der Rua do Porto, liegt in einer malerischen Bucht der alte Fischerhafen. Rechts geht es hoch zum Walausguck nach links führt ein Pfad an Aussichtspunkten vorbei zum Calhau Miúdo. Vor dem Bau der Fabrik wurde hier der Waltran ausgekocht, an der langen Reihe steinerner Waschtröge schrubbten die Frauen die Wäsche sauber.

## Französischer Einschlag?

Man muss kein Portugiesisch können, um den Eindruck zu bekommen, dass das Micaelense, wie der Inselslang genannt wird, einen französischen Einschlag hat. Fleißig wird nasalisiert, ü und ö sind häufige Laute und eine Trennung zwischen den einzelnen Wörtern scheint es nicht zu geben. Oft wird behauptet, das wäre auf die Präsenz von bretonischen Siedlern im Ort Bretanha zurückzuführen. Die Siedler hat es wohl gegeben, zahlenmäßig wären sie aber kaum in der Lage gewesen, den Dialekt der ganzen Insel zu beeinflussen. Der Ortsname João Bom soll von dem französischen »Jambon« (Schinken) stammen. Ansonsten stammt der französische Einschlag wohl eher von den Siedlern aus dem oberen Alentejo. Dort hatten sich im Zuge der Rückeroberung der Iberischen Halbinsel von den Mauren französische Adlige angesiedelt und die Sprechweise beeinflusst.

## Infos und Adressen

### SEHENSWÜRDIGKEITEN

**Casa Museu.** Hinter einem unscheinbaren Tor befindet sich eine beeindruckende Privatsammlung mit historischen Läden, Handwerksbetrieben und Kunsthandwerk. Mo–Sa 9–12 und 13–18 Uhr, Rua Loural 56, 9545-137 Capelas, Tel. 296 29 82 02.

**Moínho da Lomba.** Restaurierte und funktionsfähige Windmühle in Ajuda da Bretanha.

### ESSEN UND TRINKEN

**Canto do Cais.** Uriges Ambiente. Den Fisch holt Sr. Eleutério selbst aus dem Meer. Die Harpunen an der Wand sind Originalstücke aus der Zeit des Walfangs. Rua S. Pedro 3, 9545 Capelas, Tel. 914 78 52 92.

### ÜBERNACHTEN

**Casa do Monte.** Im herrschaftlichen, mit Antiquitäten der Familie möblierten Gutshaus schaltet und waltet die liebenswerte D. Giorgina. Sie vermietet drei Zimmer im Haupthaus und zwei hübsche Ferienhäuser. Das tollste aber ist der weite Blick über die Nordküste. Estrada Regional, 9545 Stº António além Capelas, Tel. 296 29 81 44, mariajgm@sapo.pt

**Mitte:** Wunderschön erhalten sind die historischen Gebäude von Ribeira Grande.
**Unten:** Blick über den Hauptplatz und das Theater

# 6 Ribeira Grande

## Schmuckes Städtchen mit Geschichte

**Auch wenn die Bewohner von Ponta Delgada gerne abschätzig auf die zweitgrößte Stadt der Insel herunterblicken: hübsche Pflasterstraßen gesäumt von stattlichen Häusern aus dem 18. Jahrhundert, eine Vielzahl an Kirchen und ganze vier Museen können sich sehen lassen. Ein gemütlicher Spaziergang durch den Ort, den der Fluss in zwei Hälften teilt, ein rustikales Mittagessen und anschließend zur Likörprobe – ein guter Plan für Tage, an denen das Wetter nicht so mitspielt.**

Schon der Name Ribeira Grande – großer Fluss – gibt einen Hinweis für die frühe Besiedlung der Gegend. Größere Städte an der Nordküste sind auf Atlantikinseln nämlich eher eine Ausnahme, in der Umgebung des Ribeira Grande fand man allerdings beste Bedingungen für Ackerbau vor: einen der fruchtbarsten Böden der Azoren und einen das ganze Jahr reichlich Wasser führenden

### MAL EHRLICH

#### NEUE PERSPEKTIVEN IN DER FERNE

In der Geschichte der Azoren wurden die Auswirkungen von Krisen stets durch massive Auswanderung kompensiert. Durch die steigende Arbeitslosigkeit gerade bei der jungen Bevölkerung suchen immer mehr Inselbewohner ihr Glück im Ausland. Dabei geht es in alle Himmelsrichtugen: in die Schweiz, nach Deutschland, Nordamerika, Bermuda und Angola. Hauptsache es gibt Arbeit. Voraussichtich wird die Einwohnerzahl der Azoren in Zukunft langsam aber stetig abnehmen.

Fluss. Kilometer vom Meer entfernt speist dieser Fluss den Mühlkanal, der einst 14 Wassermühlen antrieb. In ihnen konnte das geernte Getreide gleich gemahlen werden. Heute sind nur noch zwei davon tageweise in Betrieb. Außer einem kleinen Hafen bei Ribeira Seca verbindet den landwirtschaftlich geprägten Ort wenig mit dem Meer, die Häuser stehen rund um Straßen und Plätze an der zentralen Brücke. Die Promenade am Meer entlang gibt es erst seit einigen Jahren.

Im 18. Jahrhundert wuchs der Ort mit der Leinenproduktion: In den Orten der Nordküste wurde Flachs angebaut, der in den Manufakturen in Ribeira Grande zu Stoffen verarbeitet wurde. 1985 wurde die letzte Fabrik geschlossen und Flachs wird nur noch in kleinem Rahmen angebaut, er wird für Kunsthandwerk verwendet.

In der flachen Ebene zwischen Ribeira Seca und Santana war bis Ende der 1960er-Jahre der Inselflughafen zu finden. Er verfügte lediglich über eine kleine, grasbewachsene Landepiste. Hier landeten lediglich kleine Propellermaschinen, die die Passagiere zum großen Flughafen auf die Nachbarinsel Santa Maria brachten. Von dort aus ging es weiter nach Lissabon oder Amerika.

## Sterne – rund um die Hauptkirche

Die ersten Siedler von Ribeira Grande ließen sich auf der Ostseite des Flusses nieder, erst später siedelte man auch auf der Westseite. Noch heute ist Ribeira Grande in zwei Stadtteile gegliedert: westlich des Flusses um die Kirche Nossa Senhora da Conceição und östlich um die Kirche Nossa Senhora da Estrela. »Estrela« bedeutet Stern, der Name rührt von dem Sternenkranz her, den die im Hauptaltar ausgestellte Madonna trägt, auch das

AUTORENTIPP!

**TASCAS**

Als Tasca wird auf São Miguel der einfachste Restauranttyp bezeichnet: vorne Bar für das schnelle Bierchen zwischendurch und ein Hinterzimmer, in dem zu günstigen Preisen deftiges Essen aufgetischt wird. In Ribeira Grande gibt es noch viele dieser einfachen Kneipen, die von außen oft kaum als solche kenntlich sind. Azorianer lieben ihre Tascas und so speist hier zu Mittag vom Bauarbeiter bis zum Bankangestellten ein bunt gemischtes Völkchen.

**Faria.** Rua da Estrela. 9600-525 Ribeira Grande, Tel. 296 47 21 88.

**José Domingues.** Der Besitzer schlachtet einmal in der Woche ein Schwein und serviert ein deftiges Mittagessen. Mi und Do 12–15 Uhr, Aug. geschlossen, Rua de São José, 25, 9600-414 Santa Bárbara, Ribeira Grande, Tel. 296 47 24 81.

**Manuel Flor.** Largo Hintze Ribeiro 16, 9600 Ribeira Grande, Tel. 296 47 25 64.

**O Correia.** So kein Abendessen, Rua da Estrela 26, 9600-525 Ribeira Grande, Tel. 296 47 27 31.

**Oben:** Vor der festlich geschmückten Kirche Nossa Senhora da Estrela
**Unten:** Blütenteppiche dürfen bei keiner Prozession fehlen.

Straßenpflaster rund um die Kirche zieren Sterne. Bereits 1517 stand auf dem Hügel über der Stadt eine kleine Kirche, der heutige Bau ist allerdings ein Wiederaufbau nach dem Erdbeben von 1563. Eine Prozession zieht jedes Jahr zu Herz Jesu Ende August durch die Straßen, das Fest der Sternenmadonna findet Ende Januar statt. Dazu ziehen unzählige Gruppen von Sängern abends durch die geschmückten Straßen und tragen ihr eigens für die Madonna komponiertes Lied vor.

Unterhalb der Kirche steht die unscheinbare Statue des Geschichtsschreibers Gaspar Frucutoso (1522–1591). Der hochgebildete Pfarrer des Ortes verfasste das erste große Geschichtswerk der Azoren, in dem er ausführlich die Umstände der Besiedlung der Inseln beschrieb sowie Pflanzen, Tiere und Vulkanausbrüche auflistete. Da aus dieser Zeit sonst kaum Dokumente erhalten geblieben sind, werden seine Aufzeichnungen auch von den Naturwissenschaftlern gerne herangezogen.

Unterhalb befindet sich das Rathaus mit dem charakteristischen Glockenturm. Durch einen Bogen ist es mit einem rosafarbenen Haus verbunden, vermutlich ein älteres Rathausgebäude. Im Ort gibt es viele gut erhaltene Beispiele für den «Estilo

# Historischer Stadtrundgang

Ⓐ **Museu Municipal** – Ethnographisches Museum mit einer vor hundert Jahren von einem Pfarrer gebauten beweglichen Krippenlandschaft.

Ⓑ **Igreja do Senhor dos Passos** – Einst die Kirche der Wohlfahrtsorganisation Misericórdia, die im Anbau das Hospital betrieb. Die große Jesusfigur mit Kreuz wird in der Fastenzeit durch die Straßen getragen.

Ⓒ **Hauptplatz** – Etwa 150 Jahre sind die gewaltigen Eisenholzbäume (Medrosideros excelsa) alt. Im Juni bekommt der eigentlich in Neuseeland heimische Baum kugelförmige weinrote Blüten.

Ⓓ **Teatro Ribeiragrandense** – Das Theater von Ribeira Grande wurde 1922 erbaut.

Ⓔ **Stadtgarten** – Hübsche Gartenanlagen zieren das Flussufer des Ribeira Grande. Im unteren Bereich befinden sich die Ruinen einer Wassermühle.

Ⓕ **Ponte dos Oito Arcos** – Die gewaltige Steinbrücke war eines der größten azorianischen Straßenbauprojekte des 19. Jahrhunderts.

Ⓖ **Manuelinisches Fenster** – An der Ostseite des Rathauses befindet sich ein kurioses Fester im manuelinischen Stil mit exotischen Tieren und Pflanzen. Kunstwissenschaftler aus ganz Portugal stellen immer wieder neue Theorien zur Herkunft dieses Fensters auf, das ein seltenes Übergangswerk zwischen Manuelinik und Renaissance darstellt.

Azorianische Engel

Ⓗ **Igreja da Nossa Senhora da Estrela** – Im Innenraum der Pfarrkirche dominiert der Barock. In der linken Seitenkapelle befinden sich zwei wertvolle Gemälde aus dem 16. Jahrhundert, die die Anbetung durch die Heiligen Drei Könige und die Vorstellung Jesu im Tempel darstellen. Ein weiteres Schmuckstück der Kirche ist die von einem unbekannten Künstler geschaffene Pieta.

Ⓘ **Casa do Arcano** – Nach Auflösung der religiösen Orden zieht sich die Nonne Madre Maria do Apocalipse in dieses Haus zurück und verbringt den Rest ihres Lebens mit dem Modellieren tausender kleiner Figuren, mit denen sie insgesamt 92 Bibelszenen darstellt. Bereits zu ihren Lebzeiten waren die erstaunlich detailgetreuen Miniaturen eine der Hauptattraktionen Ribeira Grandes.

**Oben:** Bei Ribeira Grande finden Surfer ideale Wellen.
**Mitte:** An der Praia de Santa Bárbara
**Unten:** Auf geht's in die Fluten

Micaelense«, wie der inseltypische Baustil des frühen 18. Jahrhunderts bezeichnet wird. Die Fenster der Häuser sind mit dunklem Vulkangestein eingefasst, massige Grundmauern dienten zur größeren Stabilität bei Erdbeben. Über den Fenstern sind häufig diamantförmige Verziehrungen angebracht, die dem Haus Reichtum und Glück bescheren sollten. Nett ist es, die Hauptgeschäftsstraße von Ribeira Grande bis zur Kirche Nossa Senhora da Conceição entlangzuschlendern. Einige der Läden erinnern ein wenig an Omas Zeiten.

## Ausbruch des Pico do Sapateiro

Viele der Überlebenden des Erdbebens von Vila Franca im Jahre 1522 suchten im aufblühenden Ribeira Grande Zuflucht. Doch der Friede währte nicht lange. 1563 ereignete sich zunächst ein von heftigen Erdbeben begleiteter Vulkanausbruch am Feuersee und im gleichen Jahr wurde der Pico do Sapateiro, ein großer Vulkankegel östlich von Ribeira Seca, aktiv. Der meterhohe Lavastrom ergoss sich über den Ort Ribeira Seca bis zum Meer und begrub den Ort unter sich. Nur die Statue des heiligen Petrus in der Kirche blieb wie durch ein Wunder verschont. Damals soll der Vertreter des Königs mit seinem Gefolge nach Ribeira Seca geritten sein, um sich von diesem Wunder zu überzeugen. Am 29. Juni spielt man diese Begebenheit alljährlich mit einem über hundert bunt geschmückte Pferde und Reiter umfassenden Umzug nach. Am Haus hinter der Kirche ist der Reiterumzug auf einem großen Kachelbild dargestellt. Auch das moderne Kunstwerk am Kreisverkehr an der Ortseinfahrt erinnert an das Fest.

## Surferparadies: Praia de Santa Bárbara

Bis vor einigen Jahren war das über einen Kilometer lange Sandareal kaum bekannt. Als dann auf den Azoren Windsurfen out war und Wellenreiten ohne Segel in wurde, suchte man nach großen Wellen – und die fand man bei Ribeira Grande. Heute finden hier jedes Jahr im Herbst internationale Meisterschaften statt. Das Café-Restaurant mit großer Terrasse ist ideal für ein romantisches Abendessen, an den Wochenenden kommt die Jugend von Ribeira Grande später am Abend auf einen Drink vorbei. Auf Grund der fast immer recht starken Brandung ist das Bad im Meer meist ein vorsichtiges Plantschen in den Wellen, das aber mit fantastischer Aussicht über die Nordküste.

## Rabo de Peixe

Übersetzt heißt der Name des Ortes »Fischschwanz«, hier befindet sich auch einer der größten Fischereihäfen der Azoren. Bei Diskussionen über soziale Probleme der Insel kommen die Einheimischen meist schnell auf diesen Ort zu sprechen. Die meist sehr kinderreichen Familien haben oft kein geregeltes Einkommen, viele Familienväter arbeiten als Tagelöhner. Auch die großen Investitionen in Kindergärten, Schulen und Sozialwohnungen scheinen nur wenig Frucht zu tragen. In einem aber sind die Bewohner von Rabo de Peixe fast unschlagbar: bei den Festen zu Ehren des Heiligen Geistes. Sehr traditionell und mit großem Aufwand wird gefeiert, der Ort befindet sich dann im Ausnahmezustand.

*AUTORENTIPP!*

**MUSEU VIVO DO FRANCISCANISMO**

Klein aber fein ist das neue Museum in der Kirche des ehemaligen Franziskanerklosters. Einer alten Tradition folgend findet jedes Jahr während der Fastenzeit eine Prozession mit lebensgroßen Figuren statt. Nachdem viele der Figuren jahrzehntelang in der geschlossenen Kirche vergessen waren, wurden sie nun in dem renovierten Gotteshaus ausgestellt. In einem kleinen Film wird die Geschichte des Klosters vorgestellt und zum Abschluss besteigt man den Kirchturm, von dem sich ein schöner Blick über Ribeira Grande bietet. Die Franziskaner kamen bereits mit den ersten Siedlern auf die Inseln und waren der wichtigste und zahlenmäßig stärkste Orden auf den Azoren.

**Museo Vivo do Franciscanismo.** Okt.–Feb. Mo–Fr 9–17 Uhr, März–Sept. Di–Sa 9–17 Uhr, Rua de São Francisco, 9600-537 Ribeira Grande.

# Infos und Adressen

## SEHENSWÜRDIGKEITEN

**Museu Municipal.** Volkskundemuseum in einem alten Herrenhaus. Hier finden sich Ausstellungsstücke zum Weinbau und zu den in der Vergangenheit in Ribeira Grande ausgeübten Berufen wie etwa eine Hutmacherei, Weberei und eine alte Apotheke. Interessante Ausstellung von portugiesischen Kacheln verschiedener Epochen.
Mo–Fr 9–17 Uhr, Rua de São Vicente, 9600-542 Ribeira Grande.

In den Fässern reift süßer Likör.

**Museu Casa do Arcano.** Winzige, im 19. Jh. von einer Nonne geschaffene Tier- und Menschenfiguren. Die Detailgenauigkeit der dargestellten Bibelszenen ist faszinierend! März–Sept. Di–Sa 9–17 Uhr, Okt.–Feb. Mo–Fr 9–17 Uhr, Rua João d'Horta, 9500-561 Ribeira Grande.

## ESSEN UND TRINKEN

**A la Bote.** Gehobenes Restaurant mit Meerblick und Terrasse. Sehr lecker: Fischeintopf mit Silberbarsch (Caldeirada de Cherne). Ruhetag Mi (Winter). Largo East Providence 68, 9600-524 Ribeira Grande, Tel. 296 47 35 16, www.alabote.net

**O Esgalha.** Großer Speisesaal mit regionaler Küche und schnellem Service. Besondern beliebt sind hier die günstigen Mittagsgerichte. Man hat stets die Auswahl zwischen mehreren Fleisch-und Fischgerichten in Portionen für den großen Hunger. Kein Ruhetag. Rua Conde Jácome Correia 68, Ribeira Grande, Tel. 296 47 31 47.

**Restaurante da Associação Agrícola.** Zwischen den Gebäuden der Vereinigung der Landwirte versteckt eines der bekannten Steakrestaurants der Insel. Wo sonst als bei den Viehzüchtern selbst gibt es gutes Rindfleisch? Ruhetag Mo, Di und So nur mittags. Feira de Santana, 9600, Santana, Rabo de Peixe, Tel. 296 49 00 01.

**Tuka Tula.** Café-Restaurant mit großer Terrasse direkt am Meer am Strand von Santa Bárbara. Auch außerhalb der Badesaison kann man hier wunderbar sitzen und Wellen gucken. Abends Bar und am Wochenende manchmal Live-Musik. Im Winter Mo Ruhetag. Rua do Areal de Santa Bárbara, Ribeira Seca, 9600-201 Ribeira Grande, Tel. 296 47 76 47.

## ÜBERNACHTEN

**Casa das Calhetas.** Die Besitzer des wunderschönen Herrenhauses in Calhetas vermieten in den Sommermonaten mehrere Zimmer. Felsbadeplatz am Meer in wenigen Minuten zu Fuß zu erreichen. Travessa do Morgado, Calhetas, 9600-016 Ribeira Grande, Tel. 296 49 81 20, www.virtualazores.com/casadascalhetas

**Pico do Refúgio.** Geschmackvolle, moderne Ferienwohnungen und Lofts mit künstlerischem Touch auf einem großen Landgut. Sechs Ferienwohnungen in den Gebäuden einer ehemaligen Teefabrik und weitere zwei im Gebäude auf einem Vulkankegel mit atemberaubendem Blick von der Aussichtsterrasse. Von hier hielt man im 17. Jahrhundert nach Piraten Ausschau, dann diente der Besitz als Orangen-, später als Teeplantage. Organisation von Tauchkursen, die ersten Stunden finden im hauseigenen Pool statt. Das Frühstück zur Übernachtung kann dazugebucht werden. Roda do Pico 5, Rabo de Peixe, 9600-095 Ribeira Grande, Tel. 296 49 10 62, www.picodorefugio.com

Die traditionelle Keramik wird von Hand bemalt.

## EINKAUFEN

**Fábrica de Cerâmica Micaelense.** Kleine Manufaktur, in der man bei dem Bemalen der Keramikgegenstände zusehen kann. Mo–Fr 9–18 Uhr, Rua do Rosário 42, 9600-549 Ribeira Grande.

**Fábrica de Licores.** Großzügige Verkostung der Insellliköre. Traditioneller Obstgarten mit Kaffeesträuchern, Passionsfrüchten und Guaven. Mo–Fr 9–12 und 13–18 Uhr, Rua do Berquó 12, 9600-542 Ribeira Grande.

**Viehmarkt in Santana.** Auch wenn eine Kuh oder Ziege etwas unhandlich als Souvenir sind, ist der Viehmarkt in Santana bei Rabo de Peixe interessant. Er findet jeden Do vormittags auf der Wiese neben der Landwirtschaftsgenossenschaft (Associação Agrícola) statt.

## AKTIVITÄTEN

**Campo de Golfe da Batalha.** Großzügig angelegter Golfplatz mit Meerblick im Nordwesten der Insel. Auf dem 27-Loch-Platz geht es ruhig zu, auch im Sommer ist das Klima in diesem Teil der Insel meist angenehm. Tel. 296 49 85 59, www.azoresgolfislands.com

**Piscinas Municipais.** Falls die Wellen am Strand von Santa Bárbara zum Baden zu hoch sind, kann man in das am Meer gelegene Freibad von Ribeira Grande ausweichen. Rua do Castelo, 9600 Ribeira Grande.

## INFORMATION

**Posto de Turismo da Ribeira Grande.** Sehr engagierte Mitarbeiter! Für die Zukunft ist auch ein Fahrradverleih geplant. Rua Luís de Camões, 9600-563 Ribeira Grande (im Gebäude des Busbahnhofs), Tel. 296 47 43 32, http://turismo.cm-ribeiragrande.pt

Feine Küche mit Meerblick im Restaurant A la Bote

# 7 Lagoa do Fogo
## Der geheimnisvolle Kratersee

**Gerne versteckt sich der Feuersee in den Wolken, zeigt er sich jedoch, ist das Naturspektakel perfekt: Im Krater auf 610 Meter Höhe eingebettet, schimmert er je nach Sonneneinstrahlung mal in verschiedenen Blautönen mal in einem intensiven Türkis. Im klaren Wasser des Sees tummeln sich Forellen, müde Wanderer rasten am weißen Sandstrand. Die Stille der Natur wird nur vom Geschrei der Möwen unterbrochen.**

Der Fogo-Vulkan ist geologisch gesehen eine der jüngsten Regionen von São Miguel, vor 250 000 Jahren erhob er sich aus dem Meer. Vor etwa 15 000 Jahren entstand die Caldeira, 1563 fanden die letzten großen Eruptionen statt. Nachdem sich das Magma erschöpft hatte, brach der Vulkan in sich zusammen, es entstand die kreisrunde Bucht am östlichen Ende des Sees. Die heftigen Ausbrüche produzierten große Mengen an Bims, der zu Sand vermahlen am Seeufer die hellsten Sandstrände der Insel schuf. An den Innenflanken der Caldeira findet man die ursprüngliche Pflanzenwelt der Insel. An der Südflanke des Vulkans entspringen zahlreiche Süßwasserquellen, die unter anderem die Wasserversorgung von Ponta Delgada sicherstellen. 25 m ist der See tief und im klaren Wasser tummeln sich prächtige Regenbogenforellen, die vom Forstamt regelmäßig eingesetzt werden.

## Umweltfreundliche Geothermie

40 % der Inselenergie erzeugt die geothermische Anlage am Fogo-Vulkan, nachts deckt sie sogar

**Mitte:** Blick über den Feuersee
**Unten:** Weideland soweit das Auge reicht

fast den kompletten Energiebedarf. Fährt man von Ribeira Grande aus in Richtung Feuersee, passiert man bald die Schaltzentrale des Kraftwerks. Die glänzenden Rohre am Straßenrand befördern das Wasser und den Wasserdampf aus den mittlerweile 30 Bohrlöchern zum Kraftwerk. 240° C beträgt die Temperatur des Heißwasserreservoirs, das sich in etwa 1500 m Tiefe befindet. Diese relativ saubere Art der Energiegewinnung ist allerdings nicht ganz risikolos: 2012 traten nach einer neuen Bohrung in Caldeiras da Ribeira Grande große Mengen an Kohlendioxid aus dem Boden aus. In den Häusern stehen nun Messgeräte, falls die Grenzwerte überschritten werden, schrillt ein Alarmton auf.

## Feuersee aktiv

Zu den Aussichtspunkten am Kraterrand gelangt man über eine Fahrstraße von Lagoa oder Ribeira Grande aus. Am höchsten Punkt bei den Sendemasten erreicht der Kraterrand 936 m. Am oberen Ende des Antennenwaldes bietet sich ein kleiner Spaziergang an: Ein Feldweg führt an einem Betonhäuschen vorbei immer geradeaus Richtung Süden über einen Grat auf einen Hügel. Von hier hat man an klaren Tagen einen grandiosen Ausblick über weite Teile der Insel.

Zum Seeufer selbst kann man nur zu Fuß gelangen, vom Aussichtspunkt führt ein kleiner ausgetrener Pfad steil nach unten bis zum großen Sandstrand. Hier kann man noch ein ganzes Stück entlang spazieren, den See in seiner Gänze zu umrunden ist nur mit einigen Schwimmeinlagen möglich. Der offizielle Wanderweg beginnt etwas oberhalb von Água d'Alto, an der alten Inselrundstraße folgt man dann dem Schild »Lagoa do Fogo« nach links bis zum Ausgangspunkt mit aufgestellter Wandertafel.

AUTORENTIPP!

**MINERALWASSER VON LOMBADAS**

Ein kleines, von Platanen gesäumtes Pflastersträßchen führt von Ribeira Grande aus zunächst nach Caldeiras, wo die Wohlhabenden einst ihre Sommerfrische verbrachten und im heißen Wasser der Thermalquelle badeten. Von hier aus führt das holprige Sträßchen mit tollen Ausblicken aber noch weiter ins Bergland. Im Tal von Lombadas, durch das der Ribeira Grande fließt, ist Schluss, nur Natur und einige Ruinen. Seit Ende des 19. Jahrhunderts wurde hier von einem azorianischen Händler ein feines, kohlesäurehaltiges Mineralwasser abgefüllt und mit großem Erfolg exportiert. Anfang der 1990er-Jahre ging die Konzession an einen großen Konzern vom Festland, der die Anlage nach einem Hochwasser verfallen ließ. Bis sich ein neuer Interessent findet, laufen 17 000 l Mineralwasser pro Stunde in den Fluss. Überquert man den Fluss und folgt dann flussabwärts dem Ufer, gelangt man zu einem großen Wasserhahn und kann sich am feinen Nass bedienen.

**Oben:** Informationstafeln über Geologie und Botanik
**Mitte:** Riesige Baumfarne an der Caldeira Velha
**Unten:** Badebecken mit Thermalwasser

Die Nordwestflanke des Fogo-Vulkans ist außerdem ein beliebter Ausgangspunkt für Paraglider, jedes Jahr im August findet auf der Insel ein Festival statt.

## Versteckte Seen im östlichen Hochland

Landschaftlich reizvoll ist die Gegend östlich des Feuersees. Zwischen üppig grünen Weiden erheben sich immer wieder kleine Vulkankegel und auch die Hortensien blühen im Hochland besonders üppig und noch bis den August hinein. Versteckt liegen hier einige kleinere Kraterseen, allen voran die Lagoa do Congro, der einzige große Maar der Insel. Maare entstehen durch den Kontakt von Grundwasser mit Magma und die dadurch ausgelösten stark explosiven Eruptionen. Dabei entsteht statt einem Vulkankegel ein tiefer Krater, der höchstens von einem kleinen Tuffring umgeben ist. Eine ganze Weile steigt man hinab in den Krater, bis man schließlich mehr als hundert Meter tiefer zum Seeufer gelangt. Früher war der See Privatbesitz eines reichen Großgrundbesitzers, man verbrachte hier warme Sommertage bei Picknick und genoss die Stunden bei ausführlichen Bootsfahrten.

## Caldeira Velha

Allein schon landschaftlich ist der malerische von dichter Vegetation umgebene Wasserfall ein Gedicht. Zudem gibt es hier noch Fumarolen und eine heiße Quelle, die gerne zum Baden genutzt wird. Man hat die Wahl zwischen dem Becken des Wasserfalls (lauwarm) und dem neuen Becken (37° C) inmitten riesiger Baumfarne. Im Besucherzentrum gibt es eine kleine, aber durchaus interessante Ausstellung über die Geologie und die Natur der Insel.

# Infos und Adressen

## SEHENSWÜRDIGKEITEN

**Caldeira Velha.** An der Straße von Ribeira Grande zum Feuersee. Juni–Sept. 9–20.30 Uhr, März–Mai, Okt. 10–18 Uhr, Nov.–Febr. 9–17 Uhr.

## ESSEN UND TRINKEN

**Restaurant Caldeiras.** Modernes Restaurant mit Café und Terrasse neben den heißen Quellen von Caldeiras. Mo Ruhetag. Caldeiras da Ribeira Grande, 9600-501 Caldeiras, Tel. 296 47 43 07.

## ÜBERNACHTEN

**Casas do Termo**. Riesiges, typisch azorianisches Gutshaus aus dem 18. Jh. mit mehreren Schlafzimmern und Bädern für bis zu zwölf Personen. Wunderschön auch das kleinere »Casa do Tanque« mit großem Seerosenteich. Alle Häuser sind sehr gut ausgestattet und verfügen über eine Terrasse mit weitem Blick über das Meer bis nach Ponta Delgada. Estrada Regional 1, Santa Cruz, Lagoa, Tel. 296 38 17 14, www.casasdotermo.com

## AKTIVITÄTEN

**Geotouren.** Die äußerst lohnenswerte Geotour mit einem Fachmann bringt dem Besucher anschaulich den vulkanischen Ursprung der Insel näher. Wenn möglich beinhaltet die Tour eine Besichtigung der geothermischen Anlage. Immer freitags, auf Englisch. Außerdem geführte Wandertouren in der Gegend des Fogo-Vulkans und anderen Teilen der Insel. Geofun, Tel. 919 93 15 62, www.geo-fun.com

**Waldpark Chã da Marcela.** Ein wunderschöner und wenig bekannter Waldpark an der Südwestflanke des Fogovulkans. Zur Anfahrt biegt man im Ort Remédios nicht zum Feuersee ab, sondern hält sich immer geradeaus und folgt dann der Beschilderung. Das toll angelegte Picknickareal mit Grillplätzen bietet einen hervorragenden Blick über den Westen der Insel. Ein kleines Sträßchen führt weiter nach oben zu einem fantastischen Aussichtspunkt.

Beeindruckende Pflanzenwelt im Tal der Caldeira Velha

**Mitte:** Wallfahrtskapelle auf dem Monte Santo
**Unten:** Freibad von Lagoa



# 8 Lagoa und Caloura

## Die sonnenreiche Südspitze

**In Lagoa und Caloura kommen besonders Badenixen und Gourmets auf ihre Kosten. Hängen in den Bergen die Wolken, isst man hier erst einmal einen leckeren Fisch und dann dauert es meist nicht lange, bis sich die Sonne zeigt. In der Umgebung gibt es mehrere attraktive Sandbuchten, außerdem bietet die Südspitze der Insel interessante Tauchspots. Sonnenschein und die zentrale Lage in der Mitte der Insel machen Caloura zu einem beliebten Feriendomizil.**

### Lagoa

Das große Manko in der Geschichte São Miguels war das Fehlen eines geschützten Naturhafens, am sichersten war immer noch die kleine Bucht des Porto dos Carneiros in Lagoa. Wo früher Färberwaid und Orangen verladen wurden, liegen

### MAL EHRLICH

**WETTER AUF SÃO MIGUEL**

Den ganzen Tag überall auf der Insel schlechtes Wetter – das gibt es auf São Miguel eher selten. Doch manchmal ist es dennoch schwierig, das Eckchen mit Sonnenschein zu finden. Gerne in den Wolken verstecken sich die kleinen Seen um die Lagoa do Canário, das Bergland um den Feuersee, der Pico da Vara und die Ostspitze der Insel bei Água Retorta. Die besten Chancen auf Sonnenschein hat man in Mosteiros, Caloura, Ribeira Quente und Capelas. Im Notfall hilft die Webcam www.spotazores.com weiter.

heute die bunten Boote der Fischer vor Anker. Auch wenn Lagoa keine größeren touristischen Attraktionen aufweist – kulinarisch hat man die Nase vorn. Gerade Fischliebhaber werden nicht enttäuscht sein, von rustikaler Kneipe bis Gourmetrestaurant wird alles geboten.

An heißen Tagen lohnt der Besuch des wunderschön angelegten Freibades mit in die Badeanlage integrierten Naturschwimmbecken und einer Terrasse mit fantastischem Blick. Nicht zu übersehen ist das ehemalige Franziskanerkloster im Ortsteil Santa Cruz, das heute die Bibliothek beherbergt. Das stattliche Gebäude soll zum Museum ausgebaut werden. Die Mitarbeiter zeigen gerne die Kirche und eine kleine Ausstellung im Keller sowie den Eingang zu einem geheimen Tunnel, der einst vom Kloster zum Meer führte. Lange Tradition hat in Lagoa die Keramikherstellung. In der Keramikfabrik Vieira kann man sich von der Kunstfertigkeit der Töpfer überzeugen. Für feine Keramik geeigneten Ton gab es nur auf der Nachbarinsel Santa Maria. Dieser wurde per Boot am Hafen von Lagoa angeliefert. Einfache Haushaltsgegenstände wurden auf den Azoren schon länger hergestellt, erst vor 150 Jahren wurde in Lagoa eine Fabrik gegründet, die auch feinere Keramik und Kacheln herstellte. Damals wurde unter den Wohlhabenden ein modernerer, verspielter Baustil modern und gerade die Nachfrage nach dekorativen Ka-

AUTORENTIPP!

**BAR DA CALOURA**

Das perfekte Abendessen auf einem Inselurlaub? Frischer Fisch, eine Flasche Weißwein, ein netter Kellner und Meeresrauschen als Kulisse? Nicht mehr und nicht weniger gibt es in der Bar am Fischerhafen von Caloura. Eine steile Felswand bietet den Booten Schutz, die kleine Bucht ist bei Tauchanfängern beliebt. Die Bar befindet sich in einem kleinen Häuschen am Meer, serviert wird draußen auf der Terrasse. Täglich wechselnd gibt es eine kleine Auswahl frischen Fisches und der kommt erst auf den Grill, dann auf den Teller. Besonders lecker ist der Drückerfisch (Peixe porco), der erst in den letzten Jahren als Speisefisch in Mode gekommen ist. Heute findet man die feinen Filets zum Glück immer häufiger auf der Karte. Eine leckere Vorspeise ist der Oktopussalat. An Sommerwochenenden empfiehlt sich eine Reservierung. Während der Wintermonate nur Cafébetrieb.

**Bar da Caloura.** Rua da Caloura 20, 9560 Água de Pau, Tel. 296 91 32 83.

**Oben:** Aussichtspunkt oberhalb von Água de Pau
**Mitte:** Kachelfassade an der Kirche von Caloura
**Unten:** Am Hafen von Lagoa

cheln wuchs enorm. Per Hand werden Teller und Kacheln bemalt, typisch für die Insel sind blaue Blumenmuster auf weißem Grund.

## Água de Pau und Água de Alto

Heute ist es schwer zu glauben, dass Agua de Pau einst einer der einflussreichsten Orte der Insel war. Nicht zu übersehen ist die imposante Kirche Nossa Senhora dos Anjos im Ortszentrum. Hier findet zu Maria Himmelfahrt eine der größten Prozessionen der Insel statt. Auf dem Vulkanhügel auf der Meerseite des Ortes thront die Walfahrtskapelle Nossa Senhora do Monte Santo. Während des Ersten Weltkrieges erschien dort einem kleinen Mädchen die Madonna. Daraufhin suchten immer mehr Pilger den Ort auf, 1918 sah eine große Menschenmenge in der Sonne Maria, Gott, Engel und die Umrisse einer Kirche. Bald darauf starb das kleine Mädchen und die Eltern errichteten zu ihrem Andenken die Kapelle.

Entlang der Hauptstraße des Ortes jedoch reiht sich Kneipe an Kneipe. Viele Männer des Ortes arbeiteten früher tageweise als Landarbeiter, später auf dem Bau, doch mit der abnehmenden Bautätigkeit werden nur noch selten Hilfsarbeiter gebraucht. Während sich die Frauen zu Hause um die Kinderschar kümmern, bevölkern die Männer die zahlreichen Bars und bescheren zumindest dem Wirt ein sicheres Auskommen.

Östlich des Ortes befinden sich die beiden ausgedehnten Sandstrände von Água'Alto. Diese sind besonders bei den Einheimischen beliebt. Am besten kommt man bereits am Vormittag oder unter der Woche zum Sonnenbaden. Nicht zu übersehen ist ein großer Hotelklotz direkt am Strand, zum Glück sind solche Bausünden außerhalb der Hauptorte eher selten. Ende der 1970er-Jahre – es gab kaum Perspektiven, die neu gegründete Regionalverwaltung konnte der Auswanderungswelle wenig Einhalt gebieten – versprach ein ausländischer Investor große Verdienste mit Fünf-Sterne-Tourismus. Zwei Luxushotels vom Feinsten wurden daraufhin gebaut, eines direkt am Strand, das andere am Königsblick in Sete Cidades. Schnell gingen die riesigen Hotels Pleite, die Ruine am beliebtesten Aussichtspunkt der Insel zeugt davon, das Hotel am Strand konnte sich, um einen Stern reduziert, dank sonnenhungriger Gäste aus Skandinavien über die Jahre retten.

## Caloura

Ein Vulkanhügel mit einer auf eine Marienerscheinung in den 1920er-Jahren zurückgehende Kapelle trennt den Ort Água do Pau und den direkt an der Küste gelegenen Landzipfel Caloura. Die südlichste Spitze der Insel wurde durch einen Lavastrom gebildet, wie man an der schwarzen Felsküste unschwer erkennen kann. Die dadurch geformten Grotten machen Caloura zu einem beliebten Ziel für Taucher. Der äußerste Punkt der Landspitze, Ponta da Galera, ist bei Vogelkundlern beliebt zur Beobachtung von Seevögeln.

Hier wurde im 16. Jahrhundert das erste Klarissinnenkloster der Insel gegründet, in dem sich auch die später zur Berühmtheit gelangte Figur des Senhor Santo Cristo befand. Bald waren die Ordensdamen die ständigen Angriffe der Piraten leid, nach Gründung des Esperança-Klosters im sichereren Ponta Delgada zog man um, die Büste des Jesus nahm man mit. Die angeblich wundertätige Figur wird von den Insulanern verehrt, um sie dreht sich das zweitgrößte religiöse Fest Portugals. Das Klostergebäude mit seiner hübschen kachelverzierten Kirchenfassade ist Privatbesitz. Es ist der Traum vieler Einwohner São Miguels ein

**Oben:** Am Strand von Caloura
**Unten:** Der Künstler Tomaz Borba Vieira stellt seine Werke im Centro Cultural da Caloura aus.

**Oben:** Fischerhafen von Lagoa
**Mitte:** Moderne Kunst im Garten des Centro Cultural in Caloura
**Unten:** Traditionelle Fischerboote in Lagoa

Haus in Caloura zu besitzen. Während hier vor 20 Jahren noch vor allem Weinbau betrieben wurde, haben in letzter Zeit immer mehr wohlhabende Insulaner große Villen auf der Landspitze gebaut. Mittlerweile haben sich auch einige zahlungskräftige Ausländer eingekauft, die Immobilienpreise sind mittlerweile im Vergleich zu anderen Orten der Insel beachtlich. Am östlichen Ende Calouras befindet sich ein malerischer Fischerhafen, im westlichen Teil zwei kleine aber feine Sandbuchten unterhalb der eindrucksvollen Felsküste.

In der Nähe des Klosters betreibt der azorianische Künstler Thomáz de Borba Vieira das kleine Museum »Centro Cultural da Caloura«. Der Maler stellt nicht nur seine eigenen Werke aus, sondern auch junge Künstler vom Festland sind hier vertreten. Neben Kaffee und Tee gibt es hinter dem Gebäude einen großen, typisch azorianischen Garten, dessen Parzellen durch hohe Hecken vor der salzhaltigen Luft des Meeres geschützt werden.

Besonders schön ist das Fischerfest in Caloura. Die Figur des São Pedro Gonçalves, der Heilige der Fischer, wird nach der Messe zum Hafen getragen und in einem geschmückten Fischerboot rund um das Inselchen von Vila Franca geschippert. Danach gibt es vom großen Grill leckeren Fisch für alle Besucher des Festes.

# Infos und Adressen

## SEHENSWÜRDIGKEITEN

**Centro Cultural da Caloura.** Kleines Museum für zeitgenössische Kunst des Malers Thomáz de Borba Vieira. Mo–Sa 10.30–12.30 Uhr und 13.30–17.30 Uhr, Canada do Castelo, 9560 Água de Pau, Tel. 296 91 33 00, www.cccaloura.com

## ESSEN UND TRINKEN

**Paladares da Quinta.** Das rundum verglaste Restaurant befindet sich inmitten eines exotischen Gartens. Perfekt für ein besonderes Dinner. Mo, So abends geschlossen. Canada de Santa Bárbara 40, 9560-141 Rosário, Lagoa, Tel. 296 96 53 06, www.paladaresdaquinta.pt

**Rest. Traineira.** Vitrine mit frischem Fisch und leckeren Meeresfrüchten. Rua Dr. José Pereira Botelho 55, 9560-097 Lagoa, Tel. 296 96 52 49.

## ÜBERNACHTEN

**Caloura Hotel Resort.** Der unschlagbare Ausblick über Meer und Küste sowie die geschmackvoll in die Landschaft eingepasste moderne Architektur machen dieses Hotel zu einem der beliebtesten der Insel. Schöner Pool und eigene Tauchbasis. Rua do Jubileu, 2560-260 Água de Pau, Tel. 296 96 09 00, www.calourahotel.com

Netter Service im Restaurant Traineira

Die Gartenanlagen des Caloura Resort Hotels

**Quinta do Mar.** Das kleine Boutiquehotel oberhalb des Fischerhafens von Caloura wird von zwei netten Engländern geleitet. Große, luxuriöse Zimmer und Pool. Rua da Portela 43, 9560-216 Caloura, Tel. 296 91 39 90, www.quintadomar-caloura.com

**Pousada da Juventude da Lagoa.** Die nagelneue Jugendherberge im modernen Design zum Thema Meer der Azoren punktet mit großen, lichtdurchfluteten Räumlichkeiten. Auf Anfrage auch Doppelzimmer. Fahrradverleih und Restaurant. Av. Vulcanológica, 9560-414 Lagoa, Tel. 296 96 06 10, http://pousadajuventudelagoa.com

## EINKAUFEN

**Cerâmica Vieira.** Die Keramikmanufaktur blickt auf eine 150-jährige Tradition zurück. Mo–Fr 9–12 und 13–18 Uhr, Rua das Alminhas 12, 9560-073 Rosário, Lagoa.

## INFORMATION

**Posto do Turismo do Rosário.** Wechselnde Öffnungszeiten. Rua 25 de Abril, 9560-047 Lagoa, Tel. 296 96 53 46.

**Mitte:** Zentrum von Rathaus von Vila Franca
**Unten:** Männer in der Hafenbar

# 9 Vila Franca

## Städtchen mit maritimem Flair

**Mehr als andere Hauptorte der Insel ist Vila Franca dem Meer zugewandt und hat etwas von dem maritimen Flair, das man in den anderen, eher bäuerlich geprägten Orten vermisst. Fischerei ist eine wichtige Einnahmequelle, die Restaurants haben Terrassen mit Meerblick, Ausfahrten zum Whalewatching und Tauchbasen lassen das Städtchen auch für Touristen immer mehr an Attraktivität gewinnen.**

Die Chancen stehen gut, Vila Franca geschmückt zu erleben: In keinem Ort gibt es so viele Feste wie in Vila Franca. Ein hübsches Zentrum mit stattlichen Kirchen und einem lauschigen Stadtgärtchen, die neue Marina und ein attraktiver Sandstrand laden zum Flanieren ein. Am Abend werden auch nicht wie in kleineren Orten sonst üblich die Bürgersteige hochgeklappt, mit Kind und Kegel spazieren die Einheimischen die Hafenpromenade entlang und bevölkern die Strandbars.

## Von der Inselhauptstadt in die Katastrophe

Nachdem in Povoação der erste Ort der Insel errichtet worden war, suchte man entlang der Südküste nach weiteren Siedlungsflächen. Ideal war das sonnige, sanft zum Meer hin abfallende Land in der Mitte der Insel, und so wurde hier vom Großgrundbesitzer und Inselverwalter Gonçalo Vaz Botelho die erste Inselhauptstadt gegründet. Schnell entwickelte sich ein florierendes Städtchen mit Handwerksbetrieben, Töpfereien, Bootsbau und guten Erträgen auf dem fruchtbaren Ackerland. Damals wusste man nicht, dass die Gegend von Vila Franca geologisch wenig stabil ist, zwei Verwerfungen ziehen sich östlich des Feuersees von Nord nach Süd durch die Insel. Genau in der Mitte einer dieser Verwerfungen, am Monte Escuro, befand sich dann auch das Epizentrum des schwersten Erdbebens in der Geschichte der Azoren. In der Nacht vom 21. auf den 22. Oktober 1522 wurden die Bewohner der Insel von heftigen Erdstößen aus dem Schlaf gerissen. In der neuen europäischen, von eins bis zwölf reichenden Skala gemessen erreichten die Erdstöße in Vila Franca Grad zehn, fast alle der damals sehr einfach gebauten Häuser wurden zerstört. Doch damit war der Schrecken noch nicht vorbei. Die Südflanke des Fogo-Vulkans besteht aus wenig gefestigtem vulkanischen Auswurfmaterial, die dicken Bimsschichten kann man entlang der neu gebauten Autobahn unschwer erkennen. Durch heftige Regenfälle während der Tage vor dem Unglück waren die Hügel nördlich der Stadt mit Wasser übersättigt, das Beben löste einen Erdrutsch aus und sieben Millionen $m^3$ Schlamm ergossen sich über die Ruinen der Stadt. Man nimmt an, dass bei dieser Katastrophe 3000 bis 5000 Menschen ums Leben kamen, dies entspräche etwa 20 % der damaligen Inselbevölkerung. Der Inselverwalter überlebte, da er sich gerade nicht in der Stadt befand. Er ließ sich daraufhin in Ponta Delgada nieder, sehr zur Freude der dort residierenden einflussreichen Plantagenbesitzer, die eine Verlegung der Hauptstadt sehr begrüßten.

## Eine dramatische Schlacht

1582 war der Krieg zwischen Spanien und Portugal um die Thronfolge in Portugal in vollem Gange. Eine Übermacht Spaniens in Europa fürchtend, hatte sich Frankreich auf die Seite der Portugiesen geschlagen und eine Marineflotte auf die Azoren entsandt. Am 26. Juli kam es vor Vila Franca zu ei-

AUTORENTIPP!

**SCHNORCHELN AUF DEM INSELCHEN**

Das vor Vila Franca gelegene etwa 4000 Jahre alte Inselchen ist einer der beliebtesten Badeplätze von São Miguel. In der Mitte ist der Krater mit Meerwasser gefüllt und bildet eine Art riesigen Swimmingpool, in dem sich allerhand Fische tummeln. Ausgerüstet mit Taucherbrille und Schnorchel kann man hier auch ohne Tauchkurs einen Einblick in die Unterwasserwelt bekommen. Das früher als Weinberg und Sommerdomizil eines reichen Großgrundbesitzers dienende Eiland ist heute ein Vogelschutzgebiet. Im Rahmen eines Life-Projekts, das außerdem die Insel Corvo umfasst, wird versucht, ideale Brutbedingungen für Seevögel zu schaffen. Ein Teil des Ticketpreises für die Überfahrt kommt diesem Projekt zugute. Ein Besuch ist nur im Sommer möglich, das Ausflugsboot fährt dann stündlich vom Hafen in Vila Franca. Allzu spät sollte man gerade am Wochenende nicht dran sein, da die tägliche Besucherzahl beschränkt ist.

**Oben:** Zuschauer bei einem der Feste von Vila Franca
**Unten:** Blick von der Wallfahrtskapelle Senhora da Paz

ner großen Seeschlacht, bei der große Galleonen und modernste Schusstechnik zum Einsatz kamen, und die die Spanier, obwohl zahlenmäßig unterlegen, gewannen. Die Zahl der Toten ging in die Tausende, doch damit nicht genug. In tagelangen Schauprozessen wurden dort, wo sich heute der beschauliche Stadtgarten befindet, französische Soldaten geköpft.

## Schmucke Kirchen

Die dem heiligen Michael geweihte Hauptkirche wurde nach dem Erdbeben im für die ersten Kirchen der Azoren typischen einfachen gotischen Stil wieder aufgebaut. Der Turm ist stabil gebaut, an der Südflanke befindet sich das Einschussloch eines Geschosses aus dem 16. Jahrhundert, das dem Gemäuer aber offensichtlich nichts anhaben konnte. In der Kirche der Misericórdia, deren zugehöriges Gebäude noch heute das Krankenhaus beherbergt, befindet sich der Senhor da Pedra. Der Legende nach wurde die Wunder vollbringende Jesusfigur auf einem Stein sitzend im Meer gefunden und natürlich ist auch ihr ein Fest gewidmet. Mehrere Tage lang wird Anfang September vor der beleuchteten Kirche gefeiert. Hübsch ist der kleine Stadtgarten davor, mit seinen riesigen Magnolienbäumen, die Ende Mai große, weiße Blüten zieren.

Oberhalb von Vila Franca thront nicht zu übersehen die Walfahrtskapelle Nossa Senhora da Paz mit einem eindrucksvollen Treppenaufgang. Im 16. Jahrhundert soll ein Hirte in einer Grotte eine Madonnenstatue gefunden haben, die er pflichtbewusst in die Hauptkirche von Vila Franca brachte. Aber immer wieder entwischte die Madonna aus der Kirche und wurde in der Grotte am Berg wieder gefunden, bis man ihr schließlich eine eigene Kapelle baute.

Die Friedensmadonna bekam zu Zeiten des portugiesischen Kolonialkriegs in Afrika eine besondere Bedeutung. Von der ganzen Insel kamen damals die Mütter zur Kapelle, um für die unversehrte Rückkehr ihrer Söhne zu beten.

## Fischerhafen und Marina

Am Largo Infante D. Henrique steht neben der Statue von Heinrich dem Seefahrer die Kapelle Santa Catarina. Die Fischer des Ortes verehren das kleine Gotteshaus, neben dem Altar sieht man das Modell eines Bootes, das beim Fischerfest durch die Straßen getragen wird. Bei einem Spaziergang entlang der Promenade hat man einen schönen Blick auf das vorgelagerte Inselchen, den Ilhéu da Vila Franca. Bald gelangt man zum Fischerhafen, mit den bunten Holzbooten. Große Schleppnetze werden von den azorianischen Fischern nicht benutzt und der Thunfisch beispielsweise mit langen Bambusangeln gefangen. Oft stehen am Hafen die Reusen bereit, mit denen man schmackhafte Langusten fängt. Auffallend sind die für Vila Franca traditionellen bunten Holzkayaks mit denen die

**Oben:** Fischerhafen von Vila Franca
**Mitte:** Heiligenbilder zieren viele Fischerboote.
**Unten:** Angeln ist ein beliebtes Freizeitvergnügen.

**Oben:** Lichterschmuck darf bei keinem Fest fehlen
**Unten:** Girlanden zieren die Straßen des Ortes.

jungen Männer des Ortes gerne im Sommer zum Inselchen rudern, um nach den Badenixen Ausschau zu halten. Wenige Meter weiter gelangt man zur Marina von Vila Franca, wo mehrere Anbieter von Wassersportaktivitäten ihren Sitz haben. So kann man von hier aus zur Walbeobachtung starten oder einen Tauchgang unternehmen. In der Marina ist außerdem ein restauriertes Walfangboot vertäut. Von hier sind es nur noch wenige Meter bis zum dunklen Sandstrand des Ortes.

## Vila Franca feiert gerne

Los geht es mit dem Fischerfest im April, zu dem die Stadt mit bunten Fahnen geschmückt wird. Die Fischerboote werden an der Promenade aufgestellt und eine feierliche Prozession zieht von der Kirche durch die Stadt.

Noch eindrucksvoller ist jedoch die Prozession zu Ehren des Heiligen Michaels am sechsten Sonntag nach Ostern. Hier wird nicht nur die blumengeschmückte Figur des Heiligen Michaels durch die mit Blumenteppichen kunstvoll verzierten Straßen getragen, sondern auch viele andere Heilige, begleitet von den Angehörigen der jeweiligen Berufsgruppe, die sie beschützen.

Besonders schön ist es in Vila Franca zum Johannisfest. Um den 24. Juni herum finden jeden Abend die »marchas« statt, bei denen Gruppen von Kindern und jungen Erwachsenen mit bunten Kostümen durch die Straßen ziehen, singen und vorher einstudierte Tänze aufführen. Die Stadt ist dann mit bunten Lichtergirlanden geschmücht und der Andrang an Zuschauern groß. Das letzte Fest des Jahres findet zu Ehren des Senhor da Pedra statt, einer Jesusfigur, der nachgesagt wird, dass sie Kranke heilt.

# Infos und Adressen

## ESSEN UND TRINKEN

**O Jaime do Ilhéu.** Große Terrasse mit Blick oberhalb des Hafens. Frischer Fisch vom Grill. Rua do Baixio 4, 9680-138 Vila Franca do Campo, Tel. 296 58 30 60.

## ÜBERNACHTEN

**Convento São Francisco.** Wohnen in historischem Gemäuer. Zwölf große Zimmer mit schönem alten Mobiliar und moderner Kunst im ehemaligen Kloster. Rotunda dos Frades, 9680-101 Vila Franca do Campo, Tel. 962 65 15 93, www.conventosaofrancisco.net

**Quinta das Curubás.** Eco-Ferienhäuser oberhalb von Vila Franca. Großer Garten mit schönem Blick über die Südküste. Estrada Regional 1, Ribeira Seca, 9680-012 Vila Franca do Campo, Tel. 961 73 98 80, www.quintadoscurubas.com

Frischer Fisch im Restaurant O Jaime

**Quinta Velha das Amoreiras.** Drei Ferienwohnungen mit Meerblick in einem ehemaligen Weinkeller inmitten einer Bananenplantage. Ein kleiner Weg führt hinunter an die Küste zum privaten Meerwasserbecken. Ribeira das Taínhas, 9680-502 Vila Franca do Campo, Tel. 966 21 01 17, www.quintavelhadasamoreiras.com.

Übernachten im ehemaligen Franziskanerkloster

## EINKAUFEN

**Queijadas da Vila.** Die kleinen Rührteigkuchen nach einem alten Familienrezept sind Kult auf der Insel. Obwohl einige Wochen haltbar, sind sie frisch aus der Bäckerei am besten. Mo–Fr, Rua do Penedo 20, 9680 Vila Franca do Campo.

## AKTIVITÄTEN

**Whalewaching Terra Azul.** Oft gelobter Anbieter von Ausfahrten zur Walbeobachtung mit netten Mitarbeitern. Hier herrscht weniger Massenbetrieb als in Ponta Delgada. Marina da Vila Franca, 9680 Vila Franca do Campo, Tel. 296 58 13 61, www.terrazulazores.com

## INFORMATION

**Turismo de Vila Franca do Campo.** Mo–Fr 10–17 Uhr, Am Marktplatz, Tel. 296 53 91 20.

# SÃO MIGUEL – OSTTEIL

Atlantischer Ozean
Ponta do Ermo
Ponta do Cintão
Ribeirinha
Baia de Sta. Iria
Ponta Formosa
P. de S. Brás
Ponta de Maia
Lombinha da Maia
Nordostkü
14
Lomba da Maia
15
Trás do Outeiro
6
Ribeira Grande
EN1-1a
Porto Formoso
R. Grande
Fábrica
EN2-1a
Caldelras
Lagoa de S. Brás
C. do Marquês da Praia
Caldeira Velha
Monte Escuro
889
Pico do Ferro
544
C. Caetano de Andrade
10
Lombadas
Lagoa do Fogo
7
Pico das Três Lagoas
655
Barrosa
947
Lagoa do Congro
Lagoa das Furnas
Serra de Água de Pau
C. do Botelho
Miradouro
675
José do Canto
EN1-1a
Água de Pau
Ribeira Chã
Água de Alto
Ribeira Seca
Ponta Garça
Fogo
Praia
9
Vila Franca do Campo
Ribeira das Tainhas
Caloura
Ponta da Pirâmide
Ponta Garça
Ponta da Galera
Ilhéu da Vila

São Miguel
0
3 km
N
Ajuda
Ponta da Achada
Achadinha
Achada
Ponta de S. Pedro
Baixos da Sra. do Pranto
Santo António
Nordestinho
Ponta da Ribeira
Lomba da Fazenda
Salga
Rua das Pedras
Algarvia
Lomba de S. Pedro
Lomba da Cruz
EN 1-1a
Nordeste
R. de João de Herodes
Ponta do Arnel
R. do Guilherme ou dos Moinhos
Farta
769
Pico da Vara
1103
13
Ponta da Marquesa
Lomba da Pedraira
Sebastião Alves
924
Pico Verde
931
Fajã do Araújo
Salto do Cavalo
805
R. Tosquiada
Serra da Tronqueira
Bartolomeu
887
Estaleiro
Caldeiras
Moitas
Feteira
584
EN 1-1a
Ostküste
12
Ponta da Madrugada
Lomba do Botão
Nossa Senhora dos Remédios
Água Retorta
Terra Chã
Fagundas
11
Lomba do Cavaleiro
Povoação
Faial da Terra
Ponta da Retorta
Fajã do Calhau
Ponta do Garajau
Ponta do Faial
Ponta da Albufeira
Atlantischer Ozean

**Seite 82/83:** Leuchtturm von Nordeste
**Mitte:** Blick über den Terra Nostra Park auf die Kirche von Furnas
**Unten:** Fumarolen in Furnas



# 10 Furnas

## Kraterromantik und Schwefeldampf

**Der vulkanische Ursprung der Insel tritt im Tal von Furnas deutlich in Form von Thermalquellen und Fumarolen zu Tage. Die Region bezaubert durch erholsame Stille sowie eine prächtige und üppige Pflanzenwelt am Seeufer der Lagoa das Furnas, zweitgrößter See von Sao Miguel. Dazu ein Mittagessen direkt aus dem Vulkanloch und ein Bad im Thermalwasser – der perfekte Urlaubstag ist garantiert.**

Das Tal von Furnas liegt eingebettet in einem Vulkankrater von sechs km Durchmesser. Schaut man am Aussichtspunkt Pico do Ferro genauer hin, so erkennt man, dass es sich um zwei Calderen handelt, eine innere und eine äußere.

Der Vulkankomplex von Furnas ist mit 750 000 Jahren der älteste, geologisch noch aktive Teil der

### MAL EHRLICH

**INVASIVE PFLANZEN**

So schön viele der eingeführten Zierpflanzen für das Auge sind – den Botanikern sind die meisten von ihnen ein Dorn im Auge. Allen voran die im September wunderschön gelb blühende Girlandenblume, deren Zugehörigkeit zu den Ingwergewächsen an den großen Wurzeln unschwer zu erkennen ist. Für die durch Weidelandgewinnung ohnehin rar gewordene einheimische Pflanzenwelt sind diese Neulinge harte Konkurrenz. Daher sollte man gerade bei Wanderungen durch Naturschutzgebiete und dem Lorbeerwald auf den Wegen bleiben und keine Pflanzen ausgraben oder abreißen.

Insel. An vielen Stellen im Ort entspringen Quellen, 22 verschiedene Wassersorten gibt es im Tal. Einige davon werden in Flaschen abgefüllt und als Mineralwasser unter den Markennamen »Gloria Patri« und »Magnificat« verkauft.

Die heilende Wirkung des Wassers kann man am besten an den heißen Dampfquellen (Caldeiras) im Ort selbst studieren. Die einzelnen unterschiedlich temperierten Quellen sind mit kleinen Kachelschildern versehen; nach ihren Angaben hilft beispielsweise das »Água da Prata« äußerlich angewendet gegen entzündete Augen, das »Água Azeda« gegen Schuppen und das »Água do Padre José« gegen die Nachwirkungen übermäßigen Alkoholgenusses. Hier schlummert noch ein Schatz im Dornröschenschlaf, denn kommerziell genutzt werden die Heilquellen im Moment nicht.

Bunt gefärbt ist der Boden um die Fumarolen, nur teilweise handelt es sich um Ablagerungen von Schwefel und Eisen: Rund um die Quellen siedeln Wärme liebende Mikroorganismen, von denen sich die Forschung viel Potenzial für die Entwicklung neuer Medikamente erwartet. In dem kleinen, schmucken Badehaus bei den Quellen kann eine Ausstellung über die Quellen und deren wissenschaftlichen Aspekte besucht werden.

Auch am See von Furnas sieht man den Dampf der Fumarolen bereits von weitem. Um 12.30 Uhr geht es hier rund: Dann graben die Ausflugsgaststätten das Cozido aus. Das aus verschiedenen Fleisch-, Wurst- und Gemüsesorten bestehende Gericht ist in Portugal ein beliebtes Sonntagsessen. In Furnas steckt man den Topf einfach in die heiße Erde und gräbt ihn nach sechs bis sieben Stunden wieder aus – ein Spaß, der sich bei Einheimischen und Touristen gleichermaßen großer Beliebtheit erfreut.

AUTORENTIPP!

**QUINTA DA MÓ**

Ein Idyll versteckt sich hinter dem großen Tor bei den letzten Häusern von Furnas: mehrere Ferienhäuser der Luxusklasse eingebettet in eine grüne Oase. Mó bedeutet Mühlstein, das größte Haus war einst eine Mühle, ein weiteres diente als Drechselwerkstatt. Die restlichen Häuschen sind eine gelungene Kombination aus moderner Architektur und Tradition, in ihrer Form den typischen Kornspeichern der Insel nachempfunden. Große Glasfronten lassen die Grenze zwischen Haus und Garten verschwinden. Durch den liebevoll angelegten Garten mit Bambuswald gelangt man zur schattigen Terrasse am plätschernden Bach, wo Hängematten und ein Ruderboot zum Träumen einladen. Zu den Thermalbadebecken der Poça da Beja sind es nur wenige Minuten zu Fuß, falls man das Paradies verlassen will!

**Rua Quinta Da Mó.** Rua da Água Quente 66, 9650 Furnas, Tel. 917 80 02 81, www.quintadamo.com

**Oben:** Viele Häuser erinnern an die Zeit, in der Furnas der Sommerort der feinen Gesellschaft war.
**Mitte:** Blätter der Taropflanze
**Unten:** Badefreuden im Terra Nostra Park

## Eremiten und feine Gesellschaft

Unter den ersten Siedlern von Furnas waren auch Eremiten, die unter einfachsten Bedingungen in Felshöhlen lebten und in den heißen Quellen und Fumarolen die Macht Gottes zu erkennen glaubten. 1630 kam es am südlichen Ufer des Sees zum letzten Vulkanausbruch im Tal. Er dauerte zwei Tage, die Wälder wurden unter dicken Bimsschichten begraben und die ganze Insel durch die Asche verdunkelt. Geologen konnten Aschepartikel aus Furnas auf der fast 600 km entfernten Insel Flores nachweisen. Erst Jahre später kehrten, von den Jesuiten gefördert, wieder Bauern ins Tal zurück, das sich als besonders geeignet zum Anbau der Taro-Wurzel herausstellte. Noch heute fallen auf den großen Feldern die riesigen, herzförmigen Blätter dieser Pflanze ins Auge.

Ein heißes Bad im Thermalwasser, ein schattiges Plätzchen im Park, ein gemütlicher Spaziergang am Ufer des Sees von Furnas – das alles fanden auch die wohlhabenden Bürger der Insel reizvoll, und so wurde es ab Ende des 18. Jahrhundert unter der Oberschicht modern, die Sommerfrische in Furnas zu verbringen. Bei der Gestaltung des Sommerhauses und des zugehörigen Gartens bediente man sich gerne ausländischer Architekten, besonders schweizerisch inspirierte Chalets waren beliebt.

In den 1930er-Jahren befriedigte man die Nachfrage nach standesgemäßen Unterkünften mit dem Bau des Terra Nostra Hotels. Mit dem zugehörigen Casino galt dieses Haus einst als eine der feinsten Adressen in Portugal, französischer Champagner floss in Mengen, die Kellner servierten mit weißen Handschuhen. Sogar ein Golfplatz wurde von einem schottischen Landschaftsarchitekten oberhalb von Furnas angelegt, die mittlerweile auf 18 Loch erweiterte Anlage ist mit ihrem

# Rund um den See von Furnas

Ⓐ **Caldeiras** – Vulkanbeheizte Kochlöcher, Heißwasserquellen und Fumarolen

Ⓑ **Grená** – Vorbei an den Ruinen eines einst prachtvollen Sommerhauses einer englischen Händlerfamilie zieht sich ein Pfad zum Kraterrand; wunderbare Ausblicke über das Tal von Furnas, riesige Baumfarne im Garten.

Ⓒ **Wanderweg am Seeufer** – baum- und bambusgesäumter Weg am westlichen Seeufer mit aus Baumstämmen geschnitzten Holzskulpturen

Ⓓ **Centro de Monitorização e Investigação das Furnas** – Ausstellung über Umweltaspekte des Sees von Furnas, Informationen zu Naturschutz- und Aufforstungsprojekten in der Gegend. Mit angeschlossener Café-Bar.

Mittagessen aus dem Vulkanloch am See von Furnas

Ⓔ **Capela Nossa Senhora das Vitórias** – 1886 erbaute neugotische Kapelle und Grabstätte, errichtet durch den Großgrundbesitzer José de Canto für seine Frau. Am südwestlichen Seeufer ließ der Botanikenthusiast mehr als 200 ha umfassende, heute verfallene Gartenanlagen und Wälder pflanzen. In dem schweizerisch inspirierten Chalet am Seeufer verbrachte man die Sommerfrische, im englischen Landhaus daneben residierten die Dienstboten. Ein kleiner Rest des Gartens mit wunderbaren Kamelien ist ebenso wie Häuser und Kapelle noch im Privatbesitz von Nachfahren der Familie.

Ⓕ **Cascata da Ribeira do Rosal** – Ein kleiner Pfad führt in ca. 15 Min. zum Wasserfall.

Ⓖ **Vulkanausbruch von 1630** – Hier ereignete sich der letzte Ausbruch des Vulkankomplexes von Furnas.

*AUTORENTIPP!*

**RESTAURANT O GARAJAU**

Im Fischerort Ribeira Quente kann man einem gelungenen Urlaubstag die Krone aufsetzen: Am späten Nachmittag erst ein Bad am Sandstrand Praia do Fogo und dabei die warmen Quellen im Meer suchen, dann ein Sundowner in der Beachbar. Im Restaurant Garajau kommt der Fang aus dem Meer frisch auf den Tisch. Gemütlich sitzt man auf der überdachten Terrasse im Schein von Öllampen und lässt sich gegrillten Fisch oder die kleinen frittierten Stachelmakrelen schmecken. Der nette Service und eine gute Flasche Wein lassen einen gerne verweilen, während auf der Straße davor das Dorfleben seinen Gang nimmt und sich die Fischer auf den Weg zum Hafen für die nächtliche Ausfahrt machen. Im Winter geschlossen.

**Restaurant O Garajau.** Rua Dr. Frederico Moniz Pereira, Ribeira Quente, Tel. 296 58 46 78.

alten Baumbestand auch heute noch besonders reizvoll. Rauschende Bälle wurden veranstaltet und die Kapellen des Ortes waren in den Sommermonaten immer ausgebucht. Auch der portugiesische König Carlos I. verbrachte 1901 im Rahmen seines Besuchs der Azoren eine Nacht in Furnas. Von dem ihm zu Ehren ausgerichteten Fest im Terra Nostra Park war er so beeindruckt, dass er gesagt haben soll: »Hier kommt nicht der König zu den Untertanen, sondern der Untertan zu den Königen«.

## Der Terra Nostra Park

In der zweiten Hälfte des 18. Jahrhunderts verschlug es den Amerikaner Thomas Hickling auf die Insel São Miguel. Schnell hatte er sich in die Insel verliebt und in kurzer Zeit durch Export von Orangen ein ansehnliches Vermögen angehäuft. Absolut begeistert war er von der Landschaft in Furnas und ließ hier ein einfaches Cottage, einen Fischteich und einen kleinen Park anlegen. Zwei Generationen lang war der Park im Besitz der Grafen von Praia, die das Areal mit Wasserläufen und Grotten versahen und ihn auf die heutige Größe von zwölf ha ausbauten. In den 1930er-Jahren wurde der Garten von den Hotelbesitzern aufgekauft. Sie hatten auch die Idee, den ehemaligen Fischteich mit Thermalwasser zu füllen – noch heute ist das riesige Becken eine der Hauptattraktionen von Furnas.

Seit einigen Jahren setzt man auf den Aufbau thematischer Pflanzensammlungen: ein Cyca-Garten, endemische Pflanzen, Farne aus aller Welt, Bromelien und Azaleen in allen Formen und Farben. Beeindruckend ist auch die 300 m lange Alee mit Ginko-Bäumen. Um das Badebecken herum gruppieren sich große Araukarien, im Sommer bilden die riesigen amerikanischen Tulpenbäume ein grünes Dach. Zwischen den großen Schutzhecken, zwischen denen sich einst Obstplantagen befanden, verstecken sich heute umfangreiche Kameliensammlungen. Allein im Terra-Nostra-Park sind im Moment mehr als 600 Sorten Kamelien vertreten, darunter viele alte Varietäten, die Kamelienliebhaber aus aller Welt anlocken. Wer die spektakuläre Kamelienblüte sehen möchte, muss allerdings im Winter nach Furnas kommen – von Januar bis Anfang März ist die beste Zeit.

## Ribeira Quente

Von der Sonne verwöhnt ist der unterhalb der Küste gelegene Fischerort Ribeira Quente. Am hübsch in einer Bucht gelegenen Sandstrand tummeln sich im Sommer die Badenixen. Während man heute über eine landschaftlich reizvolle Asphaltstraße bequem von Furnas aus in den Ort gelangen kann, war Ribeira Quente bis 1940 nur über Fußwege zu erreichen. Einer dieser alten Wege ist mittlerweile als markierter Wanderweg ausgebaut und führt mit schönen Ausblicken von oberhalb von Povoação in das Dorf. Ein trauriges Ereignis spielte sich am 31. Oktober 1997 ab: Ein durch starke Regenfälle ausgelöster Erdrutsch zerstörte nachts einen Teil des Ortes, 29 Tote waren zu beklagen. Der Ort war komplett von der Außenwelt abgeschnitten, erst am nächsten Tag konnten Rettungsmannschaften eingeflogen werden. Ein Denkmal an der Straße, die oberhalb des Ortes zum Strand führt, erinnert an das dramatische Ereignis.

Die Haupteinnahmequelle des Ortes mit seinen vielen kinderreichen Familien ist der Fischfang, in etwa 130 Berufsfischer gibt es hier. Wird Fisch ausgeladen, ist es interessant sich unter die Zuschauer zu mischen, besonders wenn es sich im Sommer um riesige Thunfische handelt.

**Oben:** Das ehemalige Sommerhaus im Park Terra Nostra
**Mitte:** Die Blüte der Girlandenblume
**Unten:** Bäckersfrau bei der Herstellung der Bolos Lêvedos

# Infos und Adressen

## SEHENSWÜRDIGKEITEN

**Centro de Monitorização e Investigação das Furnas.** Das Überwachungs- und Forschungszentrum informiert über die Entstehungsgeschichte des Sees, Flora und Naturschutzprojekte. 15. Juni–15. Sept. tgl. 10–18 Uhr, 16. Sept.–14. Juni Di–So 9.30–16.30 Uhr, Tel. 296 20 67 45.

**Observatório Microbiano dos Açores.** Ausstellung über die heißen Quellen und deren Mikroorganismen. Bei den Fumarolen im Ortszentrum. Juli, Aug. Mi–Fr 10–17 Uhr, Sa, So 14.30–18 Uhr, Sept.–Jun. Di–Fr 10–17 Uhr, So 14.30–18 Uhr, Antigo Chale de Misturas, Caldeiras, 9675 Furnas, http://omic.centrosciencia.azores.gov.pt

Im Restaurant Caldeiras e Vulcões

**Parque D. Beatriz.** Der private Park ist im Aug. tgl. 9–17 Uhr für Besucher geöffnet. Eingang bei der Mühle in der Rua P.J.J. Botelho.

**Parque Terra Nostra.** In den Sommermonaten ist es gleich in der Früh oder über Mittag am ruhigsten, gegen 15.00 Uhr kommen viele Gruppen. Eingang an der Rua do Parque. Sommer 10–19 Uhr, Winter 10–17 Uhr, www.parqueterranostra.com

## ESSEN UND TRINKEN

**Caldeiras e Vulcões.** Gehobene Küche mit angenehmem Ambiente. Mi Ruhetag. Rua das Caldeiras 36, 9650 Furnas, Tel. 296 58 43 12.

**Tony's Restaurant.** Das traditionelle Ausflugslokal an der Kirche von Furnas. Regionale Küche und wenn hier Gruppen essen, bekommt man den Vulkantopf Cozido auch oft ohne Vorbestellung. Im Gebäude der Bushaltestelle hinter der Kirche betreibt das Restaurant außerdem eine Snackbar mit schnellen Gerichten für den kleinen Hunger und Tischen im Freien. Largo da Igreja 5, 9675 Furnas, Tel. 296 58 42 90, www.restaurantetonys.com

## ÜBERNACHTEN

**Casa da Caldeira.** Geschmackvolles, familienfreundliches Ferienhaus, das direkt im Ort liegt. Der absolute Hit: ein eigenes vulkanbeheiztes Kochloch im Garten! Rua dos Tijolos 7, 9675-053 Furnas, Tel. 918 25 25 71, www.ninhosdaterra.com

**Casas da Ribeira Quente.** Ferienwohnungen in wunderschönem Garten mit Pool und weitem Meerblick. Caminho do Além, 9675 Povoação, Tel. 965 72 69 33, azorental@hotmail.com

**Hotel Terra Nostra.** Luxuriöses Hotel im Stil der 1930er-Jahre mit Spa und direktem Zugang zum Park. Rua P. José Jacinto Botelho, 9675-061 Furnas, Tel. 296 54 90 90, www.bensaudehotels.com

**Vale Verde.** Freundliche, familiäre Pension mit zehn sehr gut ausgestatteten Zimmer und kleinem Restaurant im Ortszentrum von Furnas. Rua das Caldeiras 3, 9675-045 Furnas, Tel. 296 54 90 10, http://hotelvaleverde.com

## AUSGEHEN

**A Quinta.** Gemütliche Open-Air-Kneipe im Garten, mit Tischen aus riesigen Baumstämmen. Später am Abend manchmal DJs und Live-Musik. Nur im Sommer geöffnet. Avenida Manuel de Arriaga, 9675-061 Furnas.

Im Observatório Microbiano

## EINKAUFEN

**Bolos Lêvedos.** Die kleinen, leicht süßen Brotfladen sind eine Spezialität des Ortes und werden in kleinen Familienbetrieben hergestellt und am besten noch warm (»quente«) verkauft und genossen. Verzehrt werden sie ja nach Gusto mit Butter und Marmelade oder auch herzhaft-pikant mit Käse und Schinken.

## AKTIVITÄTEN

**Golfplatz.** Wunderschön in die Landschaft oberhalb von Furnas eingebetteter 18-Loch-Platz mit altem Baumbestand. Ein weiterer Platz des gleichen Betreibers befindet sich in der Nähe von Capelas. www.azoresgolfislands.com/de

**Poça da D. Beja.** Becken mit Thermalwasser in idyllischer Umgebung an einem kleinen Bach. Mit Umkleiden und Duschen. Tipp: Frühmorgens oder spätabends ist es am schönsten. Tgl. 7–23 Uhr, Ecke Rua da Igreja/Rua 25 Abril.

## INFORMATIONEN

**Posto do Turismo das Furnas.** Kompetente Mitarbeiter, die auch über die Wanderwege der Umgebung Bescheid wissen. Juni–Sept. Mo–Fr 9–17.30 Uhr, Sa, So 10–16 Uhr, Winter Sa, So geschl., Dr. Frederico Moniz Pereira 14, 9675-055 Furnas, Tel. 296 58 45 25.

**Webseite von Ribeira Quente.** Auf der Internetseite der Gemeindeverwaltung des Ortes gibt es interessante Filme über den Ort und die traditionellen Fischereitechniken. www.ribeiraquente.com

Wellnessbereich im Hotel Terra Nostra

# 11 Povoação
## Schmuckstück im Osten

**Idyllisch ist Povoação in die Landschaft eingebettet. Vom Zentrum am Meer ziehen sich lange Reihen weißer Häuser wie die Finger einer Hand die Bergrücken hinauf. Eingerahmt wird die riesige, zum Meer hin offene Caldeira von den Bergen der Serra da Tronqueira. Mit der hübsch gepflasterten Fußgängerzone und dem schmucken Hauptplatz ist der Ort heute das Zentrum der umliegenden ländlichen Gemeinden.**

**Mitte:** Für einen kleinen Plausch ist immer Zeit.
**Unten:** Eine Versuchung für Süßschnäbel: Fofas

Mitte des 15. Jahrhunderts gingen hier die ersten von Santa Maria kommenden Siedler an Land und gründeten den Ort Povoação, was übersetzt ganz einfach »Siedlung« heißt. Das torförmige Denkmal am Hafen erinnert an die mutigen Männer und Frauen, die damals das Wagnis auf sich nahmen. Schnell breitete sich die Besiedlung entlang der Berghänge aus, auf beiden Seiten der Straßendörfer lagen die Felder, die zwischen den als »Lombas« bezeichneten Höhenrücken fließenden Bäche trieben Wassermühlen an.

Verlässt man den Ort in Richtung Nordeste fallen eine Reihe großer Villen auf. Viele der amerikanisch wirkenden Häuser wurden mit auf den Bermudas verdientem Geld finanziert. Nicht wenige Männer von São Miguel arbeiten dort vor allem auf dem Bau und als Gärtner. In den letzten Jahren ist auf Grund der Arbeitslosigkeit die Auswanderung wieder ein viel diskutiertes Thema geworden und nicht wenige Familienväter aus dem Osten der Insel versuchen mit einigen Jahren harter Arbeit auf den Bermudas die Finanzen der Familie aufzubessern.

## Von der Kornkammer zum Verwaltungssitz

Um Platz für Felder zu schaffen, mussten die ersten Siedler umfangreiche Rodungsarbeiten vornehmen, bei denen auch Sklaven zum Einsatz kamen. Anfangs setzte man auf Zuckerrohrplantagen, die aber ganz im Gegensatz zu Madeira auf den Azoren mangels Sonne bald wieder aufgegeben wurden. Dann setzte man auf Weizenanbau, was sich als lukrativer erwies. Bereits nach kurzer Zeit befanden sich die Ländereien im Besitz zweier Familien. Nach Gründung der Inselhauptstadt Vila Franca zogen die Landbesitzer an die Südküste, 1630 wurden durch den Vulkanausbruch am Furnassee fast alle Häuser zerstört. Die Großgrundbesitzer inverstierten nur wenig in die Landwirtschaft des Ortes. Durch die in diesem Bereich der Insel eher dünne Humusschicht ermüdeten die Böden schnell, wirtschaftlich hatte der Ort so kaum noch Bedeutung. Schlechte Straßenverbindungen und der fehlende Hafen, der vor allem den Transport des in anderen Orten der Insel begehrten Baugesteins erleichtert hätte, erschwerten die Lage zusätzlich. Erst 1839 ging es wieder bergauf und Povoação bekam eine eigene Verwaltung. Hübsch anzusehen ist das Zentrum mit dem stattlichen Rathaus aus dem 19. Jahrhundert und der schmucken Fußgängerzone. Heute ist der Ort das Zentrum des Ostens der Insel, auch im Bezug auf die Infrastruktur wie weiterführende Schulen und Gesundheitszentrum. Im Jahr 2014 wurde der kleine Hafen erweitert.

Interessant ist das »Museu do Trigo«, ein Weizenmuseum, das in einem komplett erhaltenen, mit Wasser angetriebenem Dreschwerk untergebracht ist. Ein Bewohner des Ortes war im 19. Jahrhundert nach Deutschland ausgewandert und hatte sich dort kundig gemacht und die Technik abge-

**Oben:** Kurvenreiche Sträßchen führen durch die Landschaft um Povoação.
**Unten:** Der Osten der Insel ist durch große Wälder geprägt.

**Oben:** Kirchturm der alten Kirche von Povoação
**Unten:** In der Sakristei findet man häufig wertvolle, alte Heiligenfiguren

schaut. Zurück zu Hause machte er sich an den Bau einer solchen Dreschanlage und vereinfachte so die Arbeit der Bauern erheblich.

## Kirchen und Überschwemmungen

Heute schützen hohe Mauern entlang des Flusses die umliegenden Häuser. Man hat dazu gelernt, gab es doch immer wieder in der Stadtgeschichte Überschwemmungen. Hunderte von kleinen Wasserläufen münden in der niederschlagreichen Bergregion oberhalb des Ortes in den Fluss und lassen im Winter innerhalb von Stunden den Wasserstand um ein Vielfaches ansteigen. Auch die am südlichen Ende des Ortes gelegene Igreja da Nossa Senhora dos Anjos wurde immer wieder überschwemmt und die Messbesucher kamen am Sonntag völlig durchnässt zur Kirche. Auf der ganzen Insel sammelte man Geld und 1856 wurde die »überflutungssichere« Igreja da Nossa Senhora de Mãe de Deus geweiht. Der Höhepunkt des Kirchenjahres von Povoação ist die Fronleichnamsprozession. Der ganze Ort ist wurderbar geschmückt, es ist empfehlenswert, etwas früher da zu sein, um die aufwendig gestalteten Blütenteppiche zu fotografieren.

# Infos und Adressen

## SEHENSWÜRDIGKEITEN

**Museu do Trigo.** Im Tal zwischen Lomba do Loução und Lomba do Alcaide, Di–Fr 10–12.30 und 14–17 Uhr, Sa, So 11–14.30 Uhr.

## ESSEN UND TRINKEN

**Fofas.** Die mit Puddingcreme gefüllten Eclairs sind die Spezialität des Ortes.

**Cantinho do Churrasco.** Restaurant mit Grillspezialitäten. Toller Meerblick. Mo Ruhetag. Largo de Gonçalo Velho, 9650 Povoação, Tel. 296 55 98 80.

**Café Restaurante Jardim.** Kleines Restaurant mit Tischen im Freien in der Fußgängerzone. Lecker ist der Reis mit Meeresfrüchten (Arroz de Marisco). Largo D. João 13, 9650-412 Povoação, Tel. 296 58 54 13.

## ÜBERNACHTEN

**Hotel do Mar.** Das kleine Hotel mit dem maritim angehauchten Dekor liegt direkt am Hafen. Von April bis Okt. geöffnet. Rua Gonçalo Velho, 9650-423 Povoação, Tel. 296 55 00 10, www.hoteldomar.com

**Quinta Atlantis.** Das Ehepaar aus Luxemburg hat ein altes Gutshaus liebevoll restauriert und jedes der gemütlichen Zimmer auf individuelle Weise eingerichtet. Großes Wohnzimmer und Sonnenterrasse mit Ausblick. Toll für mitreisende Kinder: großes Spielzimmer und freundliche Haustiere. Lomba do Botão 87, 9650-310 Povoação, Tel. 916 25 60 55, www.quintaatlantis.com

## INFORMATIONEN

**Posto do Turismo da Povoação.** In einem der ältesten Häuser des Ortes, das in inseltypischem Dekor eingerichtet ist, gibt's Infos und Kunsthandwerk. Die netten Damen schließen auf Wunsch auch die Kirche nebenan auf. Praça Velha, 9650-414 Povoação, Tel. 296 55 90 50.

Die wasserbetriebene Dreschanlage im Museu do Trigo

**Mitte:** Blick über die Ostküste
**Unten:** Senhor Silvério, der gute Geist des Aussichtspunktes Ponta do Sossego



# 12 Ostküste

## Unterwegs auf alten Inselpfaden

**Der äußerste Osten der Insel wird von Besuchern oft links liegen gelassen – vollkommen zu Unrecht, denn sie verpassen damit eine der landschaftlich reizvollsten Ecken. Dichte Sicheltannenwälder ziehen sich die Bergflanken hinauf, die Aussichtspunkte an der Steilküste sind parkartig angelegt und laden zum Verweilen ein. Wanderfreunde finden rund um Faial da Terra reizvolle Touren auf alten Pfaden.**

### Faial da Terra

In ein malerisches steiles Tal eingebettet erstreckt sich entlang des gleichnamigen Flusses das schmucke Örtchen. Fruchtbares Ackerland an der Flussmündung, oberhalb davon liegende Terrassenfelder und fünf Mühlen sicherten die Existenzgrundlage des Ortes. Zudem betrieb man etwas Walfang. Auf dem Wanderweg nach Povoação passiert man den wieder aufgebauten Walausguck. Seit der Auswanderungswelle in den 1970er-Jahren ist die Bevölkerung auf ein Drittel geschrumpft, der oberhalb liegende Ort Sanguinho wurde aufgegeben. Jetzt werden die Häuser restauriert, hier soll ein Eco-Resort entstehen.

Sobald die Sonne scheint, heizt sich das Tal von Faial da Terra auf wie ein Backofen, da verwundert es nicht, dass die Zitrusfrüchte aus dem Ort früher als die Besten der Insel galten. Die Aussicht auf ein erfrischendes Bad im Wasserfall Salto do Prego lässt auch bei den Azorianern die sonst wenig verbreitete Wanderlust aufkommen. Ein Pfad führt am Fluss entlang hoch durch einen dschungelähnlich anmutenden Wald. Mit der ursprünglichen Vegetation haben die eigentlich als Windschutz für die Orangenplantagen eingeführten Klebsamenbäume nichts gemein, für das Auge ist die Vegetation jedoch ein Genuss.

## Entlang der Inselrundstraße

Oberhalb von Povoação, am Abzweig nach Faial da Terra, befindet sich der terrassenförmig angelegte Aussichtspunkt Pôr do Sol, von dem man einen fantastische Aussicht bis nach Ribeira Quente genießt. Kurvenreich schlängelt sich die platanengesäumte Straße nun unterhalb der Serra da Tronqueira entlang. Oberhalb der Inselrundstraße weist ein Schild auf den Parque Florestal da Água Retorta hin, einen kleinen Waldpark mit Wildgehegen. Unterhalb der Straße taucht bald das schmucke Örtchen Água Retorta mit der mächtigen Kirche auf. Bei einem Kaffee in der Dorfkneipe bekommt man einen Einblick in das ruhige Leben in diesem abgelegenen Dörfchen.

Unterhalb der Steilküste zwischen Faial da Terra und Água Retorta liegt eine fruchtbare Ebene, die Fajã do Calhau mit Weinfeldern und Häuschen, in denen die Insulaner gerne ihr Wochenende und die Sommerferien verbringen. Kurz nach dem oberhalb der Steilküste liegenden Aussichtspunkt Ponta da Madrugada führt ein kleines Sträßchen steil hinab zur Praia do Lombo Gordo. Der winzige Sandstrand ist der einzige weit und breit.

Das Sternchen unter den Aussichtspunkten ist die Ponta do Sossego. Über diesen herrscht der ambitionierte Gärtner Senhor Silvério, der hier ein wahres Blumenparadies geschaffen hat. Die Büsche hat er in die Form von Tieren getrimmt, einen davon sogar in Adlerform, das Emblem seines Lieblingsfußballclubs Benfica.

## Infos und Adressen

### ESSEN UND TRINKEN

**Snack-Bar Faialense.** Rustikale Bar mit gemütlichem Gastraum im ersten Stock. Rua da Ribeira 29, 9650 Faial da Terra, Tel. 296 58 60 50.

### ÜBERNACHTEN

**Maison d'hôte Archipels.** Das sympathische alte Haus im Ortszentrum beherbergte früher Kneipe und Dorfladen. Die französische Künstlerin Anne hat das Gebäude wieder in Stand gesetzt und vermietet mehrere einfache Gästezimmer mit Gemeinschaftsbad und Küche. Rua da Avenida 17, Faial da Terra, 9650-107 Povoação, Tel. 296 58 60 01, http://sejouracores.com

### EINKAUFEN

**Cozinha d'Avó.** Aus der kleinen Bäckerei von Dona Lúcia kommen süße Leckereien, der ideale Wanderproviant! Sehr lecker: Palhitos de cerveja, im Teig der süßen Kekse steckt Bier. Mo–Fr 9–17 Uhr, Rua da Igreja, 2650 Faial da Terra (unterhalb der Kirche).

### AKTIVITÄTEN

**Markierte Wanderungen.** Vom Ort aus kann man in verschiedene Richtungen auf Tour gehen. Die Rundwanderung zum Wasserfall Salto do Prego dauert ca. 2,5 Std.

# 13 Nordeste und Serra da Tronqueira
## Wildes Bergland

**Wegen seiner Abgeschiedenheit wurde Nordeste lange als die zehnte Insel der Azoren bezeichnet. Heute gelangt man über eine Schnellstraße in weniger als einer Stunde von Ponta Delgada in den Inselosten. Vor allem Vogelkundler und Naturliebhaber zieht es hierher, sind in der Serra da Tronqueira doch die schönsten Lorbeerwälder der Insel zu finden.**

Für die Städter in Ponta Delgada ist Nordeste weit weg, einige sind seit Jahren nicht mehr dort gewesen. Früher gab es dafür triftige Gründe: Die einzige Zubringerstraße führte über die Berge, zwei Tage brauchte man bis in die Inselhauptstadt Vila Franca. Daher wurde Nordeste bereits im 16. Jahrhundert zur Vila – das ist ein Ort mit eigenen Verwaltungsrechten – ernannt und man kümmerte sich von nun an selbst um die Belange des Ortes. Noch heute versucht die Gemeindeverwaltung den Landkreis Nordeste ins Blickfeld zu rücken, nirgends sonst auf der Insel ist es so sauber, nirgends sonst pflanzt man an den Aussichtspunkten so viele Blumen und die Blaskapelle ist eine der tonreinsten der Insel.

**Mitte:** Das wilde Bergland der Serra da Tronqueira
**Unten:** Blick über die Brücke und das Rathaus von Nordeste

## Der Ort Nordeste

Bevor man über die Nordküstenstraße nach Nordeste gelangt, passiert man das tief eingeschnittene Tal der Ribeira do Guilherme mit seinen kleinen Terrassenfeldern. Um den Hauptplatz gruppieren sich die drei wichtigsten Bauwerke, wobei einem die Brücke über den kleinen Taleinschnitt unter Umständen bekannt vorkommt: Ein

# Serra da Tronqueira

**A Hochland Graminhais** – Von den Windrädern bis zum Fuß des Pico da Vara erstreckt sich das einzige Hochmoor der Insel. Das Feuchtgebiet ist ein Dorado für die einheimische Vogelwelt. Ein befestigter Pfad führt mit schönen Ausblicken über Povoação über das Moor bis an den Fuß des Pico da Vara. Anfahrt: Autobahnausfahrt Achada, dort am Kreisverkehr die unbeschilderte Ausfahrt Richtung Berge nehmen. Die Straße führt an einem Wasserreservoir vorbei, nach einigen Kilometern passiert man ein Forsthaus. Etwas später geht die Straße in eine Piste über, die auf die Hochebene führt. Am Einstieg des Weges Infotafel.

**B Wanderung auf den Pico da Vara** – Am Ende des Moors führt ein Wanderweg auf den Pico da Vara. Die offizielle Aufstiegsroute beginnt oberhalb von Algarvia, der Weg über das Moor ist allerdings attraktiver. Ein weiterer Wanderweg führt von Povoação auf den Pico da Vara.

**C Gedenkstein** – Hier ereignete sich 1949 der Absturz der Air-France-Maschine.

**D Centro Ambiental do Priolo** – Kleine Ausstellung über die Lebensweise des hier endemisch vorkommenden Azoren-Gimpels

**E Parque Florestal da Pedreira** – Waldpark mit Picknickplatz und Modell der Insel. Im oberen Bereich kann man einen kleinen Spaziergang durch wieder aufgeforsteten Lorbeerwald unternehmen.

**F Pico Bartolomeu** – Ein abenteuerliches Sträßchen führt über einen Grat auf den 847 m hohen Pico Bartolomeu. Von hier aus hat man einen fantastischen Ausblick auf den Ostteil der Insel.

**G Miradouro da Tronqueira** – Wunderbarer Aussichtspunkt über das Bergland. Unterhalb finden sich große Areale, in denen man wieder Lorbeerwald pflanzt.

im 19. Jahrhundert vom Festland auf die Insel beorderte Baumeister ließ ein ganz ähnliches Brückenmodell in Ribeira Grande errichten. Die Kirche (1796) ist dem heiligen Georg geweiht, das Rathaus wurde 1877 errichtet. Die Statue davor erinnert an António Alves da Oliveira (1847–1936), der Ende des 19. Jahrhunderts Nordeste ein wenig aus der Isolation erlöste: Er ließ Straßen und Brücken bauen, modernisierte den Ort und sorgte für den Bau des ersten Leuchtturms der Azoren.

## Pico da Vara

An klaren Tagen ist er von der gesamten Nordküste deutlich zu sehen: der mit 1105 m höchste Berg Pico da Vara. 1949 geriet er in die Schlagzeilen. Eine in Paris gestartete Maschine der Air France zerschellte beim Landeanflug am Berg. Unter den Opfern war auch der Geliebte von Edith Piaf, der damalige Boxweltmeister Marcel Cerdan. Die bettelarme Bevölkerung der Umgebung konnte sich dem Reiz der vielen im Flugzeug befindlichen Luxusgegenstände nicht erwehren, es kam zu unschönen Plünderungen des Wracks.

## Vogelwelt

Die Serra da Tronqueira ist die Heimat des Azorengimpels (Phyrulla Murina), der seltenste Vogel Europas. Der Piepmatz fand in den Blüten der Orangenbäume seine Leibspeise und wurde daher dezimiert. Da die Beeren der Pflanzen im Lorbeerwald die Grundlage seiner Ernährung darstellen, wurde durch die Aufforstung mit Japanischer Sicheltanne sein Lebensraum weiter eingeschränkt. 2003 waren nur noch 400 Exemplare übrig. Durch ein Schutzprojekt und die Wiederaufforstung der Lorbeerwälder steigt die Zahl der Gimpel, 2012 wurde der Bestand bereits auf über 1000 Exemplare geschätzt.

*AUTORENTIPP!*

**SÃO MIGUEL MIT DEM E-BIKE**

Rauf und runter geht es auf São Miguel häufig, da kann gerade das »rauf« schon mal zur schweißtreibenden Angelegenheit werden. Das klingt nicht nach Urlaubsspaß? Nichts einfacher als der Griff zum E-Bike, wobei es sich hier um Mountainbikes vom Feinsten handelt, denen man die kleine »Strampelhilfe« kaum ansieht. In einem etwas größeren Mietfahrzeug finden zwei Räder Platz, längere Anfahrten über verkehrsreiche Straßen überbrückt man mit dem Auto und da wo die Landschaft am schönsten ist, radelt man los. Für sportlich Ambitionierte, die die Serra da Tronqueira aus eigener Kraft durchqueren möchten: den Elektromotor kann man natürlich auch abschalten! Buchungen sind nur in Deutschland möglich.

**Azoren Archipel.** Ludwig-Erhard-Platz 2-4, 63110 Rodgau, Tel. 06106/286 60 11, www.azorenarchipel.de

Der Leuchtturm von Nordeste markiert die Ostspitze von São Miguel.

## Infos und Adressen

### SEHENSWÜRDIGKEITEN

**Centro Ambiental do Priolo.** Kleines Informationszentrum. Mai–Sept. Di–So 10–18 Uhr; 15. Feb.– Ende April und 1. Okt.–15. Nov. Sa, So 12–17 Uhr, Parque Florestal da Cancela do Cinzeiro, Pedreira, Nordeste, Tel. 918 53 61 23, http://centropriolo.spea.pt

### ESSEN UND TRINKEN

Die Auswahl an Restaurants ist in diesem Teil der Insel beschränkt. Auf den Tisch kommt in der ländlichen Region Hausmannskost, Gourmets sollten also nicht zu viel erwarten.

**Rest. Tronqueira.** Traditionelles Restaurant mit durchschnittlicher Inselküche. Rua da Tronqueira, 9630-192 Nordeste, Tel. 296 48 82 92.

**Snack-Bar O Forno.** Gute Auswahl an Snacks, Kuchen und kleinen Gerichten. Bis 18 Uhr. Rua Detrás Igreja 1a, 9630-143 Nordeste.

### ÜBERNACHTEN

**Quinta das Queimadas.** Ehemaliges Sommerhaus eines wohlhabenden Teehändlers aus dem 19. Jahrhundert. Weiter Blick über Wiesen und Meer. Der nette Belgier Pierre ließ das Anwesen renovieren und vermietet ein Doppelzimmer und zwei Apartments. Frühstück, auf Anfrage auch

Die Ausflugsgaststätte Restaurante Tronqueira

Abendessen. Drei km vom nächsten Ort entfernt. Quinta das Queimadas, 9630 Nordeste, Tel. 296 48 85 78, www.quintadasqueimadas.com

### AKTIVITÄTEN

**Gerbybirding.** Der deutschsprechende Holländer Gerbrand lebt seit 20 Jahren auf den Azoren und organisiert kompetente Exkursionen zur Vogelbeobachtung in der Serra da Tronqueira und anderen Teilen der Insel. Tel. 296 91 74 44, www.gerbybirding.com

### INFORMATIONEN

**Posto de Turismo do Nordeste.** Rua D. Maria do Rosário 5, Vila do Nordeste. Wechselnde Öffnungszeitenzeiten.

Eines der Ferienhäuser von Casas do Frade

**Mitte:** Schmucke, kleine Dörfer prägen die Nordküste der Insel. **Unten:** Die Landwirtschaft prägt das dörfliche Leben.



# 14 Nordostküste

## Im Land der Wassermühlen

**Schnell passiert man die Ostküste auf der neuen Autobahn, aber der wahre Reiz der Landschaft liegt weit unter den hohen Brücken, auf denen (auf keinen Fall nachmachen) die Azorianer gerne Erinnerungsbilder schießen. Die alten, von Bauerndörfern mit großen Kirchen gesäumte Inselrundstraße führt durch waldbewachsene Taleinschnitte und Weideland.**

Despe-te que suas – übersetzt »Zieh dich aus, weil du schwitzen wirst« heißt der besonders steile Taleinschnitt zwischen Algarvia und Santo António. War man früher zu Fuß unterwegs, wurde es einem bei dem Auf und Ab schon mal warm. Die Bauerndörfer liegen direkt oberhalb der Küste, doch viel hatte man mit dem Meer nicht zu schaffen, man siedelte des fruchtbaren Ackerlandes wegen. Die Häuser baute man eng an eng entlang einer Straße, um nur nicht zu viel des dringend benötigten Bodens einzubüßen. Und doch findet man an einigen Stellen steile alte Steinstufen hinunter zu winzigen Verladehäfen. Bis ins 19. Jahrhundert waren die Verbindungswege auf der Insel in desolatem Zustand, das Verladen auf Boote die einfachere Lösung. Außer Viehzucht ist auch der Anbau von Kartoffeln verbreitet, man kann die Knolle dreimal im Jahr ernten. Bei einem Spaziergang durch eines der Dörfer fühlt man sich um Jahrzehnte zurückversetzt: Eine alte Frau pflückt im Garten Kohlblätter, hinter dem Haus grunzt ein Schwein, ein Pferd mit Bauer trabt vorbei und im Laden sieht es aus wie zu Omas Zeiten. Vielleicht ist die viele Zeit zum Nachdenken der Grund, warum dieser Landstrich viele Schriftsteller hervorgebracht hat.

# Küstenwanderungen mit Ausblick

Eine Vielzahl an Pfaden verband in der Vergangenheit die Orte auf den Höhenrücken mit den Wassermühlen in den Flusstälern. Auf den Wegen, auf denen man einst Mehlsäcke schleppte, lässt es sich heute wunderbar wandern.
Ein drei km langer Rundweg (PRC35 SMI) startet an der Kirche von Ribeira Funda. Eine andere fünf km lange Tour beginnt in Lomba da Maia und endet in Maia (PR27 SMI). Alternativ kann man auch von Ribeira Funda nach Maia wandern, wobei die dazu nötige Überquerung des Ribeira Funda nach starken Regenfällen etwas abenteuerlich sein kann. Alle Wege sind markiert.

**An- und Abfahrt:** Bei guter Planung mit dem Linienbus möglich. Haltestellen in Maia, Lomba da Maia und oberhalb von Ribeira Funda an der Inselrundstraße.

**Verpflegung:** Restaurant in Lomba da Maia und Maia

Wasserfall an der Ribeira dos Caldeirões

**A Ribeira Funda** – In vielen kleinen Wasserfällen plätschert der »tiefe Fluss« hinunter zum Meer.

**B Moinhos do Crim** – Ein kleiner Abstecher führt zu den verfallenen Mühlen, die einst der Familie Crim gehörten. Am Wegesrand wächst die aus Indien stammenden Reispapierpflanze (*Tetrapanax papyriferus*), die auf den Azoren stellenweise ausgewildert ist. Die riesigen Blätter sind nicht zu übersehen.

**C Rocha do Padre do Norte** – Über die steile Talflanke gelangt man zurück zum Ausgangspunkt. Von hier bieten sich die besten Ausblicke über den Ribeira Funda. Die Einheimischen benutzen den Weg gerne, um an der Küste Oktopusse zu fangen.

**D Picknickplatz** – Nach dem steilen Aufstieg ist hier der ideale Platz für eine Rast mit einem wunderbaren Blick über die Nordküste. Dann geht es auf einem Asphaltsträßchen bis zum Sandstrand.

**E Praia da Viola** – Auf dem Weg zur dunklen Sandbucht passiert man Wassermühlen. Beim Baden an dem einsamen Strand sollte man auf Grund von Strömungen vorsichtig sein. Hinter den Mühlen ergießt sich der Fluss in einem Wasserfall.

AUTORENTIPP!

**AUSSICHTSPUNKT SALTO DA FARINHA**

An der Nordküste gibt es viele schöne Aussichtspunkte, doch der Salto da Farinha zwischen Achadinha und Salga hat seinen ganz besonderen Reiz. Direkt oberhalb der Steilküste bietet sich ein weiter Blick über den Atlantik, außer Meeresrauschen ist kein Laut zu hören. An windstillen Tagen ist der Platz perfekt für ein Picknick, ein guter Grund etwas länger an diesem lauschigen Plätzchen zu verweilen. Zur Rechten befindet sich ein tief eingeschnittenes Tal, an dessen Ende sich der Wasserfall Salto da Farinha über die Steilwand stürzt. »Farinha« bedeutet Mehl, denn der Bach trieb weiter flussaufwärts eine Mühle an. Ein kleines Sträßchen führt hinunter zum Meer und über einen Fußpfad gelangt man direkt zum Wasserfall. Viel Betrieb ist hier nie, zu eng ist die Zufahrt für die großen Busse, die Einheimischen picknicken lieber dort, wo etwas Trubel ist. Ruhe hat man auf den Azoren schließlich im Überfluss.

## Ribeira dos Calderões

Im Gegensatz zum Westen der Insel, wo die Bachläufe nur nach Regenfällen Wasser führen, ergießen sich die Bäche der Nordküste ganzjährig in Richtung Meer, als kleine Wasserfälle stürzen sie in Naturbecken. Auf Wandertouren wird man unweigerlich auf die Ruinen der Wassermühlen treffen, die früher das Korn der Nordküste mahlten. Die Gemeinde Nordeste ließ die Wassermühlen am Ribeira dos Calderões wieder aufbauen und das ganze Areal in einen riesigen Park verwandeln. Ein mächtiger Wasserfall mit dem Spitznamen »Brautschleier« ist ein beliebtes Postkartenmotiv. Eine der wieder aufgebauten Mühlen ist noch in Betrieb, gemahlen wird vor allem Maismehl für die Bewohner der umliegenden Orte. Es gibt einen Souvenirladen und im ehemaligen Wohnhaus des Müllers ein Café mit Terrasse.

## Nossa Senhora do Pranto

Etwas versteckt liegt in São Pedro Nordestinho eine der ältesten Walfahrtskapellen der Insel. Als 1523 in Ponta Delgada die Pest grassierte, erschien einem Hirtenjungen auf dem Feld die Jungfrau Maria und wies ihn an, an dieser Stelle eine Kapelle zu errichten. Die Bevölkerung befolgte die Weisung der Gottesmutter. Von der alten Inselrundstraße führt eine Via Sacra zur Kapelle, die während der Fastenzeit für Pilger und Gläubige der Umgebung geöffnet ist.

## Salto do Cavalo

Von Salga aus geht führt eine hortensiengesäumte Straße durch Weideland zum schönsten Aussichtspunkt der Insel. An wolkigen Tagen macht die Fahrt wenig Sinn, scheint die Sonne am klaren Himmel, hat man einen guten Ausblick auf Furnas, Povoação und die Nachbarinsel Santa Maria.

# Infos und Adressen

## ESSEN UND TRINKEN

**Restaurante O Cordeirinho.** Gemütliches kleines Restaurant mit netten inseltypischen Details. Sonntagmittag gibt es Spezialitäten aus dem Holzofen. Mo Ruhetag, Abendessen nur auf Reservierung. Rua das Casas Telhadas 51, 9625-116 Lomba da Maia, Tel. 296 44 65 73.

**Snack-Bar O Amaral.** Das einfache Restaurant serviert ein kleines Mittagsbuffet. Kein Abendessen. Rua Caminho Fundo 14, 9630-049 Achadinha, Tel. 296 45 21 51.

## ÜBERNACHTEN

Vorbildlich wurden im Osten der Insel leer stehende traditionelle Häuser restauriert und an ruhesuchende Gäste vermietet. Morgens trappelt der Pferdewagen vor dem Fenster vorbei und zum Einkauf geht es in den örtlichen Krämerladen. Nightlife ist hier keines geboten, aber ein netter Grillabend im Garten unter den Sternen lässt nichts vermissen.

**Casas do Frade.** Gemütliche Häuschen im azorianischen Stil eingerichtet mit Garten und Grill in Lomba da Fazenda. Tel. 962 48 70 01, www.casasdofrade.com

Wassermühle an der Ribeira dos Caldeirões

**Casas Tradicampo.** Drei Ferienhäuser mit kleinem Pool in São Pedro Nordestinho und ein weiteres in Algarvia. Aufwändig restaurierte Steinhäuser mit Liebe zum Detail eingerichtet, umgeben von gepflegten Gärten. Sehr für das Wohl der Gäste engagierte Besitzer! Tel. 966 02 58 12, www.tradicampo.pt

## EINKAUFEN

**Mãos de Fada.** Auf der ganzen Insel bekannt ist das leckere Holzofenbrot aus der Bäckerei in Salga. Mo–Fr bis 18 Uhr, So bis 12 Uhr, Sa geschlossen. Rua Direita 32 (im Hinterhof), 9630-282 Salga.

Das Haus des Müllers beherbergt heute ein Café.

# 15 Maia und Porto Formoso

## Teeplantagen und heiliger Geist

**Eine dichte, hohe Wolkendecke über der Insel ärgert zwar den nach Sonne lechzenden Besucher, für den Teeanbau jedoch ist genau diese Wetterkonstellation ideal. An der Verarbeitung der Blätter hat sich in den letzten hundert Jahren kaum etwas geändert, beinahe wie Museen wirken die beiden Teemanufakturen. Rund um die Plantagen bietet die sanfthüglige Landschaft schöne Ausblicke, Sandbuchten laden zu einem Bad im Meer ein.**

**Mitte:** Blick über die Teeplantagen von Porto Formoso
**Unten:** Traditionelle Teeherstellung in der Teefabrik Gorreana

Bei dem Teestrauch handelt es sich um eine Kamelienart (*Camelia sinensis*), für eine gute Ernte sind ausreichend Licht und Niederschlag nötig, zu viel direktes Sonnenlicht wirkt sich ungünstig aus. All diese Faktoren sind auf den Azoren gegeben und als der Orangenanbau Mitte des 19. Jahrhunderts keinen Gewinn mehr abwarf, fand man in der Teeerzeugung eine Alternative. Der stets um wirtschaftlichen Fortschritt gemühte Botanikenthusiast José de Canto ließ um das Jahr 1870 an der Flanke des Feuersees die erste Plantage pflanzen, zwei eigens in Macau angeheuerte Teespezialisten brachten den Azorianern die Technik der Verarbeitung bei. Statt Orangen wurde nun Tee geerntet und zwar meist von jungen, unverheirateten Mädchen, die sich vom Verdienst ihre Aussteuer finanzierten.

In den 1920er-Jahren waren auf São Miguel zehn große Teefabriken in Betrieb. Im eigenen Garten produziert, wurde der Tee zum preisgünstigen Getränk für die Landbevölkerung, so trinkt man beispielsweise im Fischerort Rabo de Peixe auch heute noch schwarzen Tee zum Fisch. Preisgünstige Konkurrenz aus den ehemaligen portugiesischen Kolonien, der Verlust an Arbeitskräften durch die enorme Auswanderung der 1960er- und 1970er-Jahre und alternative Einkommensmöglichkeiten für die Frauen durch Stickerei kosteten die meisten Produzenten die Existenz. Einzig die Teefabrik Gorreana konnte sich über die Zeit retten. Heute ist der Azorentee gefragt, fast die komplette Produktion wird auf den Inseln verkauft.

## Azorentee – mild und fast bio

An der Verarbeitung hat sich nicht viel geändert, lediglich das Pflücken wird seit den 1970er-Jahren von einer Maschine erledigt. Im Fabrikgebäude lärmen die aus England importierten Maschinen, manche von ihnen sind über hundert Jahre alt. Die Ernte der jungen Teetriebe mit drei bis vier Blättern findet von April bis Oktober statt, acht bis zwölf Pflückungen pro Saison sind die Regel. Um die relativ starren Blätter geschmeidig zu machen, werden sie gut belüftet auf dem Dachboden angewelkt. Dann werden die für den Schwarztee bestimmten Blätter in den Rollmaschinen zerquetscht und somit die für die Fermentation notwenigen Enzyme freigesetzt. Bei der darauf folgenden Fermentation im Keller entsteht durch Oxidation der Pflanzensäfte die braune Färbung. Nach der Trocknung werden durch ein Siebverfahren die verschieden großen Blätter aussortiert, die je nach Blattgröße unterschiedliche Gewichtung der chemischen Bestandteile bestimmt das Aroma. Der aus der Knospe gewonnene Orange Pekoe hat das feinste Aroma und den höchsten Teingehalt, der Broken Leaf aus den größten Blättern hat mehr Tannine und somit einen sehr kräftigen, leicht bitteren Geschmack, die Variante Pekoe liegt in der Mitte. Bei der Grünteeherstellung werden die Enzyme in den Blättern durch heißen

**Oben:** Die Teeplantagen ziehen sich weit die Hänge hinauf.
**Mitte:** Der Teestrauch wächst auf den Azoren besonders schnell.
**Unten:** An heißen Tagen schmeckt ein Tee-Eis.

AUTORENTIPP!

**SOLAR DE LALÉM**

Nicht zu übersehen ist das große, rosafarbene Herrenhaus in Maia. Bis ins 15. Jahrhundert geht die Geschichte des Anwesens zurück, zu dem einst riesige Ländereien gehörten. Bekannt wurde das Haus als Treffpunkt der Intellektuellen und Literaten der Insel. Ab den 1960er-Jahren verfiel dieses Juwel zusehend, bis sich das Ehepaar Hochleitner aus Bayern in das Haus verliebte. Nun strahlt es wieder im alten Glanz und beherbergt in den hohen Räumen zehn Gästezimmer mit wunderschönem altem Mobiliar. Zum Haus gehört eine Kapelle aus dem 17. Jahrhundert, die in der Fastenzeit von Pilgern aufgesucht wird. In der riesigen Küche, in der einst über 20 Köchinnen arbeiteten, wird an einigen Wochentagen auch Abendessen angeboten. Maia ist außerdem für Urlauber gut gelegen, viele Attraktionen der Insel sind mit dem Auto schnell erreicht.

**Solar de Lalém.** Estrada de São Pedro, 9625-391 Maia, Tel. 296 44 20 04, www.solardelalem.com

In einer Tasse Azorentee steckt viel Handarbeit.

Wasserdampf abgetötet, eine Fermentierung findet auf diese Weise nicht statt. Ein großer Pluspunkt des Azorentees: Viele der Schädlinge, die sonst auf Teeplantagen ihr Unwesen treiben, wurden auf den Inseln nie eingeschleppt, Spritzmittel kommen also höchst selten zum Einsatz.

## Porto Formoso und Maia

In beiden Orten hat Fischfang Tradition, da sich hier die wenigen geschützten Buchten der Nordküste befinden. Daher gibt es in der Umgebung einige der besten Fischrestaurants der Insel. Ideal für Sonnenanbeter ist der malerisch in einer Felsbucht gelegene Sandstrand Praia dos Moínhos in Porto Formoso mit Café und großer Terrasse. Schmuck ist der Ort Maia auf einem Basaltplateau am Meer gelegen. Früher war Tabak ein wichtiges Anbauprodukt, heute lohnt es sich kaum noch und in der ehemaligen Trockenanlage befindet sich ein kleines Museum. Es ist der heilige Geist, der für die Bekanntheit Maias auf der Insel sorgt. Selbst die Kirche ist dieser Instanz geweiht und am Vorplatz findet jedes Jahr das größte Heiliggeistfest der Insel statt. Mehrere tausend Portionen »Carne Assada« (geschmortes Rindfleisch mit Kartoffeln) werden am Pfingstmontag kostenlos an die Besucher verteilt, ein ethnographischer Umzug und die – natürlich nach dem heiligen Geist benannte – Blaskapelle des Ortes sorgen für Unterhaltung.

# Infos und Adressen

## ESSEN UND TRINKEN

**Cantinho do Cais.** Seit Jahren ungebrochen beliebt ist der Fischeintopf »Molha de Peixe« nach einem Spezialrezept der Familie. An Sommerwochenenden oft recht voll, dann lieber reservieren oder unter der Woche kommen. Mi Ruhetag. Rua Padre João Botelho do Couto 29, 9625-429, São Brás, Tel. 296 44 26 31.

**Maré Cheia.** Kleines, familiäres Restaurant unweit des Strandes von Porto Formoso, spezialisiert auf frischen Fisch und Meeresgetier wie Oktopus und Lapas. Gegen Vorbestellung werden auch spezielle Wünsche wie Seepocken und der Fischeintopf Caldeirada erfüllt. Mo Ruhetag (im Winter). Rua dos Moínhos 27, 9625-422 Porto Formoso, Tel. 296 44 66 25.

**O Sagitário.** Frischer Fisch vom Grill wird auf der überdachten Terrasse serviert. Rua de Santa Catarina, 9625 Maia, Tel. 918 78 40 94.

## AKTIVITÄTEN

**Fábrica de Chá Gorreana.** In der Teefabrik wird während der Erntesaison von Mo–Fr Tee verarbeitet. Man darf die Produktionsräume besichtigen und den produzierten Schwarz- und Grüntee verkosten. Leckere Alternative an heißen Tagen: das hausgemachte Eis mit Früchten der Insel. Mo–Fr 8–18 Uhr, Sa, So 9–18 Uhr, Gorreana, 9625 Maia, Tel. 296 44 23 49.

Senhor Jorge beim Servieren der Fischsuppe.

**Fábrica de Chá Porto Formoso.** Als Museumsbetrieb wiedereröffnete Fabrik. Kurzer Film über die Teeherstellung und gemütliche Probierstube, allerdings sind die Maschinen nicht immer in Betrieb. Mai–Sept. Mo–Sa 9–18 Uhr, Okt.–April Mo–Sa 9–17 Uhr, Estrada Regional 24, 9625-421 Porto Formoso, Tel. 296 44 23 42, www.chaportoformoso.com

Herrschaftlich wohnt es sich im Solar do Lalém.

Cabin Fish

# TERCEIRA UND SÃO JORGE

Terceira
0 3 km
N
Atlantischer Ozean
Ponta do Raminho
Ponta do Queimado
Serreta
Ponta Rubra
Cruzinhas
Santa Bárbara
Ponta das Cinc
Ponta dos Rosais
Pico da Velha
493
Pedregulho
Rosais
Westteil
23
Arrifana
Baia dos Arraias
Baia de Entre-Morros
Beira
Toledo
22
Velas
Ponta das Eiras
Santo Amaro
R. do Nabo
S. António
Norte Grand
Pico do Pedro
901
24
Hochland
Pico da Esperança
1083
Urzelina
Casteletes
Ponta dos Casteletes
Manadas
Faja das Almas
27
Südküste
Biscoitos
Fajã Grande
Atlantischer Ozean
N
0 3 km
São Jorge

Ponta dos Biscoitos
Ponta da Furna
Ponta do Mistério
Canada do Eustáquio
Ponta da Forcada
Baia de Vila Nova
Ponta da Serra das Lajes
Ilhéu do Norte
Arrochela
20
Biscoitos
Quatro Ribeiras
Vila Nova
Cadeira
Agualva
Rebentão
Casa da
Serra do Labaçal
Pico
808
Pau Velho
S. Brás
Lajes
Ponta dos Carneiros
Amoreira
Baia do Zimbral
Ponta da Má Merenda
Lagoa do Negro
Terreiro da Marcela
Fontinhas
Hochland 18
Santa Bárbara
Terra Brava
718
Fajãs
Vale Farto
Praia da Vitória
19
Cabouco do Cume
Cabrita
21
Cabo de Praia
Canada do Junco
Riba Brava
Lagoa do Ginjal
Terreiro dos Padres
Canada do Cume
Pilar
Fonte Faneca
Fonte do Bastardo
S. Bartolomeu
Terra Chã
Caboucas
Canada da Praia
Ribeirinha
S. Sebastião
Baia da Vila
Vila Maria
16+17
Feteira
Porto Negrito
Ponta de S. Mateus
S. Mateus da Calheta
Angra do Heroísmo
Baia da Tumba
Porto Judeu
Baia das Mós
Ponta da Cruz
Ponta das Cavalas
Ponta de S. Diogo
Ilhéus das Cabras
Fajã das Pontas
Fajã dos Cubres
Fajã do Belo
Fajã da Caldeira de Santo Cristo
Caldeira de Cima
R. Seca
Silveira
Fajã Entre Ribeiras
Ribeira Seca
Portal
Fragueira
Pico dos Frades
942
Fajã da Ribeira Funda
Fajã dos Vimes
Ponta das Vinhas
Loural
26
Topo und Umgebubg
R. da Vila
Canto do Norte
Ilhéu do Topo
Fajã de São João
Topo
Ponta do Topo
Santo Antão
Caminho da Pedra
Ponta dos Monteiros

**Seite 112/113:** Der Hafen von Angra mit der Igreja da Misericórdia
**Unten:** Das Zentrum von Angra gehört zum Weltkulturerbe der UNESCO.



# 16 Angra historisch
## Das Zentrum des Atlantikhandels

**Schlendert man durch die historischen Gassen von Angra, ist es nicht schwer, sich die Stadt in ihrer Blütezeit vorzustellen. Damals war der Hafen von Angra der Knotenpunkt des Atlantikhandels. Paläste ausländischer Händler, die in Angra ihr Glück versuchten, eindrucksvolle Klosterbauten und Befestigungsanlagen bestimmen das Bild der Stadt. Fast meint man noch den Duft der Gewürze aus Indien in den Gassen riechen zu können.**

Auch wenn sich die ersten Siedler der 1445 entdeckten Inseln zunächst in der Gegend von Praia niederließen, entwickelte sich kurze Zeit später eine ansehnliche Siedlung an der Bucht (Portugiesisch: »angra«) im Süden der Insel. Man teilte Terceira in zwei Verwaltungsbereiche und der findige Verwalter von Angra ließ den Fluss, der einst an der Stelle des heutigen Stadtgartens verlief und

### MAL EHRLICH

**WETTER AUF TERCEIRA**

Das Hochland von Terceira hüllt sich öfters mal in die Wolken. Wanderungen machen da wenig Spaß. Möchte man die Landschaft genießen, sollte man sich deshalb einen klaren Tag dafür aussuchen. Außerdem hilft es, flexibel zu sein. Ist der Himmel in Angra grau, kann man sein Glück in Biscoitos versuchen. Auch an der Küste zwischen Salga und Praia scheint häufig die Sonne. Die regenreichste Ecke der Insel ist die Gegend um Serreta.
Wetter-Webcams für Angra und Biscoitos unter: www.climaat.angra.uac.pt

bei der Stadtplanung im Wege war kurzerhand zum Antrieb von Wassermühlen kanalisieren. Am oberen Ende des Stadtgartens, wo heute ein weithin sichtbarer Obelisk steht, stand die Festung São Luís. Rundherum drängten sich, noch ganz dem mittelalterlichen Stadtmodell folgend, die Häuser. Eine Gasse führte am Mühlkanal entlang hinunter zum Hafen. Ihren heutigen Grundriss und die einheitliche Architektur verdankt Angra einem schweren Erdbeben im Jahr 1614, also in der Zeit, in der Portugal unter der Herrschaft der Spanier stand. Am Reißbrett entwarf man nach dem modernen Stadtmodell der Renaissance eine neue Stadt, wobei an der »Rua Direita«, der Hauptstraße zum Hafen, die für die Seefahrt wichtigsten Einrichtungen Hospital und Zollhaus lagen. Am oberen Ende der »Rua Direita« verläuft eine lange Querstraße durch den Ort, an der sich Rathaus, Handelshäuser und Läden befanden. Die zahlreichen Klosterbauten umschließen in einem Halbkreis die von Bürgern und Händlern bewohnte Unterstadt. Bereits vor Ende des 15. Jahrhunderts waren die Franziskaner präsent. Die Jesuiten kamen 1570 nach Terceira, also kurz nach der Begründung des Jesuitenordens am portugiesischen Festland und nahmen sich der Schulbildung der Oberschicht an. Oberhalb der Festung São Sebastião gelegen war das Viertel der wohlhabenden Händler, unter ihnen auch viele Ausländer wie beispielsweise die »Rua dos Italianos« (Straße der Italiener) unschwer vermuten lässt. Direkt unterhalb wohnten die ärmeren Bewohner von Angra in einem Viertel, das häufig von den einfachen Matrosen frequentiert wurde.

## Angra als Handelshafen

Während die Azoren in den ersten Jahrzehnten ihrer Besiedlung vor allem dem Anbau des am Festland dringend benötigten Getreides dienten, wur-

AUTORENTIPP!

**PASTELARIAS – DAS SÜSSE ERBE DER NONNEN**

Überall in Portugal gibt es die kleinen Konditoreien, die eine ganze Reihe der als »pastéis« oder »queijadas« bezeichneten kleinen Kuchen im Angebot haben. Kalorienzählen ist in Angra hoffnungslos: zu groß ist die Auswahl der süßen Leckereien, die man am liebsten alle durchprobieren möchte. Viele Rezepte stammen aus den Nonnenklöstern der Stadt. Mit dem Eiweiß stärkten die Ordensdamen die Häubchen, aus Eigelb und Zucker wurden süße Leckereien hergestellt, die die Oberschicht gerne für besondere Anlässe bestellte. Zum Königsbesuch 1901 kreierten sie die nach der Königin benannten D. Amélia-Kuchen, bis heute sehr beliebt.

**O Forno.** So geschlossen. Rua de S. João 67-69, 9700-182 Angra, Tel. 295 21 37 29.

**Pastelaria Athanasio**, Rua da Sé 132, 9700-191 Angra, Tel. 295 21 37 02.

AUTORENTIPP!

**WANDERUNG AUF DEN MONTE BRASIL**

Die Bewohner von Angra haben Glück – gleich vor der Haustüre haben sie mit dem Monte Brasil ein wunderschönes Naherholungsgebiet. Warum es also nicht den joggenden und walkenden Einheimischen gleichtun und den Vulkanberg auf einer kleinen Wanderung erkunden? Der markierte Wanderweg führt zunächst mit schönen Blicken über die Stadt an der der Insel zugewandten Flanke entlang, dann erklimmt man die verschiedenen Gipfel. Diese wurden von der Bevölkerung unterschiedlich genutzt. Man passiert einen Sendemast, an den Kombinationen von Eisenplaketten gehängt wurden. Anhand dieser kann man in der Stadt die Anzahl der sich nähernden Schiffe ablesen. Auf dem äußersten Gipfel hielt man Ausschau nach Walen, auf dem Pico das Cruzes, einem auch mit dem Auto erreichbaren Aussichtspunkt befanden sich im Zweiten Weltkrieg Geschützstellungen. Hier bietet sich an den schattigen Tischen ein Picknick als Abschluss an.

de gegen Ende des 15. Jahrhunderts die Bedeutung der Inseln als Handelsstützpunkt immer deutlicher. Mühsam hatten sich portugiesische Schiffe immer weiter die afrikanische Küste entlang nach Süden vorgetastet und 1498 gelang Vasco da Gama schließlich eine erfolgreiche Seereise nach Indien. Man konnte nun in große Mengen per Schiff die begehrten und teilweise fast mit Gold aufgewogenen Gewürze nach Europa bringen, ohne auf die vielen Mittelsmänner auf dem Landweg angewiesen zu sein. Der zwischen Spanien und Portugal tobende Konkurrenzkampf um die neue Welt betraf auch die Atlantikinseln. 1479 wurden sie im Vertrag von Alcáçovas schließlich verbindlich aufgeteilt: Die Kanaren gingen an Spanien, Portugal erhielt Madeira und die Azoren. Während die Kanaren meist als Zwischenstopp auf der Hinfahrt genutzt wurden, besuchte man die Azoren stets auf der Rückfahrt. Die im Nordatlantik vorherrschenden Winde bewegen sich im Urzeigersinn, auf einer direkten Route entlang der afrikanischen Nordwestküste nach Lissabon hätte man eine lange Strecke gegen den Wind segeln müssen. Für die Segelschiffe lohnte sich daher der Umweg über die Azoren, insbesondere Terceira, da die vom Monte Brasil geschützte Bucht den besten Naturhafen bildete. Auch die spanische Silberflotte und später die mit Gold beladenen Schiffe aus Brasilien nutzten auf der Rückfahrt nach Sevilla und Lissabon den Hafen von Angra.

## Piraten und Schwarzhandel

Schnell bekamen auch die Piraten Wind von der einfachen Beute, die die meist völlig überladenen Handelsflotten darstellten. Eine Schiffsreise nach Indien und zurück dauerte mindestens 14 Monate und viele Matrosen fielen südlich des Äquators Krankheiten zum Opfer. Auch der Bruder von Vas-

# Rundgang Angra

**A Museu de Angra.** Umfangreiche Ausstellung über die Geschichte der Insel und der portugiesischen Seefahrt im ehemaligen Franziskanerkloster. Im Vorgängerbau der Kirche liegt Vasco da Gamas Bruder Paulo begraben.

**B Alto da Memória** – Zu Beginn der Besiedlung der Bucht befand sich hier die Festung São Luís, heute erinnert ein Obelisk an den Sieg des liberalen Königs D. Pedro IV.

**C Jardim Duque da Terceira** – Bis ins Stadtzentrum hinunter zieht sich der Stadtgarten von Angra. Er wird Ende des 19. Jahrhunderts auf ehemals zu den beiden benachbarten Klöstern gehörenden Ländereien angelegt.

**D Rathaus** – Der heutige Bau des Rathauses wurde 1866 fertig gestellt und verfügt über einen prächtigen Empfangssaal im ersten Stock.

**E Palácio dos Capitais Generais** – Der riesige Bau des ehemaligen Jesuitenklosters zeigt deutlich den Einfluss des Ordens. Als Marques de Pombal 1760 die Jesuiten aus Portugal vertrieb, nutzte er das Klostergebäude für die von ihm gegründete zentrale Verwaltungsinstanz der Generalkapitäne.

**F Convento São Gonçalo.** Das 1545 gegründete ehemalige Klarissinnenkloster beherbergt eine der schönsten Barockkirchen der Azoren. Die Kachelbilder und Schnitzereien im Innenraum stammen aus der Mitte des 18. Jahrhunderts.

**G Kathedrale** – 1570 begann man mit dem Bau der repräsentativen Kathedrale São Salvador, die etwas streng wirkt. Ein Brand 1983, der viel von der barocken Inneneinrichtung zerstörte, richtete mehr unwiederbringlichen Schaden an als das Erdbeben von 1980. Vor der Kirche erinnert eine Statue von Johannes Paul II. an den Besuch 1991.

**H Igreja da Misericória.** Die an der Stelle des ersten Hospitals der Insel errichtete mächtige Kirche wurde 1746 geweiht.

**I Altes Zollamt** – Wie in allen Häfen wurden die Schiffe erst einmal zur Kasse gebeten.

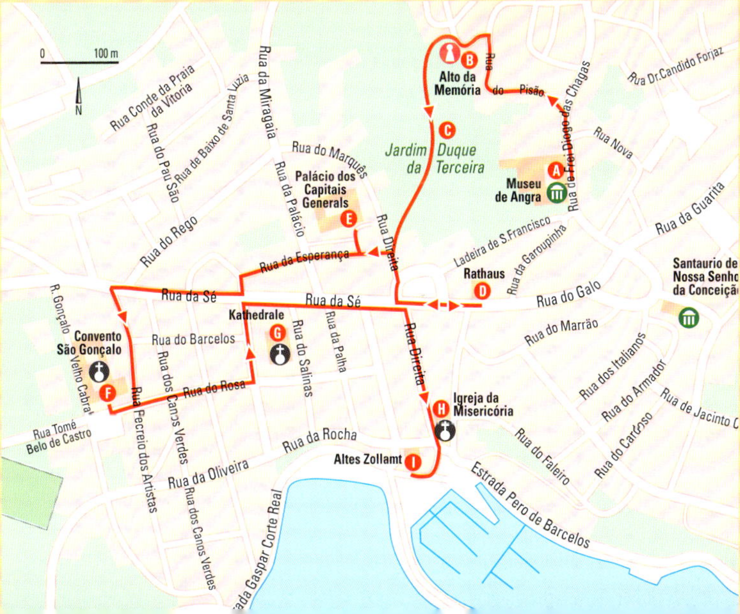

co da Gama ist auf der Rückreise von Indien in Angra an einer Infektion verstorben.

Im Gegensatz zu den anderen Inseln konnte Terceira die Angriffe von Piraten durch die gut ausgebauten Verteidigungsanlagen erfolgreich abwehren. Auch namhafte Korsaren wie Francis Drake und der Graf von Essex versuchten vergeblich, an das Gold und Silber der spanischen Galeonen zu gelangen. Um auf Nummer sicher zu gehen, bauten die Spanier rund um den Monte Brasil eine riesige Festung, die zusammen mit der kleineren Festung am östlichen Ende der Stadt eventuelle Angreifer ins Kreuzfeuer nehmen konnte. Schlimmer war es für die Schiffe auf dem Meer, die Handelsschiffe warteten häufig auf den Azoren, um sich von der einmal im Jahr vom Festland entsandten Marineflotte im Konvoi sicher nach Lissabon geleiten zu lassen. Wartende Schiffe und erschöpfte Matrosen sorgten schnell für gute Geschäfte, obwohl die Verwalter des Hafens nach Kräften kontrollierten, konnten sie den Schwarzhandel nicht unterbinden, immer wieder wurden an der Küste versteckte Säcke mit Gewürzen gefunden. Noch heute führt man die Verwendung von exotischen Gewürzen in einigen traditionellen Rezepten der Insel auf diese Zeit zurück.

**Oben:** An der Stelle des Obelisken befand sich einst eine Festung.
**Mitte:** Die schöne Aussicht belohnt für den Aufstieg.
**Unten:** Stadtpark und Jesuitenkirche

Barockkirche im Convento de S. Gonçalo

# Infos und Adressen

## SEHENSWÜRDIGKEITEN

**Museu de Angra.** Di–Fr 9.30–17 Uhr, Sa/So 14–17 Uhr.

**Palácios dos Capitães Gerais.** 1. April–30. Sept. Mo–Sa 10–18 Uhr, So 14–18 Uhr, Di geschlossen, 1.Okt.–31. März Mo–Fr 10–13 und 14–17.30 Uhr, Sa 14–17.30 Uhr, Di, So geschlossen (Änderungen möglich).

**Convento de São Gonçalo.** Mo–Fr 9.30–12 und 14–16.30 Uhr, Sa 9.30–12 Uhr.

**Igreja da Misericórida.** Voraussichtl. 2014 wg. Renovierung geschlossen.

## ESSEN UND TRINKEN

**As nossas Ilhas**. Einfaches, preisgünstiges Restaurant in dem frische Produkte vom Markt nebenan zubereitet werden. So Ruhetag. Mercado Duque de Bragança, Rua do Rego, 9700-021 Angra do Heroísmo, Tel. 295 21 60 87.

**Beira Mar.** Bei schönem Wetter ist die Terrasse des Traditionslokals über dem Hafen von Angra kaum zu übertreffen. Berühmt ist die in einem Brotleib servierte Suppe. Dazu gehört ein einfaches aber sympathisches Dreisternehotel. Largo Miguel Corte Real, 9700-182 Angra do Heroísmo, Tel. 295 21 51 88, www.hotelbeiramar.com

Das Restaurant der Pousada

## ÜBERNACHTEN

**Pousada de São Sebastião.** Mit modernem Design im alten Gemäuer der Festung wartet das Vier-Sterne-Hotel auf. Die ambitionierte Küche stellt lokale Produkte in den Mittelpunkt. Rua do Castelinho, 9700-045 Angra de Heroísmo, Tel. 295 40 35 60, www.pousadasofportugal.com

## AKTIVITÄTEN

**Aguiatours.** Bootsausflüge, Jeeptouren und Verleih von Fahrrädern und Seekajaks. Marina Pontão C, 9700-000 Angra, Tel. 910 53 97 96, www.aguiaturazores.com

## INFORMATIONEN

**Delegação de Turismo da Terceira.** Rua Direita 70–74, 9700-066 Angra, Tel. 295 40 48 10, www.cm-ah.pt, Zweigstelle am Flughafen Tel. 295 51 31 40.

Moderner Stil in historischem Gemäuer: die Pousada in der alten Festung

**Mitte:** Die Hauptstraße von Angra
**Unten:** Schöner Blick: Café oberhalb des Hafens

# 17 Angra heute

## Historisches Erbe mit modernem Flair

**Auf São Miguel wird gearbeitet – auf Terceira gefeiert, so ist die landläufige Meinung über die zwei heftig miteinander rivalisierenden Inseln. Besonders im Sommer ist auf den Plätzen in Angra immer etwas los, die Straßencafés bis spät abends bevölkert. Auch kulinarisch hat Terceira die Nase vorn, die Auswahl an Restaurants von traditionell bis modern ist groß.**

Ähnlich wie Ponta Delgada zieht der Stadtbereich von Angra junge Leute von den kleineren Inseln an. Qualifizierte Arbeitsplätze bietet neben der Azorenregierung, die hier eine Vertretung und einige Ministerin betreibt, auch eine Zweigstelle der Universität der Azoren, die sich vor allem land- und forstwirtschaftlichen Ausbildungsgängen widmet. Das große Hospital der Insel versorgt auch die Kranken von São Jorge und Graciosa mit.

Im herrschaftlichen Mãe de Deus Palast oberhalb der Stadt residiert eine bei den Azorianern wenig beliebt Instanz: der Repräsentant der Republik, der überprüft, ob die von der Regionalregierung verabschiedeten Gesetze im Einklang mit der nationalen Gesetzgebung stehen.

Eine wichtige Einrichtung ist auch das Wissenszentrum der Azoren im rosafarbenen Palast am oberen Ende der Rua do Galo. Da sich in den letzten Jahrzehnten Lebensweise und Kultur einem rasenden Wandel unterzogen haben, versucht man hier so viel historische und soziologische Informationen wie möglich zu sammeln. Neben einem umfangreichen historischen Fotoarchiv besitzt das Institut außerdem eine Audiodatenbank mit Aufzeichnungen über die Lebenserfahrungen älterer Azorianer.

## Erdbeben 1980

In der jüngeren Geschichte der sonst so fröhlichen Insel findet sich allerdings auch ein schwarzes Kapitel. Das Jahr 1980 begann für die Bewohner Terceiras mit einer Katastrophe. Am ersten Januar kurz vor vier Uhr nachmittags verwüstete ein Erdbeben der Stärke 7,2 auf der Richterskala die Insel und innerhalb von 20 Sekunden wurde ein Drittel der Bevölkerung obdachlos. 71 Todesopfer forderte das Beben, davon 20 auf der ebenfalls stark in Mitleidenschaft gezogenen Nachbarinsel São Jorge. Das Epizentrum lag 35 km südwestlich von Angra und zehn km unter dem Meeresspiegel. In der historischen Stadt waren 65 % der Häuser nicht mehr bewohnbar und 80 % beschädigt. Mehr als 300 Nachbeben ließen die Insel in den darauf folgenden Monaten immer wieder erzittern. Hilfe kam von der Militärbasis und aus dem Ausland in Form von Zelten und Notrationen, vom Festland wurden Bauarbeiter geschickt. Die Bevölkerung organisierte sich trotz der heftigen Regenfälle der nächsten Tage selbst und packte tatkräftig bei den Aufräumarbeiten mit an. 1985 standen bereits 85 % der zerstörten Häuser wieder, allerdings hat das Beben auf die Bevölkerung einen bleibenden Eindruck hinterlassen und es ist heute noch Gesprächsthema und Gegenstand von Ausstellungen und Büchern.

Schnell war klar, dass die Stadt Angra so originalgetreu wie möglich wieder aufgebaut werden sollte. Allerdings hat man sich in punkto Baumaterial für die Sicherheit entschieden und in den sehr detailgetreu wieder aufgebauten Häusern stecken moderne Betonsteine und Stahlträger. Die

AUTORENTIPP!

**SANJOANINAS**

In vielen Orten wird um den 24. Juni das Johannisfest gefeiert, aber nirgends so groß wie in Angra. Nicht umsonst hat Terceira den Ruf, die feierfreudigste Insel der Azoren zu sein. Eine Woche lang ist die Stadt im Ausnahmezustand, gefeiert wird bis in die frühen Morgenstunden. Die Innenstadt wird passend zum jährlich wechselnden Thema dekoriert und ein faschingsähnlicher Umzug mit entsprechend geschmückten Wagen veranstaltet. Jedes Jahr wird einer jungen Terceirenserin die Ehre zu Teil, zur Johannisprinzessin gekürt zu werden. Wunderschön ist der große Trachtenumzug, zu dem sich auch Folkloregruppen aus dem Ausland einfinden. In der Innenstadt sind mehrere Bühnen aufgebaut, auf denen von Blaskapelle bis Rockkonzert für alle Geschmäcker etwas geboten wird.

Stets gut gelaunt sind die Bewohner Terceiras

**Oben:** Kleine Sandbucht am Hafen von Angra
**Unten:** Shoppingtour in der Altstadt von Angra

Arbeiten wurden unter anderem durch die UNESCO gefördert, die Angra 1983 zum Weltkulturerbe erklärte. Ausschlaggebend für die Ernennung war die Rolle als Zwischenhafen des Altantikhandels und der Beitrag zur Annäherung der verschiedenen Zivilisationen.

Nun gibt es allerdings eine neue, weniger sichtbare Bedrohung für die Altstadt von Angra. Seit einigen Jahren machen Termiten die Stadt unsicher und fressen sich durchs Dachgebälk, eine endgültige Lösung des Problems ist noch nicht in Sicht.

## Kulturelles Leben

Eines der Höhepunke des kulturellen Lebens auf den Azoren ist das Jazzfestival von Angra. Im modernen Kongresszentrum treten dabei portugiesische und auch bekannte internationale Bands auf. Ein Blick auf das aktuelle Programm des »Centro Cultural e de Congressos« lohnt sich aber zu jeder Jahreszeit, da hier öfter Konzerte stattfinden. Auch zu Fasching gibt es vielerorts Veranstaltungen, wobei zur Karnevalstradition die Aufführung von traditionell überlieferten Theaterstücken und Tänzen gehört. Von Mitte Juli bis Mitte September heißt es dann »Angra em Festa« mit einer Vielzahl an Konzerten quer durch alle Stilrichtungen auf den Plätzen der Stadt.

# Infos und Adressen

### ESSEN UND TRINKEN

**Six.** In Kanada hat João sein Handwerk gelernt und sein Restaurant mit indischen und asiatischen Einflüssen ist ein Geheimtipp. Nur abends geöffnet, So Ruhetag. Canada da Quinta 6, 9700-517 São Bartolomeu, Tel. 967 06 25 04.

### ÜBERNACHTEN

**Terceira Mar Hotel.** Sehr schön gelegenes Hotel an der malerischen Bucht von Fanal, an der Westseite des Monte Brasil. Hübsch eingerichtete Zimmer mit Balkon und Blick auf das Meer und die Festung. Großer Meerwasserpool. Ideal für mehrtägige Aufenthalte auf der Insel. 15 Min zu Fuß ins Zentrum. Portões de São Pedro 1, 9700-097 Angra do Heroísmo, Tel. 295 40 22 80, www.bensaude.pt

### AUSGEHEN

Später am Abend bevölkern sich am Wochenende die Bars am Porto das Pipas, unterhalb des Festung São Sebastião.

### EINKAUFEN

Die Azoren sind kein Shoppingparadies, im Stadtzentrum von Angra zwischen Hafen und Kathedrale findet man jedoch eine ganze Reihe recht geschmackvoller Läden. Auch ein Blick in die

Frischer Fisch auf dem Markt

zentrale Markthalle mit Produkten der Insel und einer guten Fischauswahl lohnt sich.

### VERANSTALTUNGEN

**Angrajazz.** Internationales Jazzfestival im Oktober. www.angrajazz.com

### INFORMATIONEN

**ART-Kiosk.** Mit Fahrradverleih, Alto das Covas, Tel. 295 21 85 42.

Blick aus dem Terceira Mar Hotel

**Mitte:** Abzweig zur Höhle Algar do Carvão im Hochland von Terceira
**Unten:** Abstieg in den Algar do Carvão

# 18 Das Hochland

## Wilde Landschaft mit geologischen Highlights

**Das Hochland von Terceira wird gerne als »Terra Brava«, das wilde Land bezeichnet. Im Vergleich zu den anderen Inseln ist die Landschaft zwar weniger lieblich, aber nichtdestotrotz weniger schön. Mit Steinmäuerchen abgegrenztes Weideland wechselt sich mit Wäldern ab und gerade an bedeckten Tagen erinnert das Inselinnere stark an Irland. Die Hauptattraktion befindet sich allerdings unter der Erde: die faszinierende Vulkanhöhle Algar do Carvão.**

Die geologische Entstehung von Terceira ist im Vergleich zu den übrigen Inseln schwerer nachzuvollziehen, da sich die Vulkankomplexe teils stark überlagern. Terceira ist aber auf jeden Fall die älteste Insel der Zentralgruppe, der östliche Teil entstand bereits vor 3 Mio. Jahren. Das Hochland wird von der Caldeira Guilherme Moniz bestimmt, einem riesigen Einsturzkrater, dessen Rand allerdings bereits Lücken aufweist und dessen Verlauf sich am besten mit Hilfe einer Karte nachvollziehen lässt. 1752 ereignete sich im Hochland der letzte Vulkanausbruch auf der Insel, bei dem der Lavastrom die obersten Häuser von Biscoitos erreichte.

## Vulkanhöhlen und Fumarolen

Bei den Furnas do Enxofre – den Sulfataren, wie schwefelhaltige Fumarolen genannt werden, zeigt sich der vulkanische Ursprung der Insel recht deutlich. Bei den Schwefelquellen dampft es ganz gehörig, weiße und gelbe Ablagerungen zeigen das, was die Nase schon lange wahrgenommen hat. Ein hölzerner Steg führt durch das Areal, Infotafeln geben Erklärungen über Geologie und Natur der Umgebung.

Auf keinen Fall verpassen sollte man den Algar do Carvão, ein versteinerter Auswurfschlot eines Vulkans. Über hundert Meter tief steigt man in die Höhle hinab, das Loch in der Decke, durch das die Lava einst austrat, ist rundherum mit Farnen bewachsen. Das Magma bildete durch großen Druck mehrere Kuppeln, an denen später extrem langsam wachsende Kieselsäurestalaktiten und rötliche Eisenoxidablagerungen entstanden. Die schummrige Beleuchtung und sphärische Musik unterstreichen das mystische Ambiente der Höhle, die auf Grund der schwarzen Obsidianvorkommen den Namen »Kohlenhöhle« erhielt.

Nicht ganz so spektakulär aber ebenfalls faszinierend ist die Gruta do Natal, ein Lavastollen den man an einigen Stellen nur geduckt passieren kann. Infotafeln in der Höhle erklären die wichtigsten Lavaformationen, im Algar do Carvão erklärt ein Führer Entstehung und geologische Besonderheiten.

## Stolze Stiere

Auf den Hochweiden der Insel sieht man zwar auch gelegentlich die sonst üblichen Nutzrinder, allerdings fällt schnell eine vorherrschend schwarze Rinderrasse ins Auge. Stierkampf hat auf Terceira Tradition und findet manchmal in der Arena in Angra, häufiger allerdings als unblutige Version auf den Straßen der Dörfer statt. Nicht genug bekommen können die meisten Terceirenser von diesem Spektakel, bei dem ein Stier an einen langen Strick gebunden durch mit Barrikaden abgeschirmte Dorfstraße getrieben wird. Die sieben

AUTORENTIPP!

**WANDERUNG MISTÉRIOS NEGROS**

Die Tage mit strahlendem Sonnenschein sind rar in diesem Teil der Insel, aber auch an bedeckten Tagen hat die Tour ihren Reiz. Sie führt durch den faszinierendsten Teil des Hochlandes, ein vom Menschen kaum verändertes Gebiet mit Lorbeerwäldern und kleinen Kraterseen. Den schmalen Pfad kann man nur erkennen, wenn man auf den Boden sieht. Blickt man aber über das niedrige Buschwerk, scheint man vom Menschen unberührtes Land zu erkunden, fühlt sich gar wie die ersten Siedler. Ewas Abenteuergeist verlangt die Tour zugegebenermaßen schon, die Pfade durch das Moor sind oft feucht, im zweiten Teil der Wanderung überquert man das bei dem Ausbruch 1751 entstandene Lavafeld.
Die ca. 3-stündige markierte Rundtour (PRC1TER) beginnt an der Gruta do Natal und erfordert gute Kondition und Trittfestigkeit.

**Oben:** Unblutiger Stierkampf ist auf der Insel höchst beliebt.
**Mitte:** An den Fumarolen Furnas do Enxofre
**Unten:** Der Schwefelgeruch lässt sich leider nicht im Bild einfangen.

Männer im weißen Hemd und mit Hut am Ende des recht langen Stricks versuchen, den Stier zu dirigieren. Junge und jung gebliebene Männer springen nun auf die Straße, laufen möglichst dicht und möglichst lange im Aktionsradius der Hörner des Stieres, um dann kurz vor knapp über eine schützende Mauer zu hechten. In Vorgärten und an den Fenstern drängen sich die stets zahlreichen Zuschauer, Bierstände und Popcornverkäufer machen ein gutes Geschäft. Die Anwohner laden Freunde und Verwandte ein, ein Stierkampf ist immer ein guter Grund für ein geselliges Zusammensein bei Essen und Trinken. Vier Stiere kommen bei dem »Kampf« jeweils 30 Minuten lang zum Einsatz, ansonsten fristen die Tiere ein recht beschauliches Leben auf den besten Weiden der Insel. Ganz billig ist der Spaß nicht, die Bewohner des Ortes müssen an den Züchter eine Art Leihgebühr entrichten. Um die Wildheit des Stieres zu testen, haben die Züchter auf dem Hochland kleine Arenen errichtet. Dort trifft man sich bereits am frühen Nachmittag bei Essen und Trinken, um gehörig zu fachsimpeln und die besten Tiere auszuwählen.

# Infos und Adressen

## SEHENSWÜRDIGKEITEN

**Algar do Carvão.** Abstieg in den Vulkanschlot. März–Mai und Okt. 15–17.30 Uhr, Juni und Sept. 14.30–17.45 Uhr, Juli, Aug. 14–18 Uhr.

**Gruta do Natal.** Öffnungszeiten wie Algar do Carvão. Es gibt die Möglichkeit, ein vergünstigtes Kombiticket für beide Höhlen zu erwerben.

## ESSEN UND TRINKEN

**Lagoa das Patas.** Ein idyllischer Picknickplatz mit den obligatorischen Tischen und Grillplätzen befindet sich am Ufer des kleinen Sees. Mangels Restaurants im unbewohnten Hochland bringt man sich bei gutem Wetter die Jause am besten mit.

## AKTIVITÄTEN

**Clube de Golfe da Ilha Terceira.** Gepflegter 18-Loch-Platz. Fajãs da Agualva, 9760-909 Praia da Vitória, Tel. 295 90 24 44, www.terceiragolf.com

**Stierkämpfe** am Strick finden den ganzen Sommer über jedes Wochenende überall auf der Insel statt, oft in Verbindung mit anderen Festen, manchmal aber auch ohne speziellen Anlass. Die Tourismusinformation hält eine aktuelle Liste bereit. Achtung! Zuschauen nur aus sicherer Distanz, dort wo auch die Einheimischen sind. Es kam in der Vergangenheit immer wieder zu schweren Unfällen, wobei auch unachtsame Touristen zu Schaden kamen.

Der Lavastollen Gruta do Natal

Picknick an der Lagao das Patas

**Mitte:** Imposante Kirche im Fischerort São Mateus
**Unten:** Nichts als Käse in der Queijaria Vaquinha





# 19 Serra de Santa Bárbara und Westküste

## Herrschaftliche Quintas und einsame Küste

**Eine Fahrt entlang der Westküste von Terceira verspricht eine abwechslungsreiche Landschaft mit viel ursprünglicher Natur und weniger Siedlungen als im Osten der Insel. Während das Bild der Gegend um São Mateus von prachtvollen Herrenhäusern aus der Zeit des Orangenanbaus geprägt ist, findet man bei Serreta spektakuläre Steilküste und lauschige Wälder, die zum Picknick und zu Spaziergängen einladen.**

Weithin sichtbar erhebt sich im Westen von Terceira der Vulkan von Santa Bárbara, mit 1021 m der höchste Punkt der Insel. Die Erkundung der Caldeira ist vor allem für Botanikfreunde interessant, da sich hier einer der am besten erhaltenen Lorbeerwälder der Insel befindet. Früher wurde der höher gelegene Teil der Serra nicht bewirtschaftet, er diente als gemeinschaftlich genutztes wildes Weideland für Ziegen und Schafe. In den 1970er-Jahren wandelte sich das Bild, ausgedehnte Weiden für die Rinderhaltung wurden angelegt und umfangreiche Flächen mit Sicheltannen bepflanzt.

Sehr ursprünglich und fast etwas verschlafen wirkt der Westen der Insel, immer wieder bieten sich Ausblicke auf São Jorge und Graciosa. An klaren Tagen heißt es aufgepasst: Hinter São Jorge ist die Ostspitze der Insel Pico zu erkennen und mit etwas Glück auch der Gipfel der Berges Pico, besonders zum Sonnenuntergang bietet sich ein grandioses Bild.

## São Mateus

Vor allem die Inseln São Miguel und Terceira waren schon kurze Zeit nach der Besiedlung vom Großgrundbesitz geprägt. Davon zeugen heute noch die riesigen Herrenhäuser – Quintas genannt – zwischen Angra und São Mateus. Die von Hecken geschützten Gärten der großen Anwesen verraten, woher das Geld für den Luxus im 18. und 19. Jahrhundert kam. Während schon seit des 16. Jahrhunderts Orangen an die Handelsschiffe zur Vorbeugung des gefürchteten Skorbuts verkauft wurden, fing man im 18. Jahrhundert an, die Früchte im großen Stil zu kultivieren und nach Europa zu exportieren. Die hohen Mauern und Hecken dienten als Schutz gegen Stürme und die salzhaltige Meeresluft und dominierten schnell das Bild der Orte.

Der Ort São Mateus selbst, dessen Kirche weithin sichtbar ist, war durch die geschützte Bucht prädestiniert zum Fischerhafen. Noch heute ist die Fischerei eine wichtige Einnahmequelle und die Restaurants im Ort sind bekannt für ihr frisches Meeresgetier. Früher betrieb man im benachbarten Negrito Walfang, einige Boote aus dieser Zeit kann man am Hafen von São Mateus besichtigen.

## Serreta

Jedes Jahr im September machen sich Pilger aus allen Teilen der Insel zu Fuß auf den Weg nach Serreta. Im 17. Jahrhundert soll sich ein zu unrecht angeklagter Pfarrer mit einer kleinen Madonnenfigur in den Westen der Insel zurückgezogen haben, um als Eremit zu leben. Bald wurde er durch sein exemplarisches Verhalten auf der Insel bekannt und die ersten Pilger kamen zur kleinen Kapelle. Nach dem Tod des Pfarrers wurde die Figur in die Kirche des Nachbarortes gebracht, bis

AUTORENTIPP!

**QUINTA DA NOSSA SENHORA DAS MERCÊS**

Hier wohnt man nicht fürstlich, sondern königlich und daher wurden auch der König und die Königin von Spanien bei ihrem Besuch 2005 hier einquartiert. Die Geschichte des herrschaftlichen Anwesens geht bis auf das 16. Jahrhundert zurück, vor zehn Jahren kaufte der jetzige Besitzer das Haus in Ruinen. Nun strahlt es wieder im alten Glanz mit schönen Antiquitäten und Erinnerungsstücken, die der Hausherr von seinen langen Aufenthalten in Asien mitgebracht hat. Den Gästen der 13 Zimmer stehen drei herrschaftliche Wohnzimmer mit Meerblick, ein Pool und ein Grundstück auf der anderen Straßenseite direkt am Meer zur Verfügung. Eine wunderschön restaurierte Kapelle und ein historischer Obstgarten mit exotischen Früchten gehören ebenfalls zu diesem geschichtsträchtigen Haus.

**Quinta das Mercês.** Caminho de Baixo, 9700-559 São Mateus, Tel. 295 64 25 88, www.quintadasmerces.com

**Oben:** Unterwegs in den Wäldern der Serra de Santa Bárbara
**Mitte:** Eine der vielen bunten Heiliggeistkapellen
**Unten:** Küstenformation an der Ponta da Serreta

das Bevölkerungswachstum und eine stetig wachsende Zahl von Pilgern Mitte des 19. Jahrhunderts den Bau einer Kirche in Serreta nötig machten. 1907 wurde sie durch die heutige Kirche ersetzt. Zum großen Fest finden sich nicht nur Bewohner Terceiras ein, sondern auch Emigranten, die sich Hilfe von der Madonnenfigur erbeten. Aber auch ohne religiöse Motive kommen die Bewohner der Insel gerne hierher, denn im Anschluss an den Ort befindet sich eines der schönsten Picknickareale der Insel. Im Wald verstreut wurden Picknicktische und Grillstellen gebaut, ein idyllisches Fleckchen fast wie aus dem Märchenbuch.

Riesige Lavamassen wälzten sich einst von der 150 m hohen Küste ins Meer und bildeten die Landspitze von Serreta, zu der man über ein kleines Sträßchen gelangt. Ungewöhnlich hell sind hier die Vulkanfelsen: Es handelt sich um tief im Erdinneren gebildeten Trachyt. Im Dezember 1998 wurden Fischer auf Dampfsäulen aufmerksam, die neun km vor dieser Landspitze aus dem Meer aufstiegen. Kurze Zeit später gelangte dampfende Kissenlava aus etwa 500 m Tiefe an die Meeresoberfläche. Einige dieser mit Luftblasen gefüllten Lavabrocken waren größer als Waschmaschinen, schwammen etwa 10–15 Minuten an der Oberfläche, um dann auseinander zu brechen und wieder abzusinken. Das von der Fachwelt rege verfolgte Phänomen endete erst im Jahr 2001.

## Infos und Adressen

### ESSEN UND TRINKEN

**Beira Mar.** Rustikales Restaurant direkt am Hafen. Als Fischrestaurant hat es auf der Insel fast Kultstatus. Mo Ruhetag. Porto de São Mateus, São Mateus, Tel. 295 64 23 92.

**Ti Choa.** Gemütliches, mit allerlei inseltypischen Gerätschaften und Möbeln eingerichtetes Restaurant. Spezialisiert auf deftige Inselküche, insbesondere Fleischgerichte. Tipp: Freitagabend gibt es Essen und frisches Brot aus dem Holzofen (reservieren). So Ruhetag. Grota Margarida 1, 9700-661 Serreta, Tel. 295 90 66 73.

### ÜBERNACHTEN

**Quinta do Martelo.** Altes Landgut mit traditionell dekorierten Ferienhäusern und Restaurant. So viel wie möglich ist hier »wie früher« und das große Anwesen stellt so manches Museum in den Schatten. Canada do Martelo 24, Cantinho, São Mateus, Tel. 295 64 28 42, www.quintadomartelo.com

### EINKAUFEN

**Queijo Vaquinha.** Hier kann man den leckeren Käse der kleinen Käserei probieren und kaufen, durch eine Glasscheibe auch bei der Produktion zusehen. Tgl. 9–22 Uhr, Canada Pilar 5, 9700-661 Cinco Ribeiras, Tel. 295 90 72 95.

Probieren: Alcatra, im Tontopf geschmortes Rindfleisch

### AKTIVITÄTEN

**Spaziergang von Serreta zur Ponta do Raminho.** Hübscher Spaziergang entlang eines Feldweges oberhalb der Küste. An der Zufahrtsstraße zur Ponta do Raminho zweigt bald ein breiter Feldweg nach rechts ab. Folgt man stets dem Hauptweg der Küste entlang, gelangt man nach ca. einer Stunde zum Aussichtspunkt Ponta do Raminho.

Fischrestaurant Beira Mar in São Mateus

**Mitte:** Beliebte Naturschwimmbecken in Biscoitos
**Unten:** Produkte aus eigener Herstellung, das nette Lächeln gibt es gratis dazu.

# 20 Rund um Biscoitos

## Raue Schönheit der Nordküste

**Den Ort Biscoitos assoziieren die Einwohner Terceiras mit Urlaub und Badefreuden. Die Küste an der Nordküste bietet mit zahlreichen Naturschwimmbecken einige der schönsten Badestellen der Azoren. Mit etwas mehr Arbeit verbunden ist die Pflege der Weinberge, denn hier versucht ein kleiner Familienbetrieb die Tradition des Weinbaus der Insel nicht in Vergessenheit geraten zu lassen.**

Die Gegend um Biscoitos wurde bereits Ende des 15. Jahrhunderts landwirtschaftlich genutzt, zum einen gab es hier fruchtbares Ackerland, zum anderen mit Vulkangestein bedeckte Areale, die sich sehr gut zum Weinbau eigneten. Einige einflussreiche Händler aus Angra und auch der Vorsteher der portugiesischen Handelsflotte besaßen hier Weinberge und Obstgärten. Heute gibt es nur noch wenig Weinbau auf Terceira, dafür werden im Vergleich zu den anderen Inseln neben Milch relativ viele landwirtschaftliche Produkte für den regionalen Markt produziert. Das Bild von Biscoitos prägen heute die teilweise recht stattlichen Sommerhäuser von Auswanderern, die hier ihren Sommerurlaub verbringen, wie dann unschwer an den zahlreichen gehissten amerikanischen Flaggen zu erkennen ist. Viele Terceirenser fanden in Kalifornien ein neues Zuhause, wo einige von ihnen riesige Farmen mit Milchkühen betreiben.

### Badespaß pur

An den Sommerwochenenden kommt man gerne nach Biscoitos, denn hier befindet sich das Badeparadies schlechthin. Ins Meer geflossene und erkaltete Lava bildet eine Vielzahl an Naturschwimmbecken. Auch wenn kein Badewetter ist, lohnt sich ein Besuch der Schwimmbecken, denn bei rauer See brechen sich hier an der Nordküste spektakulär die Wellen. Ein weiterer wunderschöner, neu angelegter Badeplatz befindet sich im Nachbarort Quatro Ribeiras. Auf dem Weg vom Parkplatz zu den Becken passiert man eine restaurierte Wassermühle, in einer weiteren ehemaligen Mühle wird im Sommer ein Café betrieben. Die vorgelagerten Felsen sind über gemauerte Stege zu erreichen und von ihnen bieten sich schöne Ausblicke auf die Steilküste. Je nach Brandung kann man entweder in den Naturbecken im Meer baden oder im geschützten Schwimmbecken.

## Weinbau

Verfestigte Lavaströme mit rauer Oberfläche beizeichnet man auf den Azoren als »biscoito«, denn die dunkle Farbe ähnelt dem bereits von den Römern auf den Schiffen mitgeführten »Panis Biscottum«. Dieses der längeren Haltbarkeit wegen zweimal gebackene Brot war fast schwarz. Während der Biscoito landwirtschaftlich kaum nutzbar ist, bietet er allerdings gute Voraussetzungen für den Weinbau. Besonders die Rebsorte Verdelho hat in Biscoitos lange Tradition, bereits zur Zeit des Indienhandels wurde hier Wein produziert. Man versetzte ihn gerne zusätzlich mit Alkohol, um eine bessere Haltbarkeit auf den langen Seereisen zu gewährleisten. Als die Reblaus den Weinbau auch auf Terceira zunichte machte, gelang es dem optitimistischen Weinbauern Francisco Maria Brum, einige Reben zu retten und wieder zu vermehren. Noch heute produziert die Familie Brum Wein, den man in ihrem kleinen Museum probieren und kaufen kann. Einer der Likörweine trägt zum Andenken an den Großvater den Namen Chico Maria.

## Infos und Adressen

### ESSEN UND TRINKEN

**A Caneta.** Gepflegtes Restaurant mit leckeren Inselspezialitäten. Mo Ruhetag. As Presas 13–15, 9700-308 Altares, Tel. 295 98 91 62.

### ÜBERNACHTEN

**Casa da Magina.** Zwei sehr gut ausgestattete, gemütliche Ferienhäuser im inseltypischen Stil. Caminho do Concelho 100, 9760 Quatro Ribeiras, Tel. 295 21 22 29, www.jcturismorural.com

### EINKAUFEN

**Mercado Piscinas.** An den Wochenenden im Sommer bieten Kleinbauern der Umgebung bei den Naturschwimmbecken ihre Produkte an.

### VERANSTALTUNGEN

**Festa de São Pedro.** Wird in der ersten Juliwoche gefeiert.

### AKTIVITÄTEN

**Museu do Vinho.** Kleines Museum zum Weinbau auf dem Hof der Familie Brum. Weinverkauf Di–Sa 10–12 und 13.30–17.30 Uhr, im Winter bis 16 Uhr. Hier findet am ersten Septemberwochenende ein feuchtfröhliches Weinfest statt.

**Wanderung Baías de Agualva.** Auf einer vier km langen markierte Wanderung lässt sich einer der schönsten Küstenabschnitte Terceiras erkunden.

**Mitte:** Der Sandstrand von Praia da Vitória
**Unten:** Sommerliches Badevergnügen



# 21 Praia und Umgebung
## Sonnenbaden am siegreichen Strand

**Wie ein großes Schachbrett wirken die mit Steinmäuerchen unterteilten Weiden im flachen Ostteil von Terceira. In Praia, der zweitgrößten Stadt der Insel, flaniert man durch hübsche Gassen oder räkelt sich am beliebten Sandstrand. In den Dörfern fallen die farbenfrohen, fast südamerikanisch anmutenden Heiliggeistkapellen ins Auge, 70 Stück davon gibt es auf Terceira.**

Der beste Blick über den Westen der Insel bietet sich von der Serra do Cume aus, einem Höherücken mit, dank seiner exponierten Lage, sehr leistungsfähigen Windkraftanlagen. Hier befindet man sich auf den Resten des Kraterrandes einer Caldeira, nach Osten blickt man über parzelliertes Weideland zur Serra da Ribeirinha, einem weiteren Überbleibsel des Kraters. Nach Westen hin ist die Insel für die Azoren ungewöhnlich flach und

### MAL EHRLICH

**KLEINER STRANDKNIGGE**

An den Stränden geht es auf den Azoren eher gesittet zu. Zum Umziehen wickelt man sich in ein Handtuch oder benutzt die Umkleiden. Einfach die Hüllen fallen zu lassen ist in der katholisch geprägten Region nicht üblich. Auch Sonnenanbeter Oben-ohne wird man vergeblich suchen. Auf der anderen Seite sind Badeanzüge bei jüngeren Frauen eher unüblich, auch sehr füllige Damen tragen knappe Bikinis. Als Tourist sollten Sie sich an die Gepflogenheiten halten: Bedecken sollte man sich also, wobei es nicht viel Stoff sein muss.

bot daher perfekte Bedingungen für die Anlage eines sicheren Flughafens. Auch heute noch ist Terceira die erste Wahl für Notlandungen oder auf Grund schlechten Wetters von anderen Inseln umgeleitete Flüge. Im Zweiten Weltkrieg bauten die Briten hier einen Militärflughafen, der später von der NATO übernommen wurde. Die glorreichen Zeiten wie beispielsweise während der Berliner Luftbrücke, als die Technikerteams rund um die Uhr im Einsatz waren, sind längst vorbei. Die Zahl der stationierten Soldaten nimmt stetig ab, die Zukunft der Basis ist ungewiss.

## Salga

Vor Porto Judeu liegen zwei massige Felsinselchen im Wasser, die Überreste eines Vulkankegels, von dem der größere fast 150 m hoch ist. Ein bei den Portugiesen sehr beliebtes Kapitel ihrer Geschichte ereignete sich in der Bucht von Salga. Auf Terceira trotzte man der Machtübernahme 1580 durch die Spanier und als diese die Bucht mit Schiffen einnehmen wollten, waren keine Soldaten zugegen. Nur ein junges Mädchen und ein Mönch wurden auf die Bedrohung aufmerksam und trieben kurzerhand die kampfeslustigen Stiere in die Bucht. Die Spanier nahmen panisch Reißaus und auch heute schmunzelt man noch gerne bei der Vorstellung.

## Kampf für die liberale Sache

Nicht nur gegenüber den Spaniern gaben sich die Einwohner Terceiras kämpferisch, auch für den Sieg des Liberalismus in Portugal zogen sie ins Feld. Als Napoleons Truppen 1807 in Portugal einmarschierten, flohen König João VI. und sein Gefolge nach Brasilien. Als er 1926 stirbt, ist sein gemäßigt liberal eingestellter Sohn Don Pedro IV. bereits König des mittlerweile unabhängig gewor-

AUTORENTIPP!

**KIRCHE VON SÃO SEBASTIÃO**

Erdbeben, Piratenangriffe und Barockisierung haben an fast allen Kirchen der Azoren ihre Spuren hinterlassen. Das beste Beispiel für die ersten in einem gedungenen gotischen Stil gebauten Gotteshäuser der Azoren ist die Kirche von São Sebastião (1455). 1935 fand ein Pfarrer unter der weißen Farbe der Seitenwände des Kirchenschiffes kunstvoll gearbeitete spätmittelalterliche Fresken, das einzige Beispiel für diese Art der Malerei auf den Azoren. Vom schützenden Kalk befreit, begann die Feuchtigkeit großen Schaden anzurichten, seit Jahren werden die Fresken nun vorsichtig restauriert. Auf der linken Seite sind das letzte Gericht und der Erzengel Michael abgebildet, rechts der Heilige Martin, die Heilige Barbara, die Erscheinung Jesu vor Maria Magdalena, der Heilige Sebastian und die Heilige Anna mit dem Heiligen Joachim.

denen Brasiliens. Dessen Bruder Don Miguel soll bis zur Volljährigkeit von Don Pedros Tochter Dona Maria II. die Regentschaft in Portugal übernehmen. Gegen die Anweisungen D. Pedros führt er eine absolutistische Herrschaft ein, es kommt zum Bürgerkrieg zwischen den Anhängerparteien der beiden Brüder. Terceira schlägt sich schnell auf die Seite der Liberalen, Don Pedro organisiert auf der Insel ein liberales Heer. Die letzte entscheidende Schlacht zu Gunsten der Liberalen auf den Azoren wird am 11. August 1829 in Praia gewonnen. Als Dona Maria II. Königin wurde, gab sie Angra und Praia neue Zunamen. Sie wurden zu Angra do Heroísmo (des Heldentums) und Praia da Vitória (des Sieges). Recht gelegen kommt die Tatsache, dass die Schlacht mitten im Sommer stattfand, denn heute noch wird der Sieg im August eine Woche lang mit den Festas da Praia gefeiert.

## Praia da Vitória

Nett flaniert es sich entlang der hübsch gepflasterten Fußgängerzone durch das Zentrum von Praia. Die Igreja de Santa Cruz (1517) ziert ein auf dem Festland gefertigtes manuelinisches Eingangsportal. Im kleinen Stadtgarten prunkt ein umso größeres Denkmal, das João Silvestre Ribeiro gewidmet ist, der die Stadt nach dem schweren Erdbeben von 1841 wieder aufbauen ließ. Während in den meisten Orten die alten Rathäuser durch größere Bauten ersetzt wurden, steht in Praia noch das schmucke Rathaus aus dem 17. Jahrhundert, das im Stil an Herrenhäuser in Nordportugal erinnert. Am Platz davor erinnert ein Denkmal mit der Siegesgöttin an die Schlacht von 1829. Auf dem Relief mit einer alten Stadtansicht von Praia sind die sieben Festungen abgebildet, die Praia einst schützten. Heute ist davon nur noch das Forte de Santa Catarina am Anfang der Mole des Frachthafens erhalten.

**Oben:** Die Siegesgöttin erinnert an die Schlacht von 1829.
**Unten:** Fußgängerzone von Praia

## Infos und Adressen

### ESSEN UND TRINKEN

**Boca Negra.** Porto Judeu ist für die Fisch-Alcatra bekannt, die man hier neben anderen Spezialitäten aus dem Meer probieren kann. Di Ruhetag (nur im Winter). Largo de Santo António, Porto Judeu (neben der Kirche), Tel. 295 90 51 82.

**O Pescador.** Gehobenes Fischrestaurant. So Ruhetag. Rua Constantino José Cardoso 11, 9760-441 Praia da Vitória, Tel. 295 51 34 95, www.opescador.pt

**Os Moinhos.** Gemütliches Restaurant in einer liebevoll restaurierten Wassermühle. Besonders lecker ist die Inselspezialität Alcatra. In einem speziellen Tontopf wird Rindfleisch mit Speck, Zwiebeln, Knoblauch und Gewürzen mehrere Stunden im Ofen gegart. Früher nutzte man so über Nacht die Restwärme des Ofens nach dem Brotbacken. Di Ruhetag. Rua do Arrebalde, São Sebabstião, Tel. 295 90 45 08.

Eine gute Adresse für Fischliebhaber: das Restaurant O Pescador

Am Abend füllen sich die Cafés am Strand von Praia.

### ÜBERNACHTEN

**Atlântida Mar Hotel.** Modernes Vier-Sterne-Haus mit nettem Service am Meer. Entlang der neuen Uferpromenade sind es etwa 15 Min zu Fuß bis ins Zentrum von Praia. Boavista 9, 9760-557 Praia da Vitória, Tel. 295 54 58 00, www.atlantidamarhotel.com

### VERANSTALTUNGEN

**Festas da Praia.** Beliebt bei der Jugend ist das einwöchige Fest mit Konzerten, Essen und Trinken, Umzügen und einem großen Feuerwerk in der ersten Augustwoche

**Heiliggeistfeste (Pfingsten).** Auf Terceira sind sie besonders fröhlich, allerorten wird Wein und Brot verteilt, die ganze Insel ist in Feierlaune.

### AUSGEHEN

**Nachtleben.** Im modernen Gebäude gegenüber der Marina ist am Wochenende in den Restaurants und Bars bis spät abends Betrieb.

### INFORMATION

**ART Kiosk.** Wechselnde Öffnungszeiten. An der Marina, 9760 Praia da Vitória, Tel. 295 54 32 51.

# 22 Velas

## Zentrum mit entspannter Atmosphäre

**Wie ein schlafender Drache liegt die Insel São Jorge im Meer, die Westspitze der Ponta dos Rosais ist seine Schnauze, das mit kleinen Vulkankegeln übersäte Hochland sein Rücken und der Hausberg von Velas eine seiner mächtigen Tatzen. Letztere bietet dem Hafen von Velas einen natürlichen Schutz, dahinter erstreckt sich der adrette Hauptort, der die Besucher mit der für die Insel typischen entspannten Freundlichkeit begrüßt.**

Gut 9000 Menschen leben auf der langen, schmalen Insel, die genau in der Mitte der Zentralgruppe liegt. Bereits auf katalanischen und genuesischen Seekarte aus dem 14. Jahrhundert, also vor der Entdeckung der Azoren durch die Portugiesen, war eine Insel San Zorzo bzw. San Giorgio verzeichnet. Die ersten aus Terceira, Flandern und vom Festland stammenden Siedler haben sich vermutlich ab 1460 auf der Insel niedergelassen. Einfach war das Leben für die Menschen der Insel in

**Mitte:** Abendstimmung in Velas
**Unten:** Von São Jorge aus wirkt der Pico besonders majestätisch.

### MAL EHRLICH

**WETTER AUF SÃO JORGE**

Auch auf São Jorge gilt: wolkenfreie Tage für Ausflüge ins Hochland nutzen, denn das ist gerne in Wolken gehüllt; besonders der östliche Teil in Richtung Santo Antão. In den Fajãs hingegen hat man gute Chancen auf Sonne, allen voran in denen der Südküste. Hier kommen Wanderer im Sommer schon mal ordentlich ins Schwitzen, Sonnenschutz und ausreichend Wasser sollten also unbedingt mit in den Rucksack.

der Vergangenheit nicht, immer wieder gab es schwere Erdbebenkrisen, an der Südküste auch Vulkanausbrüche. Das kühle, feuchte Klima machte in vielen Jahren die Weizenernten zunichte, im schlimmsten Fall buk man Brot aus Farnwurzeln. Zum Ackerbau waren weite Teile der Insel ohnehin nicht nutzbar, 40 % der Fläche befindet sich auf über 500 m NN. Als Weidefläche eignete sich das niederschlagsreiche Land allerdings sehr gut, und so hat die Viehzucht und Milchwirtschaft auf São Jorge Tradition. Bereits im 16. Jahrhundert hatte sich der Käse von São Jorge auf den anderen Inseln einen Namen gemacht. Später wurden Wein und Orangen zu wichtigen Exportprodukten, für deren Vermarktung die Händler im Horta sorgten. Wie auch auf der Nachbarinsel Pico suchte man gegen Ende des 19. Jahrhunderts eine neue Einnahmequelle im Walfang. Eine moderne Fabrik zur Verarbeitung wie auf anderen Inseln wurde auf São Jorge nicht gebaut, man kochte die Schwarten in Kesseln aus oder schleppte die Tiere zu den Fabriken auf Pico.

## Spaziergang durch Velas

Eine schöne Aussicht über den Ort und das Umland kann man bei einem Spaziergang auf den Vulkanberg Morro Grande genießen, auf dessen Gipfel die Ruine einer Windmühle und eines Walausgucks von den einstigen Einnahmequellen der Insel zeugen. An den beiden durch den Hügel perfekt geschützten Buchten haben sich vermutlich auch die ersten Siedler niedergelassen, viele von ihnen stammten wahrscheinlich von der benachbarten Insel Terceira.

Mit einer dicken Mauer und mächtigen Toren schützte man im 18. Jahrhundert die komplette Küstenfront von Velas vor Piratenangriffen. Heute ist von der mächtigen Verteidigungsanlage nur

AUTORENTIPP!

**RESTAURANT FORNOS DE LAVA**

Lecker tafeln, den Berg Pico vor Augen, während die Sonne neben Faial im Meer versinkt, kann man in Santa Amaro. Besser kann man einen erlebnisreichen Tag nicht abschließen. Der spanische Koch ist der Liebe wegen auf der Insel geblieben und hat in dem oberhalb von Velas gelegenen Ort einen rundum verglasten Pavillon errichtet. Vom großen Grill kommt Fleisch und Fisch, besonders lecker ist der Fischtopf Cataplana. Gemüse und Salat stammen aus dem hauseigenen Bioanbau, wer einmal Lust auf nicht-azorentypische Kost hat, ist mit der Paella bestens beraten. Auch Vegetarier, die es sonst auf den kleineren Inseln eher schwer haben, müssen hier nicht darben. Sollte als Nachspeise die Avocadocreme vorrätig sein, unbedingt zuschlagen.

**Restaurant Fornos de Lava.** Travessa de São Tiago 46, 9800-347 Santo Amaro, Tel. 295 43 24 15, www.ilha-da-aventura.pt

**Oben:** Fußgängerzone in Velas
**Mitte:** Kleiner Stadtgarten mit Musikpavillon
**Unten:** Kleiner Plausch am Hafen

noch ein massiges Tor am Hafen übrig. Vor Korsaren müssen sich die Bewohner von Velas heute zum Glück nicht mehr fürchteten und so schlendert man im Sommer entspannt, Handtuch unter dem Arm, zu den Naturschwimmbecken unterhalb des auffälligen, auf den Überresten einer Festung gebauten Kulturzentrums.

Am Hauptplatz schaut ein Basaltdrache aus dem Brunnen und die Kirche ist – thematisch überaus passend – dem heiligen Georg geweiht. Ein kunstvolles Pflasterbild zeigt ihn als Ritter hoch zu Ross beim Kampf gegen das sagenumwobene Tier. Über ihm wacht auf einer hohen Säule die Marmorfigur von João Inácio de Sousa (1849 bis 1924), der sein umfangreiches im Erdölgeschäft in Amerika verdientes Vermögen dem Ort zu Wohltätigkeitszwecken vermacht hat. In der im 16. Jahrhundert gegründeten und 1675 neu gebauten Igreja de São Jorge glänzt ein vergoldeter Altar im manieristischen Stil. Die modernen Glasfenster zeigen Szenen aus der Geschichte der Insel, darunter die Ankunft der ersten Siedler und den Vulkanausbruch von Queimadas, der 1580 die Landzunge zwischen Velas und Flughafen bildete. In der Kirche sind Exponate des im Moment leider geschlossenen Kirchenkunstmuseums ausgestellt.

Die mit Motiven aus dem traditionellen Leben der Insel gepflasterte Fußgängerzone führt zu dem hübschen Stadtpark mit einem verspielten Musikpavillon. Davor steht das ehrwürdige 1744 fertig gestellte Rathaus mit dem aus Vulkanstein geschnitzten portugiesischen Königswappen über dem barocken Eingangsportal. Hinter den vergitterten Fenstern im Erdgeschoss befand sich einst das Männergefängnis, im hinteren Teil gab es eine kleine Extrazelle für Frauen. Das Prunkstück des Gebäudes ist die kunstvoll geschnitzte Holzdecke im Empfangssaal im ersten Stock.

# Infos und Adressen

## ESSEN UND TRINKEN

**Cervejeria São Jorge**. Rustikales Restaurant in der Fußgängerzone von Velas. Besonders empfehlenswert sind die Gerichte mit Rindfleisch, das vom Bauernhof des Besitzers stammt. Nur Mittagessen, So Ruhetag. Rua Francisco Lacerda, 9800-551 Velas, Tel. 295 41 28 61.

**Clube Naval.** Gute Fischgerichte serviert das Restaurant des Wassersportclubs am Hafen. Ruhetag So. Rua do Cais, 9800-530 Velas, Tel. 295 09 80 91.

## ÜBERNACHTEN

**Cantinho das Buganvilias Resort.** Moderne Apartmentanlage auf der sonnigen Landspitze von Queimadas. Rua P. Augusto Teixeira, 9800-345 Queimadas, Tel. 912 92 20 32, www.cantinhodasbuganvilias.com

Sympathisches Gästehaus: das Casa do António

Moderne Kunst erinnert an den Walfang.

**Casa do António.** Sympathisches Gästehaus oberhalb des Hafens von Velas. Der Besitzer betreibt außerdem ein Reisebüro nebenan. Rua Infante D. Henrique 21, 9800-544 Velas, Tel. 295 43 20 06, www.casadoantonio.com

**Quinta de São Pedro.** Die Geschichte des Herrenhauses oberhalb von Velas reicht bis ins 17. Jahrhundert zurück. Vier Zimmer mit Gemeinschaftsbädern im Haupthaus, drei moderne Apartments im Anbau. Großer Garten mit Pool und nette, familiäre Atmosphäre. 9800-505 Velas, Tel. 295 43 21 89, www.quintadesaopedro.com

## AUSGEHEN

**Bar Apneia im Kulturzentrum.** Nur im Sommer geöffnet.

## AKTIVITÄTEN

**Schiffsverkehr.** Die Personenfähre verkehrt zwischen Faial, Pico und Velas, im Sommer auch Verbindungen nach Calheta. www.transmacor.pt

## INFORMATIONEN

**Posto de Turismo de São Jorge.** Rua Conselheiro Dr. José Pereira, 9800-530 Velas, Tel. 295 41 24 40.

# 23 Westteil
## Beschauliches Landleben

**Von Faial und Pico aus deutlich zu erkennen ist die markante Felsspitze Ponta dos Rosais vor der Westspitze von São Jorge. Kreischende Seeschwalben fliegen um die Klippen, die felsige Steilküste ist ein ideales Brutrevier. Den Westteil der Insel prägt sanfthügliges Weideland, die Feldwege eignen sich gut zum Radfahren und für kleine Wanderungen. Zum Picknick lädt der Waldpark von Sete Fontes ein.**

**Mitte:** Dreimal soviel Kühe wie Menschen leben auf São Jorge. **Unten:** Musikpavillons für die örtliche Blaskapelle sind in vielen Dörfern zu finden.

Die Gegend von Rosais war früher als die Kornkammer der Insel bekannt, nicht umsonst nennt sich die höchste Erhebung im Inselwesten Monte Trigo (Weizenberg). Selten war der hier erzeugte Weizen für den Export bestimmt, er wurde vielmehr auf der Insel selbst konsumiert, da weite Teile zu hoch für den Anbau von Getreide sind. Das Örtchen Rosais wird daher vermutlich auch eine der ersten Siedlungen der Insel gewesen sein. Noch gut in Erinnerung haben die älteren Menschen die Erdbebenkrise im Frühling 1964, nur noch jedes achte Haus in Rosais war bewohnbar, in Velas wiesen fast alle Gebäude Schäden auf. 6000 Menschen suchten im weitaus weniger betroffenen Ostteil der Insel Zuflucht. Dort war man mit der Unterbringung und Versorgung der vielen Leute überfordert, ein Teil musste auf die Nachbarinseln gebracht werden. Einige der betroffenen Bewohner wanderte aus, nicht nur nach Nordamerika, sondern auch in das damals noch unter portugiesischer Verwaltung stehende Angola. Im Waldpark von Sete Fontes erinnert das auf Initiative von Emigranten aus Amerika errichtete Denkmal in Form eines Walfangbootes an die Auswanderer der Insel. Von den beiden Aussichtshügeln im Park genießt man außerdem einen weiten Blick über den Westen von São Jorge.

## Ponta dos Rosais

An der Westspitze stehen noch die Ruinen eines 1958 eingeweihten und für die damalige Zeit sehr modernen Leuchtturms. Auf Grund von Schäden an der Bausubstanz, die durch das Erdbeben 1980 hervorgerufen wurden, musste die Anlage aufgegeben werden. Hinter dem Leuchtturm bietet sich ein wunderbarer Blick auf die Felsinselchen vor der Küste, besonders eindrucksvoll ist die hohe Felsspitze mit ihrer Meeresgrotte.

## Fajã de João Dias

Die landschaftlich reizvollsten Flecken auf São Jorge sind ohne Zweifel die sogenannten Fajãs (gesprochen »fascha« mit Betonung auf dem letzten a). Dabei handelt es sich um durch Erdrutsche oder Lava entstandene ebene Landstücke unterhalb der Steilküste. Hier herrscht fast subtropisches Klima. Nördlich von Rosais blickt man vom Parkplatz aus auf die Fajã de João Dias, deren Häuschen nur am Wochenende und in den Ferien bewohnt werden. Die meisten der nicht mit dem Auto erreichbaren Fajãs haben keine festen Bewohner mehr, aber Freitag nach der Arbeit zieht man im Sommer gerne mit Kind und Kegel in die Fajã und baut etwas Wein sowie Obst und Gemüse für den eigenen Bedarf an. Eine wichtige soziale Funktion hat das wechselseitige Weinverkosten, in dessen Genuss man auch als Wanderer manchmal kommt. Etwa 45 Minuten dauert der Fußweg ans Meer, wo man an einem kleinen Sandareal bei ruhiger See baden kann. 1990 hat man in der Fajã eine dem Hl. Johannes geweihte Kapelle errichtet und am 24. Juni wird bis spät in die Nacht fröhlich gefeiert.

## Infos und Adressen

### ÜBERNACHTEN

**Quinta das Figueiras.** Hochwertig ausgestattete, helle Apartments und zwei Doppelzimmer in einem alten Landgut, das den Großeltern der Besitzerin gehörte. Vom Pool im Garten grandioser Blick auf Pico.
Figueiras 7, 9800-203 Velas,
Tel. 295 43 81 21,
www.quintadasfigueiras.com

### VERANSTALTUNGEN

**Festa da Nossa Senhora do Rosário.** Dorffest von Rosais, das Mitte August mit großem Aufwand begagen wird.

### AKTIVITÄTEN

**Radtour.** Geführte Touren durch die Gegend von Rosais organisiert Aven-Tour (siehe Seite 147).

Der aufgegebene Leuchtturm an der Ponta dos Rosais

**Mitte:** Vulkankrater im Hochland
**Unten:** Lieber langsam fahren – die nächste Kuh kommt bestimmt.



# 24 Hochland

## Auf dem Rücken des Drachens

**Bereits vom Flugzeug aus unterscheidet sich São Jorge von den anderen Inseln. Keine großen Krater prägen die Insel, sondern Hunderte von ordentlich aufgereihten kleinen Vulkankegeln im Landesinneren. An wolkenfreien Tagen ist diese Vulkanlandschaft auf dem Höhenrücken der Insel eine Augenweide, ebenso wie der Blick auf die Nachbarinsel Graciosa im Norden und Pico und Faial im Süden.**

Die 55 km lange und maximal 7 km breite Insel São Jorge ist durch Spaltenvulkanismus entstanden, mehr als 300 Vulkankegel zählt die Insel. Durch ihre lange Form weist sie, obwohl flächenmäßig nur an vierter Stelle, die zweitlängste Küstenlinie der Azoren auf. Der Ostteil von São Jorge ist mit 1,3 Mio. Jahren der älteste Vulkankomplex der Insel, vor etwa 730 000 Jahren entstand westlich davon eine Insel um das heutige Rosais. Der geologisch jüngste Zentralteil der Insel verband und überdeckte teilweise die beiden älteren Teile. Weite Teile des Hochlandes werden im Sommer als Weideflächen genutzt, 25–30 000 Milchkühe gibt es auf der Insel.

## Pico da Esperança

Der breite Feldweg, der über das zentrale Hochland führt, ist zwar ein offizieller Wanderweg, macht aber auch mit dem Mountainbike Spaß. Vom Startpunkt an der Straße zwischen Urzelina und Norte Grande passiert der Weg die stattlichsten Vulkankegel der Insel. Vorbei am Pico do Pedro gelangt man zum Pico do Carvão, in dessen Inneren sich die tiefste Vulkanhöhle der Azoren versteckt. Der 137 Meter tiefe mit Lavastalaktiten bestückte Vulkanschlot kann bisher nur mit Kletterausrüstung erkundet werden.

Am Morro Pelado erinnert eine Gedenktafel an ein tragisches Flugzeugunglück, bei dem im Dezember 1999 eine Propellermaschine der Regionalfluglinie abstürzte und die 35 Flugzeuginsassen ums Leben kamen. Schlimm war das Unglück besonders für die kleine Insel Flores, von der 20 der Passagiere stammten.

Auf dem Pico da Esperança, mit 1052 m der höchste Berg der Insel, verstecken sich in den beiden Kratern kleine Seen. Lavamassen aus dem benachbarten Pico do Areeiro haben vor 2500 Jahren das Lavadelta der Fajã do Ouvidor gebildet, wohin der Weg schließlich hinabführt.

## Großer Käse

Die großen Laibe des würzigen Inselkäses »Queijo de São Jorge« sind der azorianische Exportschlager schlechthin, die Nachfrage übersteigt bei weitem das Angebot. Daher produzieren auch Käsefabriken auf anderen Inseln nun gerne unter der Bezeichnung »tipo São Jorge« ein ähnliches Produkt. Nur von einer Prüfungskommission getestete und für gut befundene Laibe dürfen als »Queijo São Jorge« verkauft werden, der Rest muss sich mit dem Namen »Queijo da Ilha« (Inselkäse) begnügen. Die Länge der Reifezeit erkennt man am Etikett: grün für drei Monate, rot für vier Monate und schwarz für die besonders würzige sieben Monate lang gereifte Variante. In der großen Molkereikooperative in Beiras wird auch der Käse der Fabriken in Topo und Lourais zum Versand vorbereitet. Im Sommer werden pro Tag mehr als 300 der 10 kg schweren Käselaibe produziert und per Schiff exportiert.

## Infos und Adressen

### EINKAUFEN

**Queijaria Canada.** Die kleine Familienkäserei stellt Käse nach alten Rezepturen her. Die Milch zur Herstellung der kleinen Käselaibe stammt ausschließlich von eigenen Kühen. Das Produkt hat fast Bioqualität. Tgl. 8–15 Uhr, Rua das Macelas 1, 9800-341 Santo Amaro.

**UCRL.** In der großen Molkereikooperative wird der Inselkäse hergestellt und zertifiziert. Öffnungszeiten für Besichtigungen: Di 13.30–16.30 Uhr, Do 10–11.30 Uhr, Canadinha Nova, 9800 Beiras, Tel. 295 43 82 74.

### AKTIVITÄTEN

**AvenTour.** Größter Veranstalter von sportlichen Aktivitäten auf São Jorge. Angeboten werden unter anderem Fahrradtouren im Hochland, Wanderungen mit Zeltübernachtung in entlegene Fajãs, Kajak- und Bootstouren. Mit Hilfe von Seilen ist auch der Besuch eines Teiles der Vulkanhöhle Algar do Montoso möglich. Rua Nova 91, 9850-042 Calheta, Tel. 912 04 24 70, www.aventour.pt

Herstellung des berühmtesten Käses der Azoren

Blick auf die Fajã do Ouvidor





# 25 Norte Grande und Umgebung

## Bilderbuchlandschaft an der Steilküste

**In keinem Werbeprospekt über die Azoren darf der grandiose Ausblick über die Fajãs der Nordküste fehlen, allen voran die Fajã de Santo Cristo. Der Abstieg durch ein hortensiengesäumtes Tal ist die Paradewanderung schlechthin, bei den Surfern ist der Ort schon lange ein Geheimtipp. Eine an die andere reihen sich diese schönen Fleckchen Erde unterhalb der Steilküste auf, Ausflugsziele für mehrere Tage.**

Weit verbreitet waren auf São Jorge bis vor wenigen Jahrzehnten die »mudas«, was übersetzt etwa so viel wie »umziehen« heißt. Zweimal im Jahr zog man von den höher gelegenen Dörfern wie etwa Norte Grande und Norte Pequeno für etwa zwei Monate in die Fajã. Im Frühling wurde gepflanzt und der Weinberg gepflegt, im Herbst geerntet. Dabei campierten die Familien mehr schlecht als recht in winzigen Häuschen und ernährten sich von Fisch und den Produkten aus der Fajã. Viele der größeren Fajãs waren das ganze Jahr über bewohnt, in einigen gab es eine Schule und Telefon, man produzierte fast alle Dinge des täglichen Lebens selbst. Trotz der mittlerweile in manche Fajãs gebauten, kurvenreichen Fahrstraßen hat die Zahl der festen Bewohner stetig abgenommen, im Sommer allerdings leben die Dörfchen auf.

### Fajã de Santo Cristo und Fajã dos Cubres

Die beiden landschaftlich reizvollen Fajãs wurden größtenteils durch vom großen Erdbeben von

1757 ausgelöste Erdrutsche gebildet. Die Brandung des Meeres schob einen Teil des Abbruchmaterials wieder Richtung Küste und formte so die beiden Salzwasserlagunen.

Den ganzen Sommer über absolvieren Wanderer die 700 m Abstieg vom Pico da Urze über die Caldeira de Cima in die Caldeira de Santo Cristo mit ihrem malerischen Salzwassersee. Am ersten Sonntag im September aber pilgern bis zu 2000 Inselbewohner in die Fajã, zum großen Fest zu Ehren des Senhor Santo Cristo dos Milagres, der wunderbringenden Jesusfigur in der schmucken Kapelle.

Bis zu 200 Bewohner hatte die Fajã mit ihren 50 Häusern einmal. Fast autark war man hier, denn auf dem fruchtbaren Boden wächst fast alles, für das Vieh gab es saftige Weiden. Bei dem Erdbeben 1980 rutschten alle Zugangswege ab, drei Tage waren die immerhin noch 80 Bewohner isoliert, bevor sie in einer abenteuerlichen Rettungsaktion mit Helikoptern geborgen werden konnten. Die wenigsten kamen nach dem Unglück in die auch heute noch nicht per Auto erreichbare Fajã zurück. Nachschub an Getränken für das Café

**Oben:** São Jorge ist ein Paradies für Wanderer.
**Unten:** Steilküste mit Blick über die Fajã dos Cubres

**Mitte:** Die Madonna von Lourdes in der Kirche der Fajã dos Cubres
**Unten:** Fassade der Kirche der Fajã dos Cubres

und größeres Gepäck wird per Quad angeliefert. Immer mehr der verfallenen Häuser wurden jedoch in den letzten Jahren als Sommerhäuser wieder aufgebaut. Unter Surfern ist die Fajã de Santo Cristo schon lange ein Geheimtipp, im Sommer zeltet hier gerne die Jugend und gibt dem Ort ein nettes Hippie-Ambiente.

In der beschaulichen und über eine Fahrstraße erreichbaren Fajã dos Cubres, die ebenfalls über einen Salzwassersee verfügt, ließ ein Emigrant aus Kalifornien 1908 eine Kirche bauen, um den Bewohnern den langen Weg zur Messe zu ersparen. Im Altarraum rund um die Madonna von Lourdes befinden sich gelegentlich vertrocknete Blumensträuße. Bei den Bräuten der Insel ist es Tradition, der Madonna den Brautstrauß zu schenken, um sich Glück für die Ehe zu erbitten. Auch dem Wasser im Brunnen hinter der Kirche sagt man wundertätige Kräfte nach.

## Fajã do Ouvidor und Fajã de Além

Eine gut ausgebaute Straße führt zum beliebten Ausflugsziel der Fajã do Ouvidor, in der es auch ein Restaurant gibt. Das Landstück wurde durch ins Meer fließende Lava gebildet. Toll ist im Sommer ein Bad an einem der beiden Badeplätze in den Felsen in der Nähe des Leuchtturms. Die Fajã do Ouvidor bietet außerdem den besten Hafen der Nordküste. Einen Abstecher wert ist auch die Fajã da Ribeira da Areia an deren westlichem Ende ein erstaunlich filigraner Basaltbogen den Wellen trotzt. Die ursprünglichste Fajã mit kleinen Häuschen aus Vulkanstein ist jedoch die Fajã do Além, in die eine ab Santo António markierte Rundwanderung führt. Die Sommerwochenenden verbringen die Familien aus der Umgebung gerne in der Fajã und man besucht sich gerne gegenseitig auf ein Gläschen Wein.

# Infos und Adressen

## ESSEN UND TRINKEN

**Costa Norte.** Kleines Café in der Fajã dos Cubres.

**Restaurante O Amilcar.** Das familiäre Restaurant mit Terrasse am Hafen der Fajã do Ouvidor ist bekannt für seine guten und günstigen Fischgerichte. Di Ruhetag (im Winter). Fajã do Ouvidor, 9800-104 Norte Grande, Tel: 295 41 74 48.

## ÜBERNACHTEN

**Caldeira Surf Camp.** Unterkunft für Surfer direkt in der Fajã de Santo Cristo. Für Romantiker: Auf Anfrage werden auch Hochzeiten in der Fajã organisiert. www.caldeirasurfcamp.com

**Casa do Norte Grande.** Großes Ferienhaus in einem herrschaftlichen Haus aus dem 19. Jahrhundert. Tel. 295 41 66 08, www.ccnortegrande.com

## VERANSTALTUNGEN

**September.** In diesem Monat wird hier praktisch durchgefeiert: am ersten Sonntag in der Caldeira de Santo Cristo, am zweiten in der Fajã dos Cubres und am dritten in der Fajã do Ouvidor.

## AKTIVITÄTEN

**Wandern.** Die Paradetour auf São Jorge: vom Pico da Urze, entlang knorriger Wacholderbäume in die Fajã do Santo Cristo. Bei klarem Wetter bieten sich Traumblicke auf die Nachbarinseln Terceira und Graciosa. Unterwegs bietet sich gleich hinter der Brücke ein Abstecher zum Wasserfall an, in dessen Becken man bei heißem Wetter ein erfrischendes Bad nehmen kann. Es empfehlen sich Wanderschuhe mit gutem Profil, bei nassem Wetter ist der Abstieg sehr rutschig. Weiter geht es in stetigem Auf und Ab in die Fajã dos Cubres (PR1SJO).

Rast nach der Wanderung in der Fajã dos Cubres

Blick aus dem Restaurant O Amilcar in der Fajã do Ouvidor

**Mitte:** Der Ilhéu do Topo dient als Weideland.
**Unten:** Weinberge in der Fajã des São João

# 26 Topo und Umgebung

## Bauernland und sonnenverwöhnte Fajãs

**Deutlich mehr Kühe als Menschen gibt es im dünn besiedelten Ostteil der Insel. Die einzige Straße führt an die Ostspitze ins beschauliche Topo, wo hoch über dem Meeresschwimmbecken ein fotogener Leuchtturm thront. Die sonnenverwöhnten Fajãs der Südküste mit ihren Weinfeldern, Wasserfällen und Panoramablick auf die Insel Pico sind ein Paradies für konditionsstarke Wanderer.**

Wie auf vielen Inseln der Zentralgruppe spielten auch auf São Jorge flämische Siedler eine wichtige Rolle. Der aus Brügge stammende Willem van der Haagen brachte zunächst mit zwei Schiffen seine Familie, Gerätschaften, Vorräte und einen ganzen Tross an Landarbeitern nach Faial, zog aber kurze Zeit später weiter auf die noch kaum besiedelte Insel São Jorge. An der Ostspitze fand er fruchtbares Ackerland und gründete 1470 die Ortschaft Topo, seine Nachfahren bekleideten wichtige Ämter der Insel. Seinen Nachnamen Haagen (Wald) übersetzte er in das portugiesische Silva, ein heute verbreiteter Familienname.

Heute ist Rinderzucht die wichtigste Einnahmequelle der Umgebung, in der Molkerei in Santo Antão (passenderweise der Schutzheilige des Viehs und somit der Bauern) wird die Milch zu dem berühmten São Jorge Käse verarbeitet. Etwas verschlafen wirken die Orte Santo Antão und Topo, die zusammen gerade einmal auf 1000 Einwohner kommen. Die Freizeit vertreibt man sich mit Musik, gleich vier Blaskapellen gibt es in den beiden Orten, ein azorenweiter Rekord.

# Wanderungen zu den Fajãs

Die Wanderung durchquert mehrere der schönsten Fajãs der Insel und bietet dazu noch traumhafte Ausblicke auf die Nachbarinsel Pico.
Der Wanderweg PR3SJO (zehn km) verläuft von der Fajã dos Vimes in das auf 500 m ü. NN gelegene Loural und dann wieder hinunter ans Meer in die Fajã de São João. Die Tour lässt sich verlängern, indem man vom Windpark auf 750 m ü. NN in die Fajã dos Vimes absteigt (fünf km).

**An- und Abfahrt:** Taxi
**Wegbeschaffenheit:** Pfade und schmale Feldwege, Abstiege besonders bei Nässe teils rutschig.
**Ausrüstung:** Wanderschuhe, Stöcke sind hilfreich. Picknick und ausreichend Wasser, da unterwegs keine Verpflegungsmöglichkeit.

Ⓐ **Fajã dos Vimes –** Die Kapelle diente einst einer Gemeinde von mehr als 500 Menschen als Pfarrkirche. Bis Anfang der 90er Jahre gab es auch eine Grundschule. Heute leben nur noch 70 Bewohner ganzjährig in der Fajã.

Ⓑ **Fajã dos Bodes** – Zwischen Terrassenfeldern mit Wein und Taro geht es in die Fajã dos Bodes, die nur noch zeitweise bewohnt wird.

Ⓒ **Ribeira dos Cedros.** Nach Regenfällen ist die Überquerung des Baches auf den extrem rutschigen Felsen nicht einfach. Hier sind gute Wanderschuhe empfehlenswert.

Ⓓ **Lourais.** Auf drei Ortsteile verteilt sich der verschlafene, oft im Nebel gelegene Ort. Auf einem Sträßchen geht es durch Weideland bis zum Ortsende.

Ⓔ **Drahtseile zur Holzbeförderung.** An einigen Stellen sind alte Stahlseile die Küste hinab in die Fajã gespannt. Früher dienten sie vor allem zum Transport von Brennholz, heute werden einige dieser Vorrichtungen in nur zu Fuß erreichbaren Fajãs noch zur Beförderung von Gasflaschen und Baumaterial genutzt.

Ⓕ **Baía da Areia.** Das kleine Sandareal kann im Sommer bei ruhiger See zum Baden und Sonnen genutzt werden.

Ⓖ **Fajã de São João.** Im Sommer kommt man schnell mit Emigranten ins Gespräch, die hier ihren Jahresurlaub verbringen. Einige einheimische Familien überwintern ihr Vieh in der Fajã.

AUTORENTIPP!

**BESUCH BEI FAMILIE NUNES**
In manchen Gärten entdeckt man Kaffeesträucher, klimatisch ist der Anbau an geschützten Stellen kein Problem. Probieren kann man Kaffee aus der eigenen Pflanzung im Café der Familie Nunes. Die Bohnen werden erst in der Sonne getrocknet, dann reibt man das Fruchtfleisch ab und röstet die Bohnen in einer Pfanne. Die sympathischen Schwestern Alzira und Carminda blieben als einzige der Familie auf São Jorge, alle anderen Geschwister wanderten nach Amerika aus. Im ersten Stock des Hauses führen sie die Tradition des Ortes weiter und fertigen neben den für die Insel typischen bunt gemusterten Bettüberwürfen auch kleinere Webarbeiten an, die leichter im Koffer Platz finden. Falls man das Haus nicht gleich findet, folgt man dem Nachbarshund Faisca, selbst erklärter Touristenführer der Fajã.

**Café Nunes.** Fajã dos Vimes, 9850-213 Calheta

## Topo

Bereits 1530 erhielt Topo den Marktbrief und war bis in das 19. Jahrhundert einer der Verwaltungssitze der Insel. Von der einstigen Bedeutung des Ortes zeugen die Kirche Nossa Senhora do Rosário und das 1661 gegründete Franziskanerkloster, in dem heute die Schule untergebracht ist. Unterhalb des Leuchtturms befindet sich ein lohnender Aussichtspunkt mit Blick auf die Nachbarinsel Terceira und das vorgelagerte, flache Inselchen, das als Weidefläche genutzt wird. Im Sommer dörrt der Ilhéu do Topo fast aus, im Winter ist er von sattgrüner Vegetation überzogen.

## Erdbeben

Die schlimmste Katastrophe der Insel ereignete sich im Jahr 1757, als ein Erdbeben der Stärke elf auf der zwölf Stufen umfassenden Mercalliskala insbesondere den Osten von São Jorge verwüstete. Mehr als tausend Menschen kamen damals ums Leben. Als 1980 ein Beben die Stadt Angra auf Terceira zerstörte, kam es auch auf São Jorge zu großen Schäden. 20 Todesfälle wurden auf der Insel verzeichnet, viele Gebäude im Ostteil waren zerstört, Fajãs von der Außenwelt abgeschnitten.

## Fajã de São João

Die bequem mit dem Auto erreichbare »Nobel-Fajã« an der Südküste wird ganzjährig mit Sonnenschein verwöhnt. Zu recht stattlichen und bequemen Feriendomizilen hat man die Häuser ausgebaut, viele gehören Emigranten, die im Sommer auf Heimaturlaub hierher kommen. Die Johanniskapelle (1550 erbaut) mit der dahinter liegenden Steilküste ist eines der beliebtesten Fotomotive der Insel. Der Ende des 19. Jahrhunderts mittig aufgesetzte Turm lässt Einfluss aus Amerika erkennen.

## Infos und Adressen

### ESSEN UND TRINKEN

**Café do Senhor Belamiro.** Uriges kleines Café in der Fajã de São João, wo man den älteren Herren beim Dominospielen zusehen kann. Nur Getränke und Eis.

**Restaurante O Baleeiro.** Das einzige Restaurant in diesem Teil der Insel serviert einfache Hausmannskost. Nur Mittag geöffnet, So Ruhetag. São Pedro, 9875-118 Topo, Tel. 295 41 51 39.

### EINKAUFEN

**Queijaria Finisterra.** Moderne Käserei, die den berühmten Inselkäse herstellt. Eine Besichtigung ist an Wochentagen in der Regel möglich. Mo–Sa von 9.00 bis 12.00 und 13.30 bis 16.00 Uhr, Eintritt 1,50 €. Santo Antão, 9875-039 Topo, Tel. 295 41 52 16.

Bei einem kühlen Bier kommen müde Wanderer wieder zu Kräften.

Ein schattiges Plätzchen in der Fajã de São João

### VERANSTALTUNGEN

**Fronleichnamsfest.** Gläubige pilgern in die Fajã dos Vimes und stärken sich bei einem großen, gemeinsamen Essen.

**Johannisfest.** Am 24. Juni in der Fajã de São João.

**Nossa Senhora do Carmo** In der Fajã dos Vimes. Das am 16. Juli stattfindende Fest stammt noch aus Zeiten, zu denen es im Ort eine Laienbruderschaft des Karmeliterordens gab.

### AKTIVITÄTEN

**Discover Experience Azores.** Die Tochter der Familie Nunes (siehe Autorentipp) bietet zusammen mit ihrem Freund Wandertouren in bekannte und weniger bekannte Fajãs an. Tel. 967 55 23 54, discoverexperience@hotmail.com

**Reserva Florestal de Recreio da Silveira.** Ein wunderschönes und wenig frequentiertes Plätzchen ist der Waldpark oberhalb von Silveira. Das große mit Baumfarnen und Wald bestandene Areal zieht sich entlang eines Bachlaufes den Hang hinauf. Entlang der Spazierwege gibt es Mühlen, Wildgehege und einen Wasserfall zu entdecken. Ein gepflegter Picknickplatz ist natürlich auch vorhanden.

**Mitte:** Kirche von Santa Bárbara
**Unten:** Badeplatz in der Fajã Grande bei Calheta



# 27 Calheta und Südküste

## Von den Orangen zum Thunfisch

**Schwarzes Lavagestein prägt die Südküste von São Jorge, an der auch die schönsten Schwimmplätze der Insel zu finden sind, allen voran in der Fajã das Almas. In Calheta, dem Verwaltungszentrum des Ostteils, geht das Leben gemütlich seinen Gang. Die reichgeschmückte Kirche von Manadas ist die schönste der Azoren, in Urzelina erinnern stattliche Häuser an die Zeit des Orangenexports.**

Viel Mühe hat man sich bei der Pflasterung der Gehsteige in Calheta gegeben und zu den dahinter liegenden Gebäuden passende Motive eingearbeitet. So ziert etwa vor dem Optiker eine kleine Brille das Pflaster, vor der Bank ein Dollarzeichen, vor dem Rathaus aber prangen nicht zu übersehen riesige, herzförmige Blätter.

## Bedeutung der Taro-Pflanze

Es handelt sich um die Blätter der von den Azorianern als »Inhame« bezeichneten Taropflanze, deren Wurzel ähnlich der Kartoffel als Beilage gegessen wird. Die anspruchslose Pflanze wurde vor allem an feuchten, steilen Terrassenfeldern entlang der Küste angebaut, zur nicht ungefährlichen Ernte mussten sich die Bauern anseilen. Als nun die Verwalter des Königs in Angra Ende des 17. Jahrhunderts auch noch Steuern auf dieses Grundnahrungsmittel der Armen erheben wollte, war es mit deren Geduld am Ende. Unter Mithilfe der Gemeindeverwaltung von Calheta begann ein wütender Volksaufstand, die Steuereintreiber mussten sich in die Kirche von Norte Grande

flüchten. Erst ein Kontingent von 50 von Terceira herbeibeorderten Soldaten konnte die Unruhen beenden, die Anführer der Aufständischen wurden in die Verbannung geschickt, ihr Hab und Gut konfisziert. Zum Andenken an diese Revolte zieren die Blätter das Wappen von Calheta.

Ansonsten ist der mit 1200 Einwohnern zweitgrößte Ort der Insel recht überschaubar. Nach dem Erdbeben wurden viele Häuser neu gebaut, den Charakter eines Fischerdorfes hat sich Calheta dennoch bewahrt. Das Leben spielt sich rund um den Hafen ab, der auch über eine kleine Mole verfügt. Außer der Kirche von Santa Catarina mit dem dahinter liegenden Stadtgarten wartet auch ein kleines Museum auf Besucher. Ins Meer springen die Bewohner entweder direkt am Hafen oder man fährt in die Fajã Grande, wo sich am Zeltplatz ein beliebtes Naturschwimmbecken befindet.

**Oben:** Alte Lagerhäuser aus der Zeit des Orangenhandels am Hafen von Urzelina
**Unten:** Taroblätter als Pflasterbild vor dem Rathaus von Calheta

## Manadas

Das schlichte Äußere der Kirche von Manadas lässt kaum vermuten, dass sich im Inneren ein Kleinod der portugiesischen Barockkunst verbirgt. Der Innenraum der Igreja de Santa Bárbara (1770) ist über und über mit vergoldeten Holzschnitzereien, Kachelbildern und an skandinavische Kir-

AUTORENTIPP!

**THUNFISCHFABRIK SANTA CATARINA**

Der Fang von Thunfisch ist auf Grund industrieller Fangmethoden mit Schleppnetzen in Verruf geraten. Auf den Azoren werden die im Sommer durchziehenden Thunfische jedoch nach traditioneller Methode einzeln mit der Angel gefangen, Delfine und andere Meerestiere kommen dabei nicht zu schaden. In der Fabrik in Calheta kommt artfreundlich gefangener Fisch in die Dose, ein Teil davon auch mit Kräutern und Olivenöl in hübsch verpackte Gourmetdöschen. Mit 140 Angestellten ist die Fabrik der wichtigste Arbeitgeber in Calheta, abgepackt wird auch für hochwertige Marken in Italien und England.

Im Sommer gibt es an Wochentagen regelmäßig Führungen, im Winter nach tel. Voranmeldung.

**Fábrica de Atum Santa Catarina.** Rua do Roque 9, 9850-079 Calheta,Tel. 295 41 62 20, www.atumsantacatarina.com

chen erinnernde bunten Malereien bedeckt. Bereits 1485 wurde die Kirche geweiht, der kleine Vorgängerbau dient heute als Sakristei. Über die an der barocken Ausgestaltung der Kirche beteiligten Künstler ist wenig bekannt, man vermutet aber einen starken Einfluss der Jesuiten.
Von Manadas führt ein Sträßchen in die Fajã das Almas mit dem schönsten Naturschwimmbecken der Insel. Ein Spaziergang bis zum Ende der Fajã lohnt sich des Ausblicks auf Calheta wegen, im Restaurant gibt's frischen Fisch.

## Urzelina

Der Name Urzelina geht auf die spontan an den Felsen wachsende Orseilleflechte (portugiesisch »urzela«) zurück, die eines der ersten Exportprodukte der Insel darstellte. Der geschützten Hafens war der Grund, warum sich im 18. Jahrhundert viele der wohlhabenden Orangenhändler der Insel in Urzelina ansiedelten. Die Lagerhäuser, in denen man die Früchte vor dem Transport nach England aufbewahrte, stehen heute noch am Hafen des Ortes. Die umliegende Küste war auch die bedeutendste Weinbauregion, besonders gut gedieh hier der Verdelho, der es auch im Ausland zu einigem Ansehen schaffte.

1808 begann ein verheerender Vulkanausbruch aus einer ganzen Reihe von Schloten oberhalb von Urzelina. Ein Lavastrom begrub einen Teil des Ortes unter sich, besonders schlimm waren allerdings heiße Aschewolken, die den Himmel verdunkelten und die Vegetation im weiten Umkreis zerstörten. Eine solche Wolke erreichte auch Urzelina selbst, tötete die Menschen in der Kirche und auf den umliegenden Feldern. Nur der Kirchturm blieb stehen und erinnert bis heute an das Ereignis, die neue dem heiligen Matthäus geweihte Kirche baute man an anderer Stelle.

# Infos und Adressen

## SEHENSWÜRDIGKEITEN

**Igreja de Santa Bárbara in Manadas.** Mo–Fr 9–12 Uhr und 14–16.30 Uhr, Schlüssel in der Gemeindeverwaltung (Junta de Freguesia, Caminho de Baixo 6, schräg gegenüber).

## ESSEN UND TRINKEN

**Calhetense.** Mittags beliebte Tagesgerichte, abends nur Snacks. Die äußerst leckeren und kalorienhaltigen Nachspeisen sind eine Versuchung. Portinho 2, 9850-079 Calheta, Tel. 295 41 65 07.

**Restaurante Maré Viva.** Frischer Fisch mit Blick aufs Meer in der idyllischen Fajã das Almas. Ruhetag Mo/Di (nur im Winter). Sehr beliebt, daher sollte man im Juli und August reservieren. Fajã das Almas, 9800-021 Manadas,Tel. 295 41 44 95.

**Restaurant Urzelina.** Familiäres Restaurant mit leckerem preiswertem Mittagsbüffet. Ruhetag Mi. Estrada Regional, 9800-432 Urzelina, Tel. 295 41 40 16.

Nur wenige Bewohner leben ganzjährig in der Fajã das Almas.

Stets gut besucht ist das Restaurant Maré Viva in der Fajã das Almas.

## ÜBERNACHTEN

**Pousada da Juventude.** Nagelneue Jugendherberge, Lounge mit Meerblick und Café. Mehrere Doppelzimmer mit Bad. Canada da Vinha Nova, Fajã Grande, 9850-027 Calheta, Tel. 295 46 00 00, www.pousadasjuvacores.com

**Residencial Solmar.** Nette Pension im Zentrum von Calheta. Rua Domingues Oliveira, 9850-036 Calheta, Tel. 295 41 61 20, www.residencialsolmar.com

## EINKAUFEN

**Cooperativa de Artesanato da Ribeira do Nabo.** Kleines Kunsthandwerkszentrum im Ort Ribeira do Nabo. Mo–Fr 9–12 und 13–18 Uhr.

## AKTIVITÄTEN

**Museu da Calheta.** Kleines Museum mit wechselnden Ausstellungen. Mo–Fr 9–17.30 Uhr, Rua José Azevedo da Cunha, 9850-038 Calheta.

**Urzelinatur.** Bootsfahrten, Tauchgänge und Ausfahrten zum Fischen. Casteletes, 9800-432 Urzelina, Tel. 295 41 42 87, www.urzelinatour.com

## INFORMATIONEN

**ART Kiosk.** Rua Mariano Goulart, 9850-032 Calheta, Tel. 295 41 62 52.

# FAIAL UND PICO

Faial
0 3 km
N
Atlantischer Ozean
Ponta dos Capelinhos
Cais do Mourato
Baia do Cachorro
Lajido
Arcos
Porto da Formosinha
Ponta Negra
39
Casas
Nordwest-küste
Santa Luzia
Madalena do Pico
Toledos
Bandeiras
Canto
Santana
S. Vicente
Ilhéu Em-Pé
Santo António
Ponta da Luzerna
Almas
Ponta do Arieiro
Bicadas
R. Nova
Cais do Pico
Valverde
Criação Velha
Lajido
R. de Deutro
Cabeço da Queimada
Alto do Barreiro
Redondo 848
Cabeço do Piquinho
S. Migu
Arcar
Monte
Südwestküste
33
Cabeço do José do Moinho 804
Canto
Calhau
Cabeços das Torrinhas
Lagoa do Capitão
Torrinhas 1449
Cabeços do Curral da Serra 1280
Cabeço do Meio
Pico Alto 2351
34
Biscoitos
R. das Cavacas
Lomba de S. Mateus 1474
Candelária
Campo Raso
Ponta do Espartel
Guindaste
Baia das Pedrinhas
Rua dos Caldeirões
R. Joanes
R. do Soldão
São Mateus
São Caetano
Porto Novo
Terra do Pão
Companhia de Ca.
Campanhia de Bxo.
Ilhéu Redondo
São João
Ponta de S. João
Baia d
N
0 3 km
Pico
Atlantischer Ozean

Ponta dos Cedros
Areias
Cedros
Ribeira do Pinheiro
Ponta do Salão
32
Nord- und Ostküste
Baia da Areia da Quinta
Covões
EN 1-1a
Baia da Ribeira das Cabras
Ribeira Funda
Cana. do Mestre
Salão
Norte
equeno
Porto da Fajã
Espanha
Espalhafatos
EN 2-2a
EN 1-1a
Rua da Igreja
Praia do Norte
30
Westspitze
Galego
543
Ponta da Ribeirinha
R. da Fonte Nova
anto
Alto do Guarda-Sol
1004
Caldeira
Ribeirinha
Capelo
Canto dos Baquinhos
922
Miragaia
ológico
elinhos
Areeiro
R. das Águas Claras
1043
Cabeço Gordo
Abegoaria
Pedro Miguel
Ponta João Dias
Varadouro
Serra da Feteira
29
Chão Frio
S. João
Grota das Flores
EN 1-2a
EN 1-2a
Cabouco
Praia do Almoxarife
Porto da Praia
EN 1-1a
Grota do Meio
Flamengos
Ponta da Espalamaca
28
Horta
Granja
Südküste
31
Lombega
Atalaia
Matriz
Ribeirinha
Pasteleiro
Angústias
Ponta de Castelo Branco
Castelo Branco
Feteira
EN 1-1a
Porto de Castelo Branco
Pico
Ponta do Mistério
Baia de Canus
Prainha de C.
Nordostküste
38
Portinho
Prainha
Ponta da Rocha
Lagoa do Caiado
al
Caisinho
Terra Alta
36
Hochland im Osten
Santo Amaro
Rocha Alta
Ponta das Prombetas
Caveiro
1076
Ribeirinha
R. do Cabo
Calhau
Cabeço das Cabras
811
Ponta do Castelete
Lomba do Cácere
Piedade
Ostküste
Pontas Negras
Ribeira Seca
Ribeira Grande
37
Fetais
Ribeira do Cabo
Foros
Cruz do Redondo
Ponta da Ilha
astião
Ribeiras
Baia do Galhau Miúdo
Calheta de Nesquim
Lajes do Pico
Pargo
Caminho de Bxo.
35
Queimada
Ponta do Castelete

**Seite 160/161:** Majestätisch ragt der Pico aus den Wolken.
**Mitte:** Blick auf Horta vom Monte da Guia
**Unten:** Trauben und Feigen von der Nachbarinsel Pico auf dem Markt von Horta





# 28 Horta

## Die Seglermetropole

**Ponta Delgada ist das wirtschaftliche Zentrum, Angra die historische Perle und Horta die anmutige Stadt mit Seglerambiente. Wie ein Amphitheater ziehen sich die Häuser des Städtchens den Hang hinauf, eindrucksvolle Klosterbauten scheinen den vom Meer kommenden Besucher beeindrucken zu wollen. Direkt gegenüber hebt sich majestätisch der Vulkanberg Pico aus dem Meer, davor die Masten der Boote und bunt bemalte Hafenmauern – das perfekte Inselflair.**

Obwohl Faial mit 15 mal 21 km eine relativ kleine Insel und Horta der einzige größere Ort ist, zählt sie historisch zu den drei Hauptinseln. Der Grund für die Bedeutung war die Bucht von Porto Pim, ein perfekter Naturhafen geschützt durch den Hausberg Monte de Guia und die vorgelagerte Insel Pico. Mit 15 000 Einwohnern ist die Insel besonders an der Südküste relativ dicht besiedelt. In Horta gibt es morgens und abends gar eine

### MAL EHRLICH

**FAHRT ZUR CALDEIRA**

Die Caldeira von Faial ist ein Naturschauspiel, wenn man sie zu Gesicht bekommt – ist oberhalb von Horta alles grau, so sollten Sie sich die kurvenreiche Fahrt hinauf sparen. Fahren Sie dann lieber nach Varadouro, das ist die Sonnenecke der Insel, in der viele Einheimische ihre Sonnenhäuser haben. Übrigens: Auch an anderen Tagen kann es am 1000 m hohen Krater empfindlich kühl sein, einen Pullover sollten Sie für den Ausflug auf jeden Fall dabei haben.

Rushhour, denn qualifizierte Arbeitsstellen und weiterführende Schulen konzentrieren sich auf den Hauptort.

## Aller Anfang ist schwierig – Flamen und Piraten

Unter den ersten Siedlern war eine bedeutende Gruppe Flamen, die Techniken des Ackerbaus und der Käseproduktion mit auf die Insel brachten. Die Schwester des für die Besiedlung der Azoren verantwortlichen Heinrich des Seefahrers heiratete den Grafen von Burgund, zu dessen Herrschaftsbereich auch Flandern gehörte. In Flandern herrschte Hungersnot, Heinrich brauchte Siedler und man wurde sich schnell einig. Josse van Hurtere kam mit seinen Landsleuten auf die Insel, zunächst von glitzerndem Vulkangestein angelockt. Das vermutete Zinn und Silber konnten sie aber nicht finden, doch der Anbau von Weizen sicherte die Existenzgrundlage, bald wurde Hurtere auch Verwalter der Insel. Trotz umfangreicher Verteidigungsanlagen wurde Horta immer wieder von Piraten heimgesucht. Der Schlimmste unter ihnen war der Korsar Lord Cumberland, ein Günstling der englischen Königin Maria I. Eigentlich war er auf die Azoren gekommen, um hier die spanische Silberflotte abzupassen, entschied sich aber dann für einen Angriff auf Horta. 1589 nahm er die Stadt ein und vier Tage lang plünderten und zerstörten seine Männer, nahmen gar Geiseln, die mit den Silbergegenständen aus den Kirchen freigekauft werden mussten. Für die Engländer ist der Abenteurer allerdings kein Pirat, sondern ein Held, die Schiffe bekam er von der Königin gestellt.

## Händler und feine Gesellschaft

Das Gefühl des »Azorianerseins« kam so richtig erst im 20. Jahrhundert auf. Begründet wurde der

AUTORENTIPP!

**CASA DO CHÁ**

Eine versteckte Oase ist das geschmackvolle Teehaus. Etwas oberhalb der Jesuitenkirche gelegen, liebt es etwas abseits der üblichen Ausgehmeile an der Hafenpromenade. Wem es im berühmten Seglertreff zu laut und zu voll ist, findet hier einen ruhigen Rückzugsort. Bei schlechtem Wetter kann man drinnen gemütlich lesen und eine der hundert angebotenen Teesorten probieren. Schmeckt der Tee besonders gut, kann man die Mischung auch zum Mitnehmen kaufen. An sonnigen Nachmittagen ist die Dachterrasse mit Picoblick ideal für einen Kaffee und ein Stück selbstgemachten Kuchen, an lauen Sommerabenden ist es im Garten am schönsten. Außer Tee werden auch leckere Cocktails angeboten, der perfekte Start ins Nachtleben von Horta. Zwischen den Bananenstauden spielt eine freundliche Katze, versonnen nippt man am Mojito, die Minze kommt frisch aus dem Garten.

**Casa do Cha.** Mi Ruhetag, Do-Di 14–24 Uhr, Rua São João 38a, Horta, Tel. 292 70 00 53.

AUTORENTIPP!

**ESTRELA DO ATLÂNTICO**

Möchte man in Horta zentral, aber trotzdem nicht im Hotel wohnen, ist das kleine Gästehaus mit persönlicher Note eine gute Wahl. Nur fünf Zimmer gibt es in dem von einer Deutschen geführten Haus, einige davon sind geräumige Suiten. Jedes Zimmer ist mit künstlerischem Geschick anders dekoriert und man fühlt sich in dem geräumigen, lichtdurchfluteten Haus sofort wohl. Ein großes Wohnzimmer mit Wintergarten, in dem auch das Frühstück serviert wird, steht allen Gästen zur Verfügung. Im gemütlichen Garten gibt es einen kleinen Pool und bis ins Zentrum von Horta sind es nur wenige Minuten zu Fuß.

**Estrela do Atlântico.** Calçada de Santo António 1, 9900-135 Horta, Tel. 292 94 30 03, www.edatlantico.com

Begriff »Açorianidade« vom azorianischen Schriftsteller Vitorínio Nemésio (1901–1978). Sein bekanntestes Werk ist die bisher leider noch nicht ins Deutsche übersetzte Familiensaga *Mau Tempo no Canal*, die auf den Inseln Faial, Pico und São Jorge spielt.

Vorher war jede Insel auf sich allein gestellt, Schiffsverbindungen von einer Insel zum Festland waren häufiger als zwischen den Eilanden. Eine große Ausnahme stellten die ungewöhnlich nah beieinander liegenden und sich perfekt ergänzenden Inseln Faial und Pico dar. Auf Faial hatte man viel Ackerland, der Wald war auf der kleinen Insel aber bald dezimiert. Auf Pico gab es genug Wald auf der Hochebene und statt fruchtbarem Ackerland gute Bedingungen für den Anbau von Obst und Wein. Faial lieferte also Weizen und Mais, Pico im Gegenzug Wein, Brennholz und Früchte. Die Obsthändler von Pico sind heute noch auf dem Markt von Horta vertreten, besonders im Spätsommer bieten sie Trauben und Wein an.

Dank des geschützten Hafens bildete sich in Horta schnell eine Schicht wohlhabender Händler heraus, die den auf Pico und São Jorge produzierten Wein exportierten und den größten Profit für sich behielten. So war Pico die Insel der hart arbeitenden Bauern, in Horta machte sich die Oberklasse ein schönes Leben. Noch heute sind manche Einwohner Picos nicht allzu gut auf die Faialensen zu sprechen.

Im 19. Jahrhundert gesellten sich auch einige Ausländer zur Handelselite von Horta. Allen voran die Familie Dabney, die bald auch das Amt des amerikanischen Konsuls innehatte. Sie handelten mit Wein und machten gute Geschäfte mit den amerikanischen Walfangschiffen, die Anfang des 19. Jahrhunderts zahlreich im Hafen von Horta

# Stadtrundgang Horta

A **Torre do Relógio** – Hier befand sich das ursprüngliche Verwaltungszentrum von Horta mit Rathaus, Kloster und Kirche. Nur noch der Turm der letzteren ist davon erhalten, die Pfarrgemeinde zog in die ehemalige Jesuitenkirche um. Auf dem Gelände des Klosters legte man Mitte des 19. Jahrhunderts den hübschen Jardim Florência Terra an, dessen Hauptattraktion die mächtigen Drachenbäume sind. In dem großen Gebäude an der Nordseite, das ursprünglich als Hospital diente, befindet sich heute die Fakultät für Ozeanographie und Fischereiwesen der Universität der Azoren.

B **Jardim da República** – Kleiner Stadtgarten im Stil der Romantik mit Musikpavillon und riesigen Araukarien. Im Umkreis befinden sich der Markt und einige hübsche Häuser im Art-deco-Stil, die wie andere Gebäude dieser Art nach einem schweren Erdbeben 1926 errichtet wurden.

C **Império dos Nobres** – Die erste Heiliggeistkapelle der Insel wurde nach dem Ausbruch des Cabeço do Fogo im Jahre 1672 errichtet.

D **Sociedade Amor da Pátria** – In den 1930er-Jahren wurde das Gebäude des elitären Clubs errichtet. Dekorative Ornamente erinnern an die freimaurerische Vergangenheit des Vereins.

E **Convento dos Jesuítas** – Das Jesuitenkolleg und die Kirche (Ende 17. / Anfang 18. Jahrhundert) beherbergen Pfarrkirche, Rathaus und ein kleines Stadtmuseum.

F **Parlament der Azoren** – Vertreter aller Azoreninseln entscheiden hier über regionale Belange.

G **DAT** – 1919 errichtete die Deutsch-Atlantische Telegraphengesellschaft die schmucken Wohn- und Verwaltungsgebäude. An der Ostseite des größten Gebäudes befinden sich bunte Glasfenster mit den Wappen der deutschen Länder.

H **Igreja das Angústias** – Martin Behaim, der aus Nürnberg stammende Erfinder des Globusses, heiratete hier 1486 die Tochter der flämischen Inselverwalters Josse van Hurtere. An der Kirchendecke ist sein Familienwappen verewigt.

**Oben:** Trägt der Pico einen Hut, bleibt das Wetter gut?
**Mitte:** Malereien am Seglerhafen
**Unten:** Zufriedene Fischer nach einem guten Fang

vor Anker lagen. Neben der Lieferung des Proviants sorgten die Dabneys auch für die Verschiffung der Walölfässer nach Amerika.

## Wasserflugzeuge und Telegrafenkabel

Ab Ende des 19. Jahrhunderts wurden zunächst unter Leitung der Engländer Telegrafenkabel über die Azoren verlegt. In Horta befanden sich die technischen Anlagen zur Verstärkung des Signals und die Schaltstelle, an der die ankommenden Nachrichten weitergeschickt wurden. Bald verlegten auch andere Nationen Seekabel und die Wohn- und Verwaltungsgebäude der verschiedenen Gesellschaften bestimmen noch heute das Stadtbild. Amerikaner, Engländer, Franzosen, Italiener und auch die Deutsch-Atlantische Telegrafengesellschaft waren in Horta vertreten und pflegten regen kulturellen Austausch.

Die schnelle Übermittlung von Daten durch die Kabel bot der Meteorologie vollkommen neue und ungeahnte Möglichkeiten. Auf dem Hügel oberhalb des Porto Pim wurde die heute noch bestehende Wetterwarte errichtet, zum ersten mal konnte man Wetterdaten aus dem Atlantik zur Erstellung der Prognosen nutzen.

Für internationales Flair in Horta sorgte auch die Zeit der Wasserflugzeuge. Insbesondere die Clipper der PanAm nutzten die Bucht von Horta für die Zwischenlandung auf der Routen von New York nach Marseille und London, die von 1937 bis 1944 betrieben wurde. Zum Start der Flugzeuge wurden Katapultschiffe auf Faial stationiert. Ab 1936 führte auch die Lufthansa Probeflüge zur Beförderung von Luftpost über Horta durch, die Route scheiterte jedoch an bürokratischen Hürden von Seiten der USA.

## Porto Pim

Der italienische Schriftsteller António Tabucchi ließ sich von der malerischen Bucht zu seinem Büchlein *Die Frau von Porto Pim* inspirieren, eine Sammlung von Walfängergeschichten. Vor dem Bau der Mole von Horta auf der Stadtseite des Monte de Guia befand sich hier der Hafen der Stadt. Die Verteidigungsanlagen stammen noch aus dieser Zeit. Auch zu Zeiten des Walfangs war der Porto Pim wohl eher ein ungemütlicher Platz, die Verarbeitung der Pottwale in der an der Bucht liegenden und heute als Museum umgewandelten Fabrik ging mit einer starken Geruchsentwicklung einher. Heute ist die Sandbucht ein geschützter Badeplatz. Das äußere Ende der Bucht bildet der Monte Guia, von der Kapelle blickt man in eine zum Meer hin offene doppelte Caldeira.

## Der Treffpunkt der Segler

Auch wenn die anderen Inseln noch so fleißig Seglerhäfen bauen, die Seebären zieht es nach Horta und eng an eng liegen große Luxusyachten und sturmgebeutelte Nussschalen in der Marina. Faial war die erste Insel, die einen Yachthafen baute, durch die vorgelagerte Insel Pico gilt er zudem als besonders geschützt. Außerdem sind alle anderen Segler eben auch in Horta, also muss man dort einfach hin! Das besondere Flair aber machen die vielen bunten Bilder im Hafen aus. Jede verfügbarer Meter Mauer ist mit Kunstwerken der Schiffsbesatzungen aus aller Welt bedeckt. Angefangen hat die Tradition in den 1970er-Jahren: Einige Segler verewigten sich an der Hafenmauer und überstanden schlimme Stürme unversehrt. Immer mehr Geschichten kamen auf von Seglern, die nicht malten und ein schlimmes Ende nahmen. Sicher ist sicher und so gibt man sich lieber besonders viel Mühe beim Pinseln.

AUTORENTIPP!

**RESTAURANTE-MUSEU GENUÍNO MADRUGA**

Der Star unter den einheimischen Segelenthusiasten ist mit Sicherheit Genuíno Madruga. Den Fischer von Faial zog es in die weite Welt, zweimal hat er im Alleingang die Welt umsegelt. Auf der Insel wird er fast wie ein Held gefeiert. Doch wohin nun mit all den Erinnerungsstücken? Und fehlt nicht auch ein Restaurant in Horta, das den frischen Fang aus dem Atlantik in ein kulinarisches Highlight verwandelt? Senhor Genuíno hat zwei Fliegen mit einer Klappe geschlagen: In bester Lage direkt an der Bucht von Porto Pim wird er im Sommer 2014 ein nagelneues Fischrestaurant eröffnen. Das Café im Erdgeschoss und das Restaurant im ersten Stock sind gleichzeitig ein kleines Museum kurioser Dinge aus aller Welt, die er von seinen Reisen mitgebracht hat. Vielleicht sollte man ja doch mal aussteigen und für einige Zeit auf große Fahrt gehen ...

**Restaurante-Museu Genuíno Madruga**. Areínha Velha, Porto Pim, 9900 Horta, www.genuinomadruga.com

Der Jardim Florêncio Terra und der Turm der alten Pfarrkirche

# Infos und Adressen

## SEHENSWÜRDIGKEITEN

**Museu da Horta.** Di–Fr 9–12.30 und 14–17.30 Uhr.

## ESSEN UND TRINKEN

**A Árvore.** Hier schmeißt der Chef der Laden im Alleingang: Erst wird lecker nach Rezepten der Familie gekocht. Wenn die Gäste kommen, steht alles auf dem Buffet bereit. Täglich wechselnde Inselspezialitäten. Mo Ruhetag. Rua da Conceição 23, 9900 Horta, Tel. 969 82 66 83.

Ambiente der 20er-Jahre im Café Internacional

**Atlético.** In der Kneipe des Sportclubs kommt Fleisch und Fisch frisch vom Grill. So Ruhetag. Rua Filipe Carvalho, Horta, Tel. 292 29 24 92.

**Café Internacional.** Original erhaltenes Art-deco-Café aus den Dreißigern, an den Wänden Zeichnungen des portugiesischen Malers Almada Negreiro. Perfekt für einen gepflegten Whisky. Praça Infante D. Henrique, 9900-016 Horta, Tel. 292 29 30 57.

**Café Peter Sport.** Am berühmten Seglercafé in Horta führt kein Weg vorbei. Bekanntlich trinkt man hier den besten Gin Tonic im Atlantik. Hier treffen sich Segler aus aller Welt, holen ihre Post ab und erholen sich vom harten Leben auf See. Bunt gespickt ist die Kneipe mit Wimpeln der Schiffe, auf Aushängen bieten Skipper ihre Dienste an. Der jetzige Besitzer (eigentlich José Azevedo) ist bereits die dritte Generation von »Peter«, auch sein Vater und Großvater hatten bereits diesen Spitznamen. Die Einheimischen kommen gerne zum Frühstück, da ist wenig los und man kann das interessante Interieur der Kneipe in Ruhe betrachten. Im ersten Stock befindet sich die beeindruckende Privatsammlung von künstlerisch gestalteten Walzähnen. Die T-Shirts mit dem Pottwallogo im Shop sind Kult bei Seglern und Besuchern. Rua José Azevedo 9, 9900-027 Horta, Tel. 292 29 23 27, www.petercafesport.com

**Museu de Scrimshaw.** Mo–Sa 9–12 und 14–17 Uhr. Rua José Azevedo 9, 9900-027 Horta, Tel. 292 29 23 27, www.petercafesport.com

Tipp für einen längeren Zwischenstopp am Flughafen in Lissabon: Mit der Metro gelangt man in ca. 15 Min. zum ehemaligen Expo-Gelände (Station Oriente). Dort befindet sich ein Original-Nachbau des Cafés und natürlich gibt es auch den obligatorischen Gin Tonic.

## ÜBERNACHTEN

**Casa da Japoneira.** Vier stilvolle, schlicht-elegant dekorierte Zimmer in einem historischen Inselhaus mit gepflegtem Garten. Die Vermieterin ist ausgebildete Reiseleiterin und hat ein großes Wissen über die Insel. Den Gästen des 4 km von Horta entfernten Hauses stehen Fahrräder zur Verfügung. Rua da Igreja 67, 9900-361 Feteira, Tel. 292 39 21 65, geral@casadajaponeira.com

**Hotel do Canal.** Modernes Hotel mit gemütlichen Zimmern und Innenhof am Beginn der Uferstraße in Horta. Der Sandstrand von Porto Pim, Anbieter von Wassersportaktivitäten und das Café Peter Sport befinden sich in unmittelbarer Nähe. Largo Dr. Manuel de Arriaga, 9900-026 Horta, Tel. 292 20 21 20, www.bensaude.pt

**Pousada da Horta Forte Santa Cruz**. Das klassisch-luxuriöse Hotel befindet sich in einer Festung aus dem 15. Jahrhundert direkt am Yachthafen von Horta. Vom Pool und den Zimmern zur

Meerseite hat man einen fantastischen Blick auf den Pico. Rua Vasco da Gama, 9900-017 Horta, Tel. 292 39 28 36, www.pousadas.pt

**Vila Odette.** Die netten Besitzer vermieten ein Ferienhaus und ein Apartment oberhalb von Horta mit schönem Blick über die Stadt. Rua Ilha do Pico 5, 9900-157 Horta, Tel. 292 29 27 54, www.vilaodette.com

## EINKAUFEN

**Loja do Triângulo.** Hier werden ausschließlich Produkte von den Inseln Faial, Pico und São Jorge verkauft. Rua Serpa Pinto 28, 9900-095 Horta.

**Mercado da Horta.** Kleiner Mark mit Obst und Gemüse, im Spätsommer werden Feigen und Trauben von Pico angeboten. Mo–Fr bis 19, Sa bis 13 Uhr.

## AKTIVITÄTEN

**Casa dos Dabney und Aquário do Porto Pim.** Im ehemaligen Sommerhaus der Familie Dabney befindet sich eine kleine Ausstellung über die einflussreiche Händlerfamilie. Im benachbarten Aquarium befinden sich in Becken verschiedene Fische des Atlantiks, die später an öffentliche Aquarien auf der ganzen Welt geschickt werden. Porto Pim, Monte de Guia.

**Aquarium.** 15. Juni–15. Sept.: Di–So 10–17 Uhr.

**Casa dos Dabney.** 15. Juni–15. Sept. tgl. 10–17 Uhr, 16. Sept.–14. Juni Di–Fr 9.30–13 und 14–17.30 Uhr, Sa 14–17.30 Uhr.

**Diveazores.** Joana und Tiago bieten qualifiziert geführte Tauchgänge an. Marina da Horta, Tel. 912 58 58 03, www.diveazores.net

**Hortaceatceos.** Informative, mit großem Engagement geführte Ausfahrten zur Beobachtung von Walen und Delfinen. Marina da Horta, Tel. 965 25 13 22, www.hortacetaceos.com

**Walfabrik am Porto Pim.** Museum über die Verarbeitung der Pottwale in der ehemaligen Fabrik am Porto Pim. Blatt mit Erklärungen auf Deutsch am Eingang. 15. Juni–15. Sept. tgl. 10–18 Uhr, 16. Sept.–14. Juni. Mo–Fr 9.30–16.30 Uhr, Sa/So 14–17.30 Uhr. 1. Nov.–31. März am Wochenende geschlossen.

## VERANSTALTUNGEN

**Semana do Mar.** Gastronomiefestival, Konzerte und Wassersport in der ersten Augustwoche.

**Triathlon des Peter Café Sport.** Dieser etwas andere Wettkampf findet in der Regel im Frühling statt. Mit dem Surfbrett geht es von São Jorge nach São Roque auf Pico, dann mit dem Mountainbike über eine Steigung von 1000 Höhenmetern nach Madalena und von dort wird nach Horta gerudert. Die Bestzeiten liegen bei unter sechs Stunden. Informationen im Café Peter Sport.

## INFORMATIONEN

**Art-Kiosk.** Largo Infante D. Henrique, 9900-Horta, Tel. 292 29 21 67.

**Posto de Turismo do Faial.** Zweigstellen am Flughafen und im Abfertigungsgebäude des Fährhafens. Hier erhält man unter anderem Listen aller Restaurants und Museen der Insel mit Öffnungszeiten und Telefonnummern. Rua Vasco da Gama, 9900-117 Horta, Tel. 292 29 22 37, www.cmhorta.pt

Das Bemalen von Walzähnen ist eine filigrane Kunst.

**Mitte:** Etwas Glück braucht es schon, um die Caldeira wolkenfrei zu erleben.
**Unten:** Besser auf Distanz bleiben: ein stattlicher Stier



# 29 Das Inselinnere
## Hortensienpracht an der Caldeira

**Die Landschaft auf Faial mag etwas weniger spektakulär sein als auf anderen Azoreninseln, dafür entschädigt aber die riesige Caldeira im Inneren der Insel. Im Sommer ist allein die Fahrt hinauf ein Traum – noch üppiger als sonst verwandeln die Hortensienhecken die Straßenränder in ein hellblaues Blumenmeer. Die Blütenpracht brachte der Insel auch ihren Spitznamen ein: Ilha Azul, die blaue Insel.**

Die Caldeira von Faial ist Freud und Leid der Besucher: Bei gutem Wetter fasziniert der gigantische Ausblick auf den riesigen Krater in der Mitte der Insel, nicht selten aber steht man fröstelnd im Nebel. Am 24. Juni, einem inselweiten Feiertag, erwacht die Straße zur Caldeira regelrecht zum Leben. Mit einem großen Picknick feiern die Faialenser Johannis. Im sonst sehr beschaulichen Waldpark von Cabouco und selbst an den Straßenrändern trifft man auf Familien beim großen Schmaus.

## Geologie

Die Nachbarinsel nur einen Katzensprung weg – auf den Azoren gilt das nur für Faial und Pico. 8 km sind es von Horta nach Madalena, fast sind die Inseln miteinander verbunden, läge da nicht ein kleiner Teil unter Wasser. Der »Canal«, wie er genannt wird, ist nur 70 m tief, ein Klacks, wenn man bedenkt, dass die Meerestiefe zwischen São Jorge und Pico bis zu 1500 m beträgt. Die beiden Felsen, die man bei der Fährfahrt passiert, zeugen von vulkanischer Aktivität in der Meerenge. Ordentlich in einer Linie aufgereiht sind die Vulkane auf beiden Inseln: von den Kegeln im östlichen Hochland von Pico über der Berg Pico selbst und die Caldeira bis hin zu der mit dem Capelinhos endenden Kette von Kratern an der Westspitze von Faial.

Der Ostteil der Insel ist auf den Azoren meist der geologisch ältere, auch auf Faial entstand vor 800 000 Jahren zunächst der Inselteil um den Vulkan von Ribeirinha. Faial wuchs weiter nach Westen und vor 400 000 Jahren türmte sich die Lava zahlreicher Ausbrüche zu einem riesigen Schildvulkan im heutigen Zentrum der Insel auf, der vermutlich sogar höher als heute der Pico war. Vor etwa 10 000 Jahren begann durch sehr heftige Ausbrüche die Bildung der Caldeira, wobei heiße Aschewolken fast die komplette Vegetation der Insel zerstörten.

Heute ist der Krater von 2 km Durchmesser die landschaftliche Hauptattraktion von Faial. Vom 1043 m hohen Cabeço Gordo, dem mit Sendemasten gespickten höchsten Punkt der Insel, sind es 400 m Höhenunterschied bis zum Boden des Kraters. An klaren Tagen lohnt sich die ca. 2,5-stündige Umrundung des Kraters zu Fuß, die Ausblicke nicht nur über die Caldeira, sondern auch über weite Teile der Insel bis hinüber zu den Nachbarinseln Graciosa, São Jorge und Pico sind grandios. Kurios ist ein kleiner Vulkankegel auf dem Kraterboden: Er hat exakt die Form der Insel Faial. Im Mai 1958, der Vulkanausbruch an der Westspitze der Insel war immer noch im Gange, bildeten sich zum Schrecken der Inselbewohner Fumarolen am Boden der Caldeira, die heftig mit dem Wasser des damals existierenden Sees reagierten. Zum Glück beruhigte sich das Ganze wieder, ein Großteils des Sees versickerte jedoch und heute sammelt sich nur wenig Regenwasser im Krater.

AUTORENTIPP!

**BIKE-ABFAHRT VON DER CALDEIRA**

Viel Genuss für wenig Strampeln verspricht eine Abfahrt von der Caldeira mit dem Fahrrad. Mit einem Fahrzeug werden Fahrräder und Gäste bis zum Ende der Straße auf ca. 900 m ü. NN gefahren. Dann hat man einige Stunden Zeit, bis das Fahrrad wieder in Horta zurückgegeben werden muss. Nach einem Blick in die Caldeira geht es in rauschender Fahrt mit Sicht auf den Pico bergab über den Aussichtspunkt Espalamaca oder alternativ durch Flamengos bis nach Horta. Die Straße ist mit dicken Hortensienhecken gesäumt, die in den höheren Lagen noch bis in den August hinein blühen. Das Meer von Blüten am Straßenrand ist dann das i-Tüpfelchen des Ausflugs, der vom Café Peter von April bis Oktober organisiert wird.

**Peter Zee Base.** Rua José Azevedo 9, 9900-027 Horta, Tel. 292 39 28 97.

Blick über Flamengos bei der Abfahrt von der Caldeira

**Oben:** Faial gilt als die hortensienreichste Insel.
**Mitte:** Johanniskapelle auf dem Weg zur Caldeira
**Unten:** Im botanischen Garten von Flamengos

## Flamengos

Auf Faial befinden sich alle Ortschaften an der Küste, nur Flamengos liegt versteckt hinter einer Reihe kleiner Vulkankegel im Inselinneren. Die ersten Siedler fühlten sich hier sicherer, denn der Ort ist vom Meer aus nicht einsehbar, für vorbeisegelnde Piraten schien die Insel unbewohnt. Wie der Name des Ortes vermuten lässt, befand sich unter den ersten Siedlern eine ansehnliche Gruppe Flamen.

In Flamengos lohnt der Besuch des Landgutes Quinta de São Lourenço, auf deren Gelände der botanische Garten untergebracht ist. Nach einer kleinen Einführung im Informationszentrum, lernt man auf einem Rundgang durch das Gelände die Pflanzen der verschiedenen Vegetationsstufen kennen, darunter auch Pflanzen, die in der Natur sehr rar geworden sind. Um diese für die Nachwelt zu erhalten, haben die Mitarbeiter während der letzten zehn Jahre eine Samenbank aufgebaut. Auch der alte Ziergarten der Quinta mit Riesenstrelizien und Magnolien kann besichtigt werden, in einem Glashaus fand eine private Orchideensammlung ein neues Zuhause.

## Infos und Adressen

### SEHENSWÜRDIGKEITEN

**Botanischer Garten.** 15. Juni–15. Sept. tgl. 10–18 Uhr, 16. Sept.–14. Juni Di–Fr 9.30–13 und 14–17.30 Uhr, Sa 14–17.30 Uhr, Rua de São Lourenço 23, 9900 Flamengos.

### ESSEN UND TRINKEN

**A Avózinha.** Das kleine, sehr beliebte Restaurant bietet ein preisgünstiges Buffet mit regionalen Spezialitäten. So Ruhetag. Travessa Flamengos 1 r/c, 9900-401 Flamengos, Tel. 292 94 87 77.

### ÜBERNACHTEN

**Quinta do Canto.** In der historischen Quinta sorgt die Hausherrin D. Dácia dafür, dass es ihren Gästen an nichts mangelt. Handbestickte Betttücher, Antiquitäten und Kristallgläser sind nur einige der liebevollen Details. Vermietet werden mehrere Zimmer im Haupthaus und ein separates Ferienhaus. Ein gepflegter Außenbereich mit Terrasse und Obstgarten und sowie freundliche Esel und Hühner gehören ebenfalls zum Anwesen. Kinder sind ausdrücklich willkommen. Cruz Bravo 2 9900-401 Flamengos, Tel. 292 94 80 02, www.quintadocanto.com

**Quinta do Vale.** Geschmackvolle, gepflegte Anlage mit zehn Zimmern und gutem Service. Im Garten Pool mit Picoblick. Rua da Travessa 49, 9900-401 Flamengos, Tel. 292 20 07 80, www.quintadovaleazores.com

Stilvolles Zimmer in der Quinta do Vale

Einladender Pool in der Quinta do Vale

### EINKAUFEN

**Padaria Popular**. Die hier gebackenen frischen Queijadas zergehen auf der Zunge. Die kleinen Kuchen gibt es in der Bäckerei in Flamengos, aber auch in mehreren Zweigstellen in Horta. Rua Praça 48a, 9000-401 Flamengos.

### AKTIVITÄTEN

**Abstieg in die Caldeira.** In das Innere der Caldeira darf man auf Grund der dort wachsenden extrem seltenen Pflanzen nur in Begleitung eines offiziellen Guides der Naturparkbehörde hinabsteigen. Touren organisiert Filipe Costa, der Sohn der Besitzerin der Quinta do Canto. Tel. 963 05 18 61.

**Oben:** Mondlandschaft am Capelinhos-Vulkan
**Unten:** Im Besucherzentrum bleibt keine geologische Frage offen.



# 30 Westspitze und Capelinhos

## Im Land der Vulkane

**Nach Vulkanausbrüchen erobert sich die Natur auf den niederschlagsreichen Azoren ihren Lebensraum schnell wieder zurück. Noch eine richtige Mondlandschaft ist allerdings der Capelinhos-Vulkan an der Westspitze von Faial, der erst im Jahr 1957 entstand und die Insel vergrößerte. Faszinierend ist der Kontrast zwischen blauem Meer und dunkler Vulkanasche, ein hervorragendes unterirdisches Besucherzentrum erläutert die Geologie.**

Erst 5000 Jahre alt ist das aus mehreren Vulkankegeln bestehende westliche »Anhängsel« der Insel Faial. Den Anfang macht der kahle Cabeço do Fogo, daran reihen sich der grün bewachsene und von einer Sendeanlage gekrönte Cabeço Verde, der kleinere Cabeço do Canto und schließlich der Capelinhos. Je näher man an die Westspitze kommt, desto kahler wird die Landschaft, weite Teile des Inselwestens wurden während des 14 Monate dauernden Ausbruches von meterhohen Ascheschichten überdeckt. Vor der Eruption war der 1903 erbaute Leuchtturm das äußerste Ende der Insel, noch heute steckt das Erdgeschoß der Ruine in der Asche. Unterhalb des Vulkans erinnert eine Rampe an die Walfangstation, die vor dem Vulkanausbruch hier in Betrieb war. Vereinzelt ragen entlang der Straße die Grundmauern der Wohngebäude der Walfänger aus der Asche.

## Faszination und Schrecken

Am 16. September 1957 fing es an. Zehn Tage lang versetzten mehr als 2000 Erdbeben die Bevölkerung in Panik, von Ost nach West wanderte das Epizentrum einmal quer durch die Insel. Am 27. September kam es vor der Westspitze zu einem Ausbruch im Meer, die gigantische Rauchsäule erreichte vier km Höhe. Die ersten Wochen trieb der Wind einen Großteil der Asche aufs Meer, durch die gute Organisation des Distriktverwalters von Horta konnten die Menschen evakuiert und viele ihrer Habseligkeiten in Sicherheit gebracht werden. Dann drehte sich der Wind, dicke Ascheschichten machten die Landwirtschaft in den Dörfern auf Jahre unmöglich, die Bauern waren auf Notrationen aus Horta angewiesen. Im November vergrößerte sich der Vulkan so weit, dass er sich mit der Insel verband. Fasziniert gaben sich Vulkanologen aus aller Welt das Geschehen. Mit wechselnder Intensität spukte der Vulkan nun Lava und Felsbrocken, auch die Heiliggeistkronen, in Bittprozessionen zum Vulkan getragen, brachten keine Besserung. Mehrmals schien der Schrecken ein Ende zu haben, aber immer wieder wurden die Hoffnungen enttäuscht.

Richtig schlimm wurde die Situation im Mai 1958, als an einem Tag im Ort Praia do Norte 450 Erdstöße verzeichnet wurden und kaum ein Haus im Westen der Insel unbeschädigt blieb. Im Sommer waren Explosionsgeräusche sogar auf Flores zu hören, in Horta zersprangen Fensterscheiben. Im Herbst 1958 zog der Vulkan noch einmal alle Register: Rauch, Asche, Lava und Gesteinsbrocken wurden in die Umgebung geschleudert und am 24. Oktober war der Spuk dann vorbei.

## Nach dem Vulkan

Für die vom Vulkan Betroffenen waren die Notunterkünfte in Horta jedoch keine Dauerlösung. In Massachusetts wohnende Azorianer wandten sich daraufhin an Kennedy, damals noch Gouverneur

AUTORENTIPP!

**EIN DRINK AM ENDE DER WELT**

Etwas abgelegen ist die Nordküste von Faial in der Tat, in Norte Pequeno stößt man gar auf ein Hinweisschild zur »Bar Fim do Mundo«. Groß ist die Kneipe am Ende der Welt nicht, wenige Quadratmeter umfasst der mit Landkarten tapezierte Schankraum, am großen Tisch sitzen einige Stammkunden aus der Umgebung beim Pico-Schnaps. Der Wirt wanderte bereits als Junge nach Amerika aus, kam aber mit seiner amerikanischen Frau später wieder zurück auf die Insel. Die Familie der Gattin stammt ursprünglich aus Bayern, erzählt er und zeigt dabei auf die große bayerische Flagge an der Decke. Im kleinen Häuschen findet auch noch ein winziger Dorfladen Platz. Öfter kann man sich hier auch ganz ohne Sprachprobleme unterhalten, denn in den Dörfern der Umgebung haben sich einige Deutsche niedergelassen, die auch gerne vorbeischauen.

**Bar Fim do Mundo**, Norte Pequeno.

**Oben:** Vulkanasche bedeckt das neue Land.
**Mitte:** Vor dem Vulkanausbruch hielt man hier nach Walen Ausschau.
**Unten:** Das Vulkanland ist ein beeindruckender Anblick.



des US-Bundesstaates. In einem »Refugee Act« bekamen Familien aus Faial die Möglichkeit, in die USA auszuwandern, und das ließen sich viele nicht zweimal sagen. Faial brauchte allerdings lange, um sich von der Abwanderung zu erholen.

Von seiner ursprüngliche Größe hat das entstandene Vulkanland bereits fast 80 % eingebüßt, Wind und Wellen nagen an dem brüchigen Material. Faszinierend ist eine kleine Wanderung auf das Vulkanland. Der Weg ist gesäumt von unschiedlich großen Lavabomben und steckt man am höchsten Punkt die Hand in eine Spalte, spürt man die Vulkanwärme.

## Anschauliche Geologie

Das Besucherzentrum ist ein perfekt gelungenes Beispiel durchdachter moderner Architektur, von außen sieht man außer der Ruine des Leuchtturms zunächst einmal nichts. Unter der Vulkanasche versteckt ist die riesige Eingangshalle, die die Insel Faial mit der Caldeira symbolisiert. Mit 3-D-Film, Hologramm und Computeranimationen wird die Entstehung der Azoren sehr anschaulich dargestellt. Faszinierend sind alte Filmaufnahmen des Capelinhos-Ausbruchs und auch den bedeutendsten Vulkanen der Welt ist ein Raum gewidmet.

# Infos und Adressen

## ESSEN UND TRINKEN

**Café im Centro de Interpretação do Vulcão dos Capelinhos.** Die Eingangshalle des Besucherzentrums ist mit vielen Sofas wie eine Lounge eingerichtet, an der Bar gibt es Getränke und Snacks.

## ÜBERNACHTEN

**Casal do Vulcão.** Am schönsten ist die Abendstimmung am Vulkan und perfekt ist, wenn man gleich nebenan wohnt. Aus den Ruinen eines alten Landguts wurden gemütliche Ferienhäuser mit kleinem Pool und schönen Außenbereichen. Lugar do Canto, 9900-304 Capelo, Tel. 965 76 22 71, www.casaldovulcão.net

## EINKAUFEN

**Escola de Artesanato.** Große Auswahl an Erzeugnissen von Kunsthandwerkern der Umgebung. Am Wochenende nur nachmittags geöffnet. Rua Alto dos Cavacos, 9900-301 Capelo.

## AKTIVITÄTEN

**Centro de Interpretação do Vulcão dos Capelinhos.** Informationszentrum zur Entstehung des Archipels. 15. Juni–15. Sept. tgl. 10–18 Uhr, 16. Sept.–14. Juni Di–Fr 9.30–16.30 Uhr, Sa/So 14–17.30 Uhr, Tel. 292 20 04 70.

Faszinierend: Besteigung des Capalinhos-Vulkans

**Vulkanbesteigung.** Seit Jahren ist eine Zugangsbeschränkung für den Capelinhos-Vulkan im Gespräch. Ende 2013 gab es noch keine konkreten Pläne, im Zweifelsfall im Besucherzentrum nachfragen. http://parquesnaturais.azores.gov.pt

**Wanderung Capelo – Capelinhos.** Eine lohnende Wanderung führt von Capelo über diverse Vulkanhügel bis zum Capelinhos-Vulkan. Fantastisch ist der Ausblick vom Cabeço Verde. http://wanderwege.visitazores.com/de

Treten Sie die Wanderung lieber mit Brille statt mit Kontaktlinsen an! An windigen Tagen wirbelt am Vulkan ordentlich Asche durch die Gegend.

Die Eingangshalle des Besucherzentrums

# 31 Südküste

## Badefreuden im Sonneneck

**Entspannung suchen die Bewohner von Horta gerne am Wochenende an der Westküste der Insel. Mehrere Naturschwimmbecken, gute Angelplätze an den Basaltbögen der Ponta Furada, Ausflugsgaststätten und der schönste Waldpark der Insel bieten aber auch für Besucher reizvolle Ziele. Anstatt also auf der Inselrundstraße direkt zum Capelinhos-Vulkan zu düsen, unterwegs den ein oder anderen Stopp einlegen.**

**Mitte:** Die Kirche von Castelo Branco und der Pico
**Unten:** Trichterwinden und der Felsen von Castelo Branco

Die Sommerfrische verbrachte die bessere Gesellschaft gerne in der Bucht von Varadouro und auch heute noch findet man viele Ferienhäuser von Einheimischen und Emigranten. Die hübsche, der Nossa Senhora do Carmo geweihte Kapelle im oberen Teil des Ortes wurde 1720 von einem Pfarrer errichtet. Als er wenige Jahre später verstarb, besagte sein Testament, dass jedes Jahr am 1. Oktober eine Messe gelesen und ein Fest gefeiert werden solle. Noch heute kommt man dem Wunsch des Padre Manuel gerne nach und feiert ausgiebig in der ersten Oktoberwoche.

## Badefreuden

Da das Erdbeben 1998 kaum Schäden an den Häusern anrichtete, zogen einige Bewohner Faials, deren Wohnhäuser in anderen Teilen der Insel zerstört wurden, in ihr Sommerhaus. Beschädigt wurde allerdings die Quelle des 1954 errichteten Thermalbades, in den nächsten Jahren soll es aber durch eine neue Bohrung wieder in Betrieb genommen werden. Das schwefelhaltige Wasser zeigt vor allem bei Hautkrankheiten und Rheumatismus gute Wirkung. Badefreunde kommen im Norden der Bucht trotzdem auf ihre Kosten. Kleine, gewundene Pfade führen durch die Felsen zur erwiesenermaßen schönsten Badeanlage der Insel und je nach Brandung kann man entweder direkt ins Meer springen, das manchmal etwas rau sein kann, oder gemütlich in einem gemauerten Becken schwimmen.

## Waldpark von Capelo

Auf den ersten Blick will man nicht wahrhaben, dass der idyllische Waldpark von Capelo das Ergebnis eines furchtbaren Vulkanausbruches ist. Oberhalb thront recht unscheinbar ein kahler Vulkanhügel: der Cabeço do Fogo – Feuerberg wie er nach dem Ausbruch im Jahr 1672 genannt wurde.

Erdbeben kündigten schon Monate vorher Unheil an, zehn Monate lang spuckte der Vulkan Lava, die sich in breiten Zungen auf beiden Seiten bis zum Meer wälzte. Ortschaften und Ackerland der Umgebung wurden völlig zerstört, die Westspitze der Insel war durch die Lavamassen praktisch abgeschnitten. In Horta versammelte man Vertreter aller Stände und beschloss, sich unter den Schutz des heiligen Geistes zu stellen. »Bis ans Ende aller Tage« sollte die Stadtverwaltung jeden Pfingstsonntag ein Heiliggeistfest ausrichten, daran hat sich bis heute nichts geändert.

Das Lavafeld vor dem Ort Capelo war allerdings landwirtschaftlich nicht mehr nutzbar und erinnerte noch bis in die 1960er-Jahre eher an eine Mondlandschaft. Dann pflanzte man Kiefern und verwandelte das Brachland mit Picknickgelände, Wildgehegen und Spazierwegen in ein attraktives Freizeitgelände. An der Inselrundstraße lassen sich die versteinerten Lavamassen des Ausbruchs jedoch noch gut erkennen.

## Infos und Adressen

### ESSEN UND TRINKEN

**Restaurante Bela Vista.** Freundlich, inseltypisch und netter Service. Di Ruhetag. Areeiro, 9900-301 Capelo, Tel. 292 94 52 04.

### ÜBERNACHTEN

**Quinta da Meia Eira.** Acht Zimmer verteilen sich in einem wunderschönen Landhaus mit großem Garten in einer gelungenen Mischung aus traditionellem Stil und gekonnten Farbakzenten. Das Frühstück mit Produkten aus eigenem Anbau wird in einem gemütlichen Wintergarten serviert, vom überdachten Pool blickt man aufs Meer. Nicht nur die nette Besitzerfamilie kümmert sich um die Gäste, sondern auch die verspielte Haushündin Kunigunde. Rua dos Inocentes, 9900-323 Castelo Branco, Tel. 965 43 59 25, www.meiaeira.com

**Quinta das Buganvileas.** Auch hier verteilen sich mehrere Zimmer und Ferienwohnungen in einem alten Bauernhof mit wunderschönem traditionellen Obstgarten. Jogo 60, 9900-330 Castelo Branco, Tel. 292 94 32 55, www.quintadasbuganvilias.com

**Mitte:** Der dunkle Sandstrand von Almoxarife
**Unten:** Bauer bei der Arbeit

# 32 Nord- und Ostküste

## Beschauliches Landleben

**Sehr ländlich und ruhig ist dieser Teil der Insel, hier gehen die Uhren ganz anders als im belebten Städtchen Horta. Wer sich im Urlaub vom stressigen Stadtleben erholen möchte, ist in einem der vielen Landhäuser gut aufgehoben. Auch einige Ausländer sind dem Reiz der Nordküste verfallen und haben sich hier niedergelassen. Zwei Strände machen den Sommerurlaub perfekt.**

Der Leuchtturm von Ribeirinha verkörpert heute am besten die zerstörerischen Kräfte des letzten großen Erdbebens der Azoren. Vom Meer aus sieht das Gebäude noch ganz proper aus, in Wirklichkeit sind die Mauern von unzähligen Rissen durchzogen, das Dach eingestürzt. Am 9. Juli 1998 rüttelte ein Erdbeben der Intensität 5,8 auf der Richterskala die Bewohner Faials aus dem Schlaf. 30 Sekunden wackelte die Erde, das Epizentrum befand sich 15 km vor der Küste von Ribeirinha. Zehn Tote waren zu beklagen, 500 Häuser stürzten

### MAL EHRLICH

#### AZORIANISCHES TEMPO

Auch wenn sich gerade in den größeren Orten allmählich mitteleuropäische Lebensweise durchsetzt, geht es auf dem Land gemütlich zu. Die Azorianer geben der hohen Luftfeuchtigkeit die Schuld für die gelegentliche Lethargie. Geduld ist auf den Azoren öfter gefragt, schimpfen hilft nicht. Ein »nein« ist übrigens oft nicht so definitiv wie in Deutschland, nett lächelnd insistierend gibt es oft noch Verhandlungsspielraum.

ein, besonders die Orte der Ostküste, aber auch Castelo Branco im Westen waren weitgehend zerstört. Viele Nachbeben versetzten die Insel immer wieder in Angst und Schrecken. Heute sind fast alle Häuser wieder aufgebaut, vereinzelt sieht man gerade in Salão noch Ruinen und Behelfshäuser. Auch vor den Kirchen machte das Beben nicht halt, die Kirchengemeinde muss einen großen Teil der Kosten des Wiederaufbaus selbst aufbringen, in kleinen Dörfern wie Salão ein Ding der Unmöglichkeit. Auch 15 Jahre nach dem Beben warten immer noch Orte auf ein neues Gotteshaus.

## Fajã

Die sonst eher steile Nordküste hat auch eine hübsche Bucht aufzuweisen: die Fajã. Hierher zieht es die Surfer der Insel, am östlichen Ende befindet sich ein wilder Sandstrand, an dem sich fast immer ansehnliche Wellen brechen. Während im Sommer viele Emigranten ihre Ferienhäuser bewohnen, ist es im Winter eher still.

Anders war es 2005, da war einen Winter lang die Fajã die große Attraktion der Insel. Am 9. Dezember lief der Frachter CP Valour auf die Sandbank

*AUTORENTIPP!*

**CASA DO CAPITÃO**

Der erfahrene Portugalreiseleiter Senhor Jorge hat sich auf Faial seinen Traum erfüllt und mehrere kleine Steinhäuschen liebevoll restauriert. Jedes der Zimmer hat eine andere Farbe und wurde vom Hausherrn künstlerisch dekoriert. Ein liebevoll zubereitetes Frühstück auf der Terrasse und das gigantische Geschichtswissen des perfekt deutsch sprechenden Vermieters machen den Urlaub unvergesslich. Am liebsten möchte man den ganzen Tag im Garten verbringen, neben exotischen Pflanzen gibt es eine überdachte Leseecke und einen Aussichtspavillon mit Blick übers Meer. Vermietet wird nur von Juni bis September, den Rest des Jahres ist der Besitzer mit Reisegruppen in Portugal unterwegs.

**Casa do Capitão.** Rua do Capitão 5, 9900-341 Cedros, Tel. 292 94 61 21, www.casadocapitao.pt

**Oben:** Traditionelle portugiesische Windmühle
**Mitte:** Beim Streichen ihrer Häuser zeigen die Azorianer gerne Mut zur Farbe.
**Unten:** Eines der vielen Ferienhäuser an der Nordküste

auf, immer weiter schoben die Wellen das Schiff Richtung Küste, auch das herbeibeorderte Schleppschiff konnte nichts ausrichten. Also blieb das Schiff erst einmal an Ort und Stelle, durch den Einsatz von vielen Freiwilligen konnte der Schaden durch austretenden Treibstoff in Grenzen gehalten werden. Da es in den Wintermonaten auf der kleinen Insel kaum Abwechslung gibt, kam man mit Kind und Kegel »Schiff gucken«. Auf dem Schiff befand sich ein Container mit wertvollen Kostümen einer namhaften Theatergruppe aus Mailand. Durch den Einsatz der örtlichen Laienspielgruppe konnte ein Teil davon geborgen und zurückgeschickt werden, woraus sich schließlich ein reges Austauschprogramm zwischen Mailand und Faial entwickelte. Als das Meer im Frühling wieder ruhiger wurde, war das Wrack nicht mehr zu retten und wurde vor der Küste versenkt. Von Praia do Norte aus führt ein markierter Rundwanderweg durch die Fajã, hübsche Plätze für ein Picknick am Meer gibt es außerdem.

## Erfrischendes Bad

Badefreunde können bei ruhiger See am Porto da Eira und am Porto do Salão den Sprung ins kühle Nass wagen. Einen langen dunklen Sandstrand mit Panoramablick auf den Pico gibt es in Almoxarife, dort sorgen auch mehrere Restaurants für das leibliche Wohl.

Der Norden der Insel ist ländlich geprägt

## Infos und Adressen

### ESSEN UND TRINKEN

**Aldina.** Mittagessen im Supermarkt? Aber ja, denn im Gebäude des modernen Ladens in Cedros befindet sich ein erstaunlich gemütliches, holzgetäfeltes Restaurant mit einer kleinen Auswahl an gut zubereiteten regionalen Gerichten und einigen Tischen auf der Terrasse. Estrada Regional 71, 9900-341 Cedros, Tel. 292 94 61 55.

**Restaurant Pasquinha.** Hoch über Salão mit fantastischem Blick. Spezialität des Hauses ist die Sopa Camponesa. Di Ruhetag. Canada do Mestre 31, 9900-501 Salão, Tel. 292 94 69 11.

**Rumar.** Einfaches Café/Restaurant mit Hausmannskost und Meerblick. Besondere Empfehlung sind die hausgemachte Blutwurst (morcela) und grobe Schweinswurst (chouriço). Verkauf der besten Massa Sovada (süßes Hefebrot) der Insel. Estrada Regional 73, Praia do Norte, Tel. 292 94 51 70.

### ÜBERNACHTEN

**Casas d'Arramada.** Gepflegte Anlage mit sechs Ferienhäusern unterschiedlicher Größe, Fahrradverleih und überdachtem Pool mit Meerblick. 9900-347 Ribeira Funda, Tel. 292 94 62 00, www.ruralturazores.com

Ein klares Bekenntnis zur Herkunft.

**Casas da Fajã.** Die beiden aufwändig restaurierten Ferienhäuser befinden sich in der Fajã, wenige Minuten vom Strand, dort wo auch die Bewohner von Faial gerne das Wochenende verbringen. Rua das Adegas 3, 9900-471 Fajã da Praia do Norte, Tel. 292 29 24 70, www.casasdafaja.com

### AKTIVITÄTEN

**O Pátio.** Das sympathische deutsche Ehepaar organisiert Ausritte mit Picknick. Erfahrene Reiter können eine Woche lang per Pferd die Insel umrunden und dabei die bekanntesten Sehenswürdigkeiten besichtigen. Quinta do Moinho, Rua da Igreja, Cedros, Tel. 292 94 68 05, www.patio.pt

Im Lokal O Escondrijo vermischt sich bayerische und azorianische Gastfreundschaft.

**Mitte:** Weinernte ist auf Pico harte Arbeit
**Unten:** Alles Handarbeit – Maschinen kann man in den traditionellen Weingärten nicht einsetzen.



# 33 Madalena und Südwestküste

## Das sonnenreiche Weinbaugebiet

**Nur mit mühseliger Arbeit konnten die Bewohner Picos ihrer Insel den Lebensunterhalt abtrotzen. Weinanbau war die einzige Möglichkeit, die steinigen Landstriche am Fuß des Berges zu nutzen. So bauten Generationen von Weinbauern tausende Kilometer kleiner Schutzmauern aus dem dunklen Vulkangestein. Heute ist dieses riesige Schachbrett aus Mäuerchen eine von der UNESCO anerkannte schützenswerte Kulturlandschaft.**

Zur Ausstattung eines Bauern auf Pico gehört unbedingt ein Strohhut. Unerbitterlich brennt die Sonne auf die schwarzen Lavafelsen, der Berg sorgt für ein trockenes, dem Weinbau förderliches Mikroklima. Nur 3,4 % der Inselfläche sind als Ackerland nutzbar, einzig an Steinen war kein Mangel. Aus dem Lavastein baute man Häuser, Abgrenzungen zwischen den Weiden, Mäuerchen um die Weinreben und trotzdem blieben noch Steine übrig, die man auf riesige Haufen stapelte. Diese als »moroiços« bezeichneten meterhohen Steinhaufen zieren heute noch die Landschaft.Von der Hauptstraße zwischen Madalena und Lajes aus kann man einige von ihnen entdecken.

Wie wenn die Mühen nicht genug gewesen wären, gab es auf Pico seit der Ankunft der ersten Siedler vier große Vulkanausbrüche, bei denen sich Lavamassen von der Hochebene bis zum Meer ergossen. Die Menschen konnten sich dieses Phänomen nicht erklären und so nannte man die durch die Eruptionen entstandenen Lavafelder einfach »mistérios«. Vor einigen Jahrzehnten pflanzte man auf diesen steinigen Arealen Strandkiefern und legte heute äußerst beliebte und schattige Picknickplätze an.

## Madalena

Flächenmäßig ist die 42 km lange und 15 km breite Insel die zweitgrößte der Azoren. Allerdings leben auf Pico nur 14 000 Einwohner und damit sogar noch etwas weniger als auf der wesentlich kleineren Nachbarinsel Faial. Auf Grund der großen Distanzen bildeten sich schnell drei Verwaltungszentren aus: Lajes im Süden, São Roque im Norden und Madalena im Westen. Da Pico keinen größeren geschützten Hafen aufwies, wurden die Produkte vom Handelshafen in Horta aus exportiert. Man musste sich mit der Rolle des Zulieferers zufriedengeben, das große Geschäft machten die Händler in Horta.

Die meisten Besucher kommen mit der Fähre von Faial in Madalena an. Ende 2013 war das neue Hafenterminal noch im Bau, bis zur Fertigstellung wird es weiterhin ein buntes Durcheinander von Passagieren, Koffern, Kisten und Körben an der alten Mole geben. Im Spätsommer werden auch Körbe mit Weintrauben und Feigen verladen, die auf dem Markt von Horta angeboten werden.
Vor der Erkundung der Insel lohnt ein Blick in die der Heiligen Maria Magdalena geweihte Kirche mit ihrem kunstvoll gearbeiteten Barockaltar.

Verlässt man den Ort Richtung Criação Velha, passiert man die moderne Cooperativa Vitivinícola, in der ein großer Teil der auf der Insel produzierten Trauben zu Aperitif- und Tischweinen verarbeitet wird. In der Nähe befindet sich die Thunfischfabrik, ein wichtiger Arbeitgeber gerade für Frauen von der ganzen Insel. Im Sommer liegen die Thun-

AUTORENTIPP!

**RESTAURANT ANCORADOURO**

Die Auswahl an Restaurants auf Pico, die auch anspruchsvollere Gourmets zufrieden stellen, hat sich während der letzten Jahre etwas verbessert. Allen voran erfreut sich das neu renovierte Restaurant Ancoradouro in Madalena seit Jahren großer Beliebtheit. Die Terrasse mit Panoramablick auf Faial ist besonders an warmen Sommerabenden ein guter Tipp. Fisch- und Fleischspieße, Oktopus und Reis mit Meeresfrüchten sind einige der Spezialitäten des Hauses. Gerade im Sommer und sonntags sollte man besser reservieren, da das in Richtung Areia Larga am Meer gelegene Restaurant sowohl bei Einheimischen als auch bei Besuchern sehr beliebt ist. Mi Ruhetag.

**Restaurant Ancoradouro.** Rua João Whitton da Terra, 9950-302 Madalena, Tel. 292 62 34 90.

**Oben:** Ein Gläschen vom selbstgemachten Wein gehört unbedingt zum Sozialleben.
**Unten:** Am Pool der Appartmentanlage Baia da Barca

fischkutter mit ihren langen Bambusangeln am Hafen von Madalena. Lässt die Brandung ein Bad in den vielen Naturschwimmbecken der Umgebung nicht zu, kann man in die Freibadanlage der Ortes ausweichen.

Einige Kilometer östlich von Madalena (ausgeschildert) befindet sich die Quinta da Rosa, ein wunderschön angelegter Park mit exotischen Pflanzen und einem Picknickgelände.

## Weinbau

Für den Weinbau war die Insel Pico prädestiniert, der Handelshafen in Horta sorgte für die internationale Vermarktung des Produkts. Die drei Vulkanausbrüche zwischen 1718 und 1720 dezimierten das ohnehin schon knappe Ackerland weiter. Wein und Feigen jedoch ließen sich auch auf den steinigsten Ländereien anbauen. Da ab etwa 150 Höhenmetern der Weinbau klimatisch nicht mehr möglich ist, waren die flach zum Meer hin abfallenden Landstriche rund um den Berg Pico prädestiniert für diese Kultur. Die Besitzer der Weinberge waren aber in seltenstem Falle die Bauern von Pico. Im 18. Jahrhundert befanden sich die meisten Weinberge auf Pico in der Hand eines Dutzend wohlhabender Familien von Faial. Auch die dortigen Klöster besaßen große Weinberge auf Pico. Während des Jahres musste der Verwalter des Weinberges die anstehenden Arbeiten koordinieren, die Besitzer kamen nur zur Ernte und bewohnten dann in der Nähe von Madalena ihre stattlichen Häuser. In den »Solares do Verdelho« diente das Erdgeschoss zum Lagern der Weinfässer, im ersten Stock wohnte man.

Zum Schutz vor der salzhaltigen Luft und dem wechselhaften Wetter im Frühling baute man nach einem ausgeklügelten System kleine Mau-

ern um jeweils drei bis vier Weinstöcke. Die Mauern mussten hoch genug sein, durften jedoch nicht unnötig Schatten auf die Reben werfen. In Regionen, in denen der Boden von lockerem Lavagestein (»biscoito«) bedeckt ist, grub man Löcher in den Boden und pflanzte die Reben.

Komplizierter war der sogenannte Lajido, versteinerte flüssige Lava, die eine kompakte Gesteinsschicht bildete, gegen die auch die in verschiedenen Museen auf Pico ausgestellten Spitzhacken keine Chance hatten. Da sich die Lava beim Erkalten jedoch zusammenzieht, bilden sich Risse, die man erst mit organischem Material ausstopfte und dann die Reben hineinpflanzte. Die Nährstoffe des Düngers mussten nun so lange reichen, bis die Wurzeln der Rebe an das sich unterhalb des Steinplateaus befindlichen Erdreich gelangten. Heute sieht es so aus, als würde das Grün der Weinblätter direkt aus dem Gestein sprießen.

Die Weinberge zwischen Criação Velha und dem Meer sind besonders fotogen. Der Blick schweift von hier weit auf die Nachbarinsel Faial und in-

**Oben:** Die Weinfelder von Criação Velha
**Unten:** Basaltfelsen prägen die Küste.

**Oben:** Die markante Kirche von Madalena
**Mitte:** Die Figur des Bom Jesus Milagroso in der Kirche von São Mateus
**Unten:** Altar de Kirche von Madalena

mitten des zum Weltkulturerbe gehörenden Weinbaugebietes befindet sich eine restaurierte Windmühle. An der Straße in Richtung São Caetano passiert man Weinberge, in denen man mittlerweile modernere und weniger arbeitsaufwendige Anbaumethoden anwendet.

Zum größten Ansehen brachte es die vermutlich von einem Jesuitenpater eingeführte Rebsorte Verdelho. Im 18. Jahrhundert waren Nord- und Mittelamerika die wichtigsten Abnehmer, aber auch am Zarenhof in Russland soll der edle Tropfen von Pico konsumiert worden sein.

1852 trat zum ersten Mal die Reblaus auf Pico auf und wenige Jahre später waren fast alle Weinberge zerstört, auf der Insel kam es zu Hungersnöten. Auch wenn man später durch die Einführung der resistenten amerikanischen Rebsorte Isabella wieder Wein produzierte, gelangte der Weinbau auf Pico nie wieder zu seiner alten Blüte.

## São Mateus und São João

Im Fischerort São Mateus findet jedes Jahr das größte Fest der Insel zu Ehren des Bom Jesus Milagroso statt. 1862 brachte ein Auswanderer die Jesusfigur aus Brasilien mit, seitdem wurde mit ihr eine ganze Reihe an Wundern in Verbindung gebracht.

Der Ort São João wurde 1718 durch einen Lavastrom zerstört und das neue Dorf etwas weiter östlich wieder aufgebaut. Auf dem so entstandenen »Mistério« befindet sich heute ein lauschiger Waldpark, am Platz des ehemaligen Ortes ein kleiner Gedenkstein. São João selbst verfügt über einen kleinen Fischerhafen und mit der Zona Balnear das Arinhas über eines der schönsten Naturschwimmbecken der Insel.

# Infos und Adressen

## SEHENSWÜRDIGKEITEN

**Quinta das Rosas.** Juni–Aug. Mo–Fr 8–20 Uhr, Sa/So 10–20 Uhr, Okt.–Apr. Mo–Fr 8–16 Uhr, Mai/Sept. Mo–Fr 8–19 Uhr, Sa/So 10–19 Uhr.

## ESSEN UND TRINKEN

**Restaurant Marisqueira.** Leckere Fischgerichte mit Traumblick aufs Meer, mit etwas Glück springen vor der Küste Delfine. Ruhetag im Winter Mo, Rua da Igreja 11, 9930-428 São João, Tel. 292 67 31 16.

Teile einer alten Destille im Weinbaumuseum

## ÜBERNACHTEN

**Cancela do Porco.** Außen Lavagemäuer, innen drei modern-elegante Ferienwohnungen. Pool und Whirlpool im Garten haben direkten Blick auf den Pico. Ein kleines Juwel. Caminho da Cancela, Rua da Igreja, 9950-020 Bandeiras, Tel. 292 62 21 33, www.canceladoporco.com

**Pocinho Bay.** Stylische Unterkunft der gehobenen Klasse direkt am Meer. Pocinho, 9950-107 Monte, Tel. 292 62 91 35, www.pocinhobay.com

## AKTIVITÄTEN

**Baden.** Die Zona Balnear das Arinhas in São João ist ein Traum von Naturschwimmbecken. Oberhalb gibt es außerdem einen schattigen Picknickplatz.

**Museu do Vinho.** Ausstellung über den Weinbau auf Pico. In den Gebäuden kelterten einst die Karmeliter von der Nachbarinsel Faial ihren Wein. Mit

Pool mit Blick auf Faial im Pocinho Bay

kleinem Weinberg und wunderschönen alten Drachenbäumen. Di–Fr 9.15–12.30 und 14–17.30 Uhr, Sa–So 9.15–12.30 Uhr.

**Picosport.** Unter deutscher Leitung stehender Veranstalter von Ausfahrten zur Walbeobachtung und Tauchgängen. Stand am Hafen von Madalena (Mai–Okt.), Tel. 292 62 29 80, www.whales-dolfins.net

## INFORMATIONEN

**Posto de Turismo do Pico.** Gare Marítima da Madalena (im Hafengebäude), 9950 Madalena, Tel. 292 62 35 24.

**ART Kiosk.** Mai–Okt. Fahrradverleih. Largo Cardeal Costa Nunes, 9950-325 Madalena, Tel. 292 62 33 45.

Das Pocinho Bay verspricht einen erholsamen Urlaub.

Alle Wege führen zum Pico.



# 34 Berg Pico

## Der majestätische Vulkan

**Der Pico ist ein eitler Berg: Unzählige Male am Tag zieht er sich um. Im Morgengrauen schmückt er sich mit der Morgenröte, am Vormittag hüllt er sich von Kopf bis Fuß in einen Wolkenmantel, bald aber schaut keck wieder die Spitze heraus. Zum Nachmittagstee kleidet ihn ein schmales Wolkenband, am Abend setzt er sich einen Hut auf und im Winter trägt er als einziger auf den Azoren ein Schneehäubchen. Typisch Teenager eben – denn Pico ist die jüngste Insel der Azoren.**

Man kann sich kaum dem Reiz des Pico-Vulkans entziehen. Anmutig liegt er im Meer, an der Küste steigt der mit Wein bewachsene Fuß des Berges nur langsam an, weiter oben bedecken Viehweiden seine Flanken. Bald hat man die letzten, mit zunehmender Höhe immer niedriger werdenden Bäumchen des Lorbeerwaldes hinter sich gelassen, nur im Frühling zieren die pinkfarbenen Blüten der Azorenglockenheide auch in höheren Lagen

### MAL EHRLICH

**WETTER AUF PICO**

Besonders das östliche Hochland von Pico versteckt sich gerne in die Wolken und auch der Berg ist wettermäßig etwas launisch. In den Nebel fahren und auf Besserung hoffen hilft dann nichts. Allerdings hüllt sich der Pico oft nur von einer Seite in die Wolken, es ist also einen Versuch wert, die Inselseite zu wechseln. An der Nordküste um São Roque beträgt der Jahresniederschlag in etwa doppelt so viel wie an der Südküste bei Bandeiras, der sonnenreichsten Ecke der Insel.

noch die kargen Lavafelsen. Auf 2050 m befindet sich die Caldeira, in der sich über 100 m hoch der eigentliche Gipfel des Picos erhebt, der Piquinho. »Das Picolein«, wie es übersetzt heißt, ist ein Vulkankrater, dessen dünnflüssige Lava bis vor etwa 1300 Jahren die Caldeira überflutet hat, die an manchen Stellen überlaufende Lava bildete an den Bergflanken lange Runsen.

Ganz oben am Gipfel wärmen sich die Wanderer die klammen Finger an den Fumarolen, die dort austreten. In der Caldeira auf über 2220 m Höhe wächst eine nur hier zu findende Unterart des gewöhnlichen Leimkrautes (*Silene vulgaris cratericola*). Jeden Winter gibt es zur Freude der Azorianer auf dem Gipfel des Picos Schnee, das kühle Nass hat auf den sonst frostfreien Inseln Exotenstatus. An den Flanken des Berges befinden sich mehr als 170 kleinere Krater, auch der durch Erosion in zwei Teile zerbrochene Krater im Meer vor Madalena zählt dazu. Erloschen ist der Pico mit ziemlicher Sicherheit noch nicht – im Jahr 1818 ereigneten sich innerhalb von zwei Tagen zwei Vulkanausbrüche, am 1. Februar erreichte Lava aus einem etwa zwei km vom Gipfel entfernten Krater in sechs Stunden die Nordküste zwischen Porto Cachorro und Lajido. Noch nicht mal in der Kirche fand die panische Bevölkerung Schutz – Risse im Boden verhinderten den Zugang. Am Tag danach wurden einige Krater oberhalb von São João an der Südküste aktiv und der Ort komplett zerstört.

## Lagoa do Capitão

Seitdem zeigt sich der Vulkan friedlich, ja fast idyllisch ist der Blick, wenn man auf der schnurgeraden Straße das Hochland von Ost nach West durchquert. Einheimische Pflanzenwelt wie Lorbeerbäume und Heidelbeerbäume säumen den Weg, massige Fleischrinder mit ihren Kälbern be-

AUTORENTIPP!

**GRUTA DAS TORRES**

Pico ist nicht nur die Insel des Berges, sondern auch die der Höhlen. 129 davon hat man schon entdeckt, damit entfallen die Hälfte der auf den Azoren bekannten Höhlen auf Pico. Die Gruta das Torres ist mit 5150 m der längste Lavastollen der Azoren, ein faszinierendes Labyrinth an Gängen an deren Wänden die versteinerte Lava eigenartige Formen hinterlassen hat. Die 450 m der Höhle, die besichtigt werden können, wurden so wenig wie möglich verändert. Mit Helm und Stirnlampe kommt man sich vor wie ein Höhlenforscher. Spannend ist es, sich vorzustellen, dass hier einmal Lava floss. Für den Besuch der Höhle ist festes Schuhwerk erforderlich.

**Centro de Visitantes da Gruta das Torres.** 15. Juni–15. Sept. tgl. 10–18 Uhr, 16. Sept.–14. Juni Di–Sa 14–17.30 Uhr, Criação Velha, 9950 Madalena, Tel. 924 40 39 21.

**Oben:** Ob die Kühe wohl auch den Pico bewundern?
**Mitte:** Vor der Besteigung des Pico wird man registriert.
**Unten:** So einfach ist der Weg auf den Pico nur am Anfang.

völkern die Hochweiden. Wenn sich jetzt der Berg auch noch in seiner ganzen Pracht zeigt, lohnt ein Abstecher zum kleinen Kratersee Lagao do Capitão. See im Vordergrund – Pico dahinter, dieses Motiv ist auch auf vielen Postkarten zu finden.

Für Wanderer ohne Knieprobleme führt ein Pfad von hier hinunter nach São Roque mit tollen Ausblicken über die Nordküste und die Nachbarinsel São Jorge. Beliebt ist der See bei den Birdwatchern, an den Gewässern im Hochland von Pico lassen sich gerne Zugvögel aus Amerika nieder.

## Besteigung des Pico

Allzu weit verbreitet ist das Hobby Wandern auf den Azoren noch nicht, aber den Berg Pico wollen doch viele einmal bestiegen haben, koste es was es wolle. Ein Spaziergang ist der Weg auf den Vulkan jedoch nicht, Trittfestigkeit und gute Kondition sind Voraussetzung. Da es bei der Besteigung des Picos immer wieder zu Unfällen kam, ist eine Registrierung im Zentrum am Ausgangspunkt unbedingt notwendig. Gerade bei Nebel können auch erfahrene Wanderer schnell die Orientierung verlieren.

Die offizielle Aufstiegsroute erfolgt über die weniger steile Nordostflanke. Einen richtigen Pfad gibt es nur am Anfang, der Rest des Weges verläuft auf einem versteinerten Lavastrom, was besonders den Abstieg anstrengend macht. 1200 Höhenmeter und knapp vier km sind zwischen Ausgangspunkt und Gipfelglück zurückzulegen. Hat man die Caldeira erreicht, geht es in einer kleinen Klettertour auf den Piquinho. Beliebt ist auch der Aufstieg am späten Nachmittag mit Zelt und Schlafsack. Nach einer zwar kühlen aber sternenreichen Nacht in der Caldeira erlebt man einen spektakulären Sonnenaufgang.

# Infos und Adressen

## ESSEN UND TRINKEN

Einzige Chance auf einen Kaffee im Hochland um den Pico: das Casa da Montanha am Beginn des Aufstiegs zum Pico. Auch Nicht-Bergsteiger können bei einem Espresso eine bereits ganz eindrucksvolle Aussicht genießen: Schließlich ist man hier bereits auf 1100 m.

## AKTIVITÄTEN

**Picobesteigung.** Gerade bei unsicheren Witterungsbedingungen sollte man sich einem Führer anvertrauen, da es sehr einfach ist, bei Nebel vom Weg abzukommen. Warme Kleidung, Regenschutz, Mütze und evtl. auch Handschuhe sollten auf jeden Fall in den Rucksack, gerade im Frühling und Herbst ist auf dem Berg mit empfindlich kalten Temperaturen zu rechnen. Für den Aufstieg ist bei der Registrierung eine Gebühr zu entrichten, dafür bekommt man ein Armband mit GPS ausgehändigt, mit dem man im Notfall geortet werden kann. Von Oktober bis April ist das Casa da Montanha nur am Wochenende besetzt, An- und Abmeldung für die Picobesteigungen erfolgt in dieser Zeit unter der Woche bei der Feuerwehr und in Madalena. Eine Liste von Bergführern gibt es beim Tourismusamt, einige Guides hängen zusätzlich Plakate aus.

Gute Ausrüstung ist ein Muss für die Besteigung

Ein gemütlicher, geduldiger und exzellent englisch sprechender Bergführer ist Senhor João Xavier. Der Feuerwehrmann, Taxifahrer und Weinbauer organisiert auch Inselrundfahrten und Fahrradtouren. Tel. 962 40 84 17, caminhandoazores@gmail.com

Die Bergstation dient der Sicherheit der Wanderer.

# 35 Lajes do Pico

## Auf den Spuren des Walfangs

**Gestern wie heute steht Lajes ganz im Zeichen des Wals. 1987 wurden hier die letzten Wale der Azoren mit Harpunen erlegt, viele der älteren Männer im Ort waren selbst noch Walfänger. Heute macht man nur noch mit dem Fotoapparat Jagd auf Wale, die Küste von Pico gilt als einer der besten Orte zum Beobachten der Meeressäuger. Die Harpunen haben als Ausstellungsstück im Museum eine neue Aufgabe bekommen.**

**Mitte:** Die Kirche von Lajes und der Castelete
**Unten:** Gemütlich geht es zu in Lajes.

Als Mitte des 19. Jahrhunderts die Reblaus eingeschleppt wurde, verloren viele der Bewohner Picos ihr Einkommen aus dem Weinbau, mit dem man das mangels Ackerland von anderen Inseln eingeführte Getreide bezahlen konnte. Von den Nachbarinseln war wenig Hilfe zu erwarten, sie steckten auf Grund des zeitgleichen Niedergangs des Orangenexports selbst in der Krise. Einen Ausweg sah man im Walfang, die Technik hatten sich die Azorianer von den seit Mitte des 18. Jahrhunderts die Azoren frequentierenden amerikanischen Walfangschiffen abgeschaut. Die Amerikaner konnten auf den Azoren nicht nur günstigen Proviant an Bord nehmen, sondern auch billige Arbeitskräfte, deren Lohn oft nur in der »Schiffspassage« nach Amerika bestand. Mit den Walfangschiffen begann die große Auswanderungswelle, noch heute gibt es rund um die ehemaligen Walfanghäfen wie New Bedford zigtausende Nachfahren von Azorianern.

Um 1880 gab es erste Versuche des Walfangs auf Pico, Rückkehrer aus Amerika spielten beim Aufbau des Wirtschaftszweiges eine wichtige Rolle.

## Lajes

In der Gegend um Lajes haben sich vermutlich gegen 1460 die ersten Siedler auf Pico niedergelassen. Am östlichen Ortsrand thront der Castelete, ein dunkler Vulkanfelsen, der zur ältesten geologischen Formation der Insel zählt. Davor erstreckt sich eine flache Bucht, die einst den Booten Schutz bot und heute ein beliebter Badeplatz ist. Hier steht auch die unauffällig wirkende Ermida de São Pedro, das erste auf der Insel errichtete Gotteshaus. Die Hauptkirche von Lajes gibt sich von außen recht stattlich, im Inneren ist der Schmuck jedoch eher schlicht. Es war vor allem das Geld der zahlreichen Emigranten des Ortes, das den 1967 nach über 70-jähriger Bautätigkeit festig gestellten Neubau finanzierte. Verehrt wird in Lajes die Madonna von Lourdes, seit sie 1882 für die sichere Rückkehr der in einen heftigen Sturm geratenen Walfänger gesorgt hatte.

Auffallend sind die hölzernen Dachgauben auf vielen Häusern, die sogenannte Walfängerarchitektur. Auf den amerikanischen Walfangschiffen gelangten im 18. Jahrhundert viele Bewohner Picos nach Amerika. Kehrte man zurück, genügte das kleine Häuschen oft den gewachsenen Ansprüchen nicht mehr und man baute ein zusätzli-

*AUTORENTIPP!*

**ESPAÇO TALASSA**

Nur wenige Jahre nach dem Ende des Walfangs auf Pico bot der Franzose Serge Viallelle 1991 als erster auf den Azoren Ausfahrten zur Wal- und Delfinbeobachtung an. Hier wird vor allem auf Qualität geachtet, vor jeder Ausfahrt gibt es ausführliche Erklärungen, danach steht den Gästen eine kleine Bibliothek zum Nachschlagen zur Verfügung. Die Meeresbiologen, die die Ausfahrten begleiten, arbeiten an verschiedenen wissenschaftlichen Forschungsprojekten mit, viele der Skipper sind langjährige Mitarbeiter mit viel Erfahrung. Neben den üblichen ca. dreistündigen Ausfahrten bietet Espaço Talassa auch ein komplettes Wochenpaket mit täglichen Ausfahrten und Übernachtung im Gästehaus an.

**Espaço Talassa.** Rua dos Baleeiros, 9930-143 Lajes, Tel. 292 67 20 10, www.espacotalassa.com

**Oben:** Walausguck oberhalb von Lajes
**Mitte:** Wettergegerbte Gesichter der Walfänger
**Unten:** Walfangboot im Museum von Lajes

ches Zimmer auf – in Form einer Gaube, wie man es an der Ostküste der USA gesehen hatte. Am westlichen Ende des Ortes ist das ehemalige Franziskanerkloster nicht zu übersehen. Bereits Mitte des 17. Jahrhunderts kamen die Padres von Faial und Terceira nach Pico und kümmerten sich um Seelsorge, Bildung und Kultur der Insel. Der Klosterbau in Lajes aus dem Jahr 1700 beherbergt heute die Gemeindeverwaltung.

## Die Jagd auf den Pottwal

Für die meisten Männer von Pico stellte der Walfang eine zusätzliche Einnahmequelle zu ihrer Tätigkeit in der Landwirtschaft dar. Von Mitte Mai bis Mitte September suchte man vom Walsausguck hoch über der Küste das Meer mit einem Fernglas ab. Wurde der charakteristische Blas eines Pottwals gesichtet, unterbrach der Knall einer Rakete den beschaulichen Alltag. Schnell zog man die von sieben Mann besetzten Holzboote ins Wasser, als Waffe dienten Harpunen. Es war kein leichtes Unterfangen für die Männer an Bord. Ein junger Pottwal ist etwa so lang wie das Boot und sechsmal so schwer!

War der Wal erlegt, wurde er in die Fabrik geschleppt, wo aus den dicken Speckschichten der Tran ausgekocht wurde. Vor dem Bau von industriellen Verarbeitungsanlagen in den 30er- und 40er-Jahren kochte man die Schwarten in Eisenkesseln auf einer offenen Feuerstelle aus. Ein solcher Ofen ist noch am Hafen neben dem Walfängerdenkmal zu sehen. Das Denkmal aus hellem Stein soll an die Gischt des Meeres erinnern, darauf verzeichnet sind die Namen aller Walfänger von Pico. In den ehemaligen Bootsschuppen befindet sich heute das Walfängermuseum mit einer interessanten Ausstellung zur Technik des Walfangs auf den Azoren.

# Infos und Adressen

## ESSEN UND TRINKEN

**Aromas e Sabores.** Bäckerei-Café mit leckerem Brot, Kuchen und salzigen Snacks. So geschlossen. Rua Capitão Mor Garcia G. Madruga, 9930-129 Lajes.

**Restaurante Lagoa.** Der Innenraum ist etwas nüchtern, Essen und Service jedoch überzeugen. Largo de São Pedro 2, 9930-136 Lajes, Tel. 292 67 22 72.

## ÜBERNACHTEN

**Aldeia da Fonte.** Eine schöne Unterkunft für die Sommermonate bietet die auf mehrere Steinhäuser verteilte Vier-Sterne-Anlage drei km außerhalb von Lajes. Traumlage über dem Meer, Pool und ein viel gelobtes, auch Nicht-Hotelgästen offen stehendes Restaurant. Caminho de Baixo, 9930-177 Silveira, Tel. 292 67 95 00, www.aldeiadafonte.com

Das beeindruckende Kiefer eines Pottwals

Das neu renovierte Restaurant Lagoa

**Alojamento Bela Vista.** Freundliche, farbenfrohe Pension mit hilfsbereiten Mitarbeitern und reichhaltigem Frühstück im Ortszentrum von Lajes. Außerdem werden auch mehrere Apartments für Selbstversorger vermietet. Avendia Marginal 1, 9930-121 Lajes, Tel. 292 67 20 00, www.lajesbelavista.com

## AKTIVITÄTEN

**Museu dos Baleeiros.** Alles über den Walfang auf Pico. Neben einem Boot sind hier diverse Gerätschaften und eine Sammlung an Walzahnschnitzereien ausgestellt, zudem kann man einen Dokumentarfilm der BBC aus der Zeit des Walfangs in Lajes ansehen. Di–Sa 9.30–12.30 und 14–17.30 Uhr, Sa/So 14–17.30 Uhr, Rua dos Baleeiros 13, 9930-142 Lajes.

## VERANSTALTUNGEN

**Semana dos Baleeiros.** In der letzten Augustwoche findet das Fest zu Ehren der Lourdesmadonna statt.

## INFORMATIONEN

**ART Forte de Santa Catarina.** Rua do Castelo 9930-138 Lajes do Pico, Tel. 292 67 24 86.

**Mitte:** Die Lagoa Seca im Hochland
**Unten:** Familienausflug zur Lagoa do Capitão





# 36 Hochland im Osten

## Versteckte Seen und Lorbeerwald

**Mit ursprünglicher Pflanzenwelt vom Feinsten und kleinen Kraterseen zwischen steilen Vulkankegeln punktet der Osten der Insel Pico. Leider verirren sich nur wenige Besucher in das unbewohnte Hochland, der Berg und die abwechslungsreiche Küste sind harte Konkurrenz. Außerdem hüllt sich dieser Teil der Insel besonders gerne in Wolken, an sonnigen Tagen kommen Naturfreunde auf ihre Kosten.**

Erst als sich alle Inseln der Azoren bereits aus dem Meer erhoben hatten, begann die Entstehung der Insel Pico. Den Anfang bildete ein durch viele Schichten dünnflüssiger Lava gebildeter Schildvulkan im Gebiet des heutigen Lajes vor etwa 300 000 Jahren. Vor 230 000 Jahren bildeten sich der Ostteil und die Basis des Westteils, aus der später der Berg Pico emporwuchs.

Der Pico do Caveiro bildet mit 1076 m den höchsten Punkt des östlichen Hochlandes. In dem kleinen Krater auf seinem Gipfel versteckt sich einer der etwa 30 Seen auf Pico. Die meisten sind nur wenige Meter tief und von Moorland umgeben, die kleineren verlanden in den trockeneren Sommermonaten. Die Lagoa do Caiado ist der größte See der Insel, er gehört zu den bevorzugten Stellen zur Vogelbeobachtung auf den Azoren. Für die Umgebung des Pico do Caveiro mit seinen dicken Moospolster und Lorbeerwäldern gelten strenge Naturschutzbestimmungen. Häufiger Nebel ist für diese Pflanzengesellschaft Voraussetzung, auch wenn es für den Besucher manchmal ärgerlich sein mag.

Auf Pico werden weite Teile des Hochlandes als Weideland genutzt, allerdings dient die Mehrzahl der Rinder auf Pico der Fleischgewinnung. Große Molkereibetriebe wie auf anderen Inseln gibt es nicht, die kleinen Laibe des milden und cremigen Picokäses werden in Familienbetrieben hergestellt.

## Vulkanausbruch von Praínha

1562 ereignete sich auf Pico der längste Vulkanausbruch seit der Besiedlung der Inseln. Zwei Jahre lang waren die fünf Krater westlich der Lagoa do Caiado aktiv. Nach Norden und Süden wälzten sich Lavamassen in Richtung Küste, im Norden erreichten sie das Meer und bildeten die Landspitze Ponta do Mistério. Vulkanasche und Lavabomben wurden sogar bis auf die Nachbarinseln São Jorge und Faial geschleudert. Erstaunlich gut siedelte sich auf den Lavafeldern im Hochland jedoch die einheimische Pflanzenwelt wieder an.

## Auf alten Eselspfaden

Durch dieses Vulkanland verläuft der wunderschöne Wanderweg PR2 PIC, einst der Verbindungsweg der Bevölkerung zwischen den beiden Hauptorten São Roque und Lajes. Startpunkt ist die Straße durch das östliche Hochland, dann passiert man auf alten Pfaden die versteinerten Lavamassen und die Auswurfschlote des Ausbruchs. Unterwegs durchquert der Weg einen der schönsten Lorbeerwälder der Azoren. Stattliche Lorbeerbäume (*Laurus azorica*), knorriger Wacholder (*Juniperus brevifolia*) und Stechpalmen (*Ilex perado azorica*) säumen den Weg. Zu den endemischen Erikagewächsen zählen die bis zu sechs Meter hoch wachsenden Baumheiden (*Erica azorica*), die pink blühende Azorenglockenheide (*Daboecia azorica*) und die Heidelbeerbäume (*Vaccinium cylindraceum*) mit ihren rosa Blüten im Frühsommer.

## Infos und Adressen

### ÜBERNACHTEN

**Casa do Ouvidor.** Direkt im Hochland gibt es keine Übernachtungsmöglichkeiten. Relativ nah dran ist man in São Miguel Arcanjo oberhalb von São Roque.
Dort gibt es geräumige und luxuriös ausgestattete Ferienwohnungen mit modernem Design in einem traditionellen Gutshaus aus dem 18. Jahrhundert. Der Blick vom Pool auf die Nachbarinsel São Jorge ist kaum zu übertreffen. Rua do Moinho 7, 9940-335 São Roque, Tel. 292 64 21 09, www.acasadoouvidor.com

### AKTIVITÄTEN

**Wanderweg PR2 PIC.** Die Tour beginnt im östlichen Hochland von Pico und passiert mit fantastischen Ausblicken über die Nachbarinsel São Jorge verschiedene Vegetationsstufen. Durch den Parque Florestal da Praínha geht es schließlich in die Baía de Canas ans Meer. Distanz elf km, ca. 900 HM Abstieg. Es lohnt sich auch, nur den geologisch und botanisch interessantesten ersten Teil der Wanderung zu unternehmen und dann wieder zurückzugehen.

Blick auf den Pico von der Lagoa do Capitão

# 37 Ostküste und Piedade

## Landschaftlicher Geheimtipp

**Schwach besiedelt ist heutzutage der Ostteil von Pico, mehr als andere Teile der Insel hat er mit der Abwanderung vor allem der jungen Bevölkerung zu kämpfen. Im Sommer, wenn die Emigranten ihre Ferienhäuser besuchen und Feriengäste aus dem Ausland die Ruhe auf dem Lande suchen beleben sich die Orte wieder ein wenig. Wer ruhige Plätze am Meer sucht, ist hier richtig, aber auch Wanderer finden reizvolle Touren.**

**Mitte:** Das Hochland im Osten wird als Weideland genutzt.
**Unten:** Vor der Hafenkneipe von Ribeiras

## Ribeiras und Pontas Negras

Zur Erkundung der beiden Orte eignet sich nichts besser als der offizielle Wanderweg (PR 17), der an der Inselrundstraße in Ribeira Seca beginnt. Er durchquert die Weinberge des sich steil den Hang hinaufziehenden Ortes Pontas Negras. Der Name (»schwarze Landspitzen«) bewahrheitet sich an der dunklen Lavaküste mit hübschen Badeplätzen zwischen den Felsen. Unterwegs passiert man Obstgärten und Weideland mit neugierigen Ziegen.

In Ribeiras arbeitet einer der letzten Walbootbauer der Azoren. Senhor João Tavares hat selten Langeweile, er restauriert alte Walfangboote, sogar das Walfangmuseum in New Bedford forderte bereits seine Dienste an. Steht das Tor im Ramal Novo gerade offen, lassen sich der Mestre und sein Gehilfe gerne bei der Arbeit über die Schulter schauen. Aber auch die Nachfrage nach neu gebauten Booten ist groß, denn Walbootregatten sind besonders auf Pico und Faial eine beliebte Freizeitbeschäftigung. Am späten Nachmittag werden an vielen ehemaligen Walfanghäfen die Boote ins Wasser geschoben und die beiden Modalitäten Rudern und Segeln fleißig trainiert.

Oberhalb des Hafens befindet sich das Freibad des Ortes, eine gute Alternative falls starke Brandung ein Bad im Meer nicht zulässt.

## Ein Hund namens Nesquim

Der Pottwal im Wappen von Calheta do Nesquim ist einfach zu erklären. Mitte des 19. Jahrhunderts gründete man unter Mithilfe eines aus Amerika zurückgekehrten Walfängers die vermutlich erste Walfanggesellschaft der Azoren. Am Hafen sind im alten Bootschuppen mehrere der Walfangboote ausgestellt. Scheint die Sonne, sitzen die ehemaligen Walfänger bei einem Plausch auf der Bank davor.

Der freundlich dreinblickende Hund über dem Wal ist da allerdings schon etwas rätselhafter. Laut der mündlich überlieferten Geschichte des Ortes erlitt im 16. Jahrhundert ein mit Holz aus Brasilien beladenes Schiff vor der Küste Picos Schiffbruch. Es überlebten nur drei Matrosen und der Schiffshund Nesquim, der die Männer mit lautem Gebell bis zu einer kleinen Felsbucht lotste, an der sie einfach an Land gehen konnten. Dankbar benannten sie die Bucht nach ihrem Retter: Calheta do Nesquim.

Oberhalb des Hafens thront die Mitte des 19. Jahrhunderts neu erbaute Kirche Igreja de São João, daneben steht eine neugotisch inspirierte Version der überall auf der Insel präsenten Heiliggeistkapellen. Auf Pico sind die Prozessionen zum Heiliggeistfest besonders schön, und nur auf dieser Insel tragen die Frauen Körbe mit süßen Hefebroten zur Kirche. Nach der Segnung werden die Brote an die Festbesucher verteilt.

AUTORENTIPP!

**L'ESCALE DE L'ATLANTIQUE**

Weiter als auf den großen Balkon vor dem Zimmer möchte man eigentlich gar nicht, auch wenn in der Umgebung tolle Wandertouren und Naturschwimmbecken locken. Der Blick schweift über den üppigen Garten und die Weite des Atlantiks bis zum Horizont. Ein kleines Paradies hat sich das Schweizer Paar im ruhigen Osten Picos geschaffen. Sie vermieten fünf liebevoll ausgestattete Zimmer, für künstlerische Finesse in Haus und Garten sorgt die Hausherrin, deren Atelier sich auf der anderen Straßenseite befindet. Das Reich des Hausherrn ist die Küche, wo er jeden Morgen ein fantastisches Frühstück zubereitet und manchmal auch abends für die Gäste kocht.

**L'Escale de l'Atlantique.**
Morro de Baixo, 9930-212 Piedade,
Tel. 292 66 62 60,
www.escale-atlantic.com

**Oben:** Der Leuchtturm an der Ponta da Ilha
**Mitte:** Dorfleben in Piedade
**Unten:** Ein kleiner Fischer am Hafen von Manhenha

Zum Baden lädt das Naturschwimmbecken Poça da Muja ein, eine kleine Open-Air-Bar sorgt im Sommer für das leibliche Wohl. Oberhalb prangt die rot gestrichene Moínho do Morricão, eine der zahlreichen restaurierten Windmühlen auf Pico. Es waren vermutlich die Flamen, die dieses Modell auf die Azoren brachten. Auf die rechteckigen Flügel wurden Segel gespannt, der hölzerne Aufbau ließ sich je nach Windrichtung drehen. Früher wurde hier hauptsächlich Mais gemahlen, das heute noch erhältliche Maisbrot (»Pão de milho«) war viele Generationen lang das Grundnahrungsmittel der Azorianer.

## Piedade

An der Ostspitze von Pico markiert der 1946 erbaute Leuchtturm Farol da Manhenha zusammen mit dem Leuchtturm von Topo auf São Jorge die Einfahrt in den Kanal zwischen den beiden parallel liegenden Inseln. Vor der Reblausplage Mitte des 19. Jahrhunderts war die Gegend eine der wichtigsten Weinbauregionen der Insel und auch heute wird in den Orten hauptsächlich Wein für den Eigenkonsum produziert. Die zerklüftete Basaltküste zwischen Calhau und Manhenha lädt zu einer abenteuerlichen Wandertour ein. Der Parque Matos Sousa, auf dessen Gelände sich auch eine Landwirtschaftsschule befindet, widmet sich den landwirtschaftlichen Traditionen der Insel.

# Infos und Adressen

## SEHENSWÜRDIGKEITEN

**Bootshaus mit Walfangbooten.** Am Hafen von Calheta de Nesquim. Mo–Fr 9–12.30 und 14–17.30 Uhr.

## ESSEN UND TRINKEN

**O Barbecue.** Gemütlich dekoriertes, kleines Restaurant mit Grillspezialitäten und hausgemachtem Eis an der Inselrundstraße. Mi–So 18–22 Uhr, Estrada Regional, Foros, 9930-055 Calheta de Nesquim, Tel. 292 66 68 01.

**Restaurante Ponta da Ilha.** Eines der wenigen Restaurants im Ostteil der Insel, spezialisiert vor allem auf Fischgerichte. Von April bis Oktober geöffnet. Ruhetag So abends. Caminho de Baixo, 9930-209 Piedade, Tel. 292 66 67 08.

## ÜBERNACHTEN

**O Zimbreiro.** Auf einem großen, sehr gepflegten Gartengrundstück verteilen sich mehrere Bungalows mit gemütlicher Einrichtung und Terrasse. Der belgische Hausherr ist Töpfer – wer nicht hier übernachtet, kann ihn in seinem Atelier besuchen und eines seiner Kunstwerke erwerben. Caminho do Cruzeiro 83, 9930-251 Piedade, Tel. 292 66 67 09, www.zimbreiro.com

Im Restaurant Ponta da Ilha

## AKTIVITÄTEN

**Wandern.** Die Gemeindeverwaltung von Lajes baut derzeit ein vorbildliches Netz an Wanderwegen aus, die üblichen Wandertafeln am Beginn der Tour informieren mit Karte und Beschreibung über Länge und Schwierigkeitsgrad. Zum Zeitpunkt der Recherche waren noch nicht alle der neu markierten Wege auf der Webseite von Visitazores aufgeführt.

Der Wanderweg PR3PIC entlang der Küste bei Piedade ist spannend, erfordert aber gute Trittsicherheit. Während der Brutzeit der Seevögel von Mai bis Juli darf das Wegstück an der Küste der Ponta da Ilha nicht begangen werden, eine Alternativroute ist ausgeschildert.

Im L'Escale de l'Atlantique legt man Wert auf liebevolle Details.

# 38 São Roque und Nordküste

## Lebertran und Sommerfrische

**São Roque ist ganz dem Meer zugewandt. Am Hafen halten die Personenfähren und Frachtschiffe, daneben zeugt eine breite Rampe und die als Museum ausgebaute Fabrik von der Zeit des Walfangs. An der Uferpromenade sind noch einige stattliche Wohnhäuser aus dem 18. Jahrhundert zu bewundern. Davor tut es die Statue von König Diniz den Besuchern gleich und blickt versonnen auf die Nachbarinsel São Jorge.**

**Mitte:** Walfängerdenkmal in São Roque
**Unten:** Alte Kessel hinter der Walfabrik

Das bedeutendste Bauwerk von São Roque ist das Mitte des 18. Jahrhunderts errichtete Franziskanerkloster. Die vorher bereits in Lajes vertretenen Glaubensbrüder ließen sich an der Nordküste nieder, um der vom Vulkanausbruch 1718 betroffenen Bevölkerung zu helfen. Nicht ganz uneigennützig setzten sie sich auch für den Weinbau auf der Insel ein. Unterhalb befinden sich ein adretter Stadtgarten und wunderschöne Naturschwimmbecken. An der gepflasterten Uferstraße gegenüber des Hafens kann man im Gebäude der Tourismusinformation ein Walfangboot besichtigen. Eine neue Promenade führt am Meer entlang Richtung Osten, passiert einige Weinberge und endet an einem weiteren attraktiven Badeplatz.

## Seife und Walöllampen

1984 schloss die Walfabrik von São Roque als letzte der Azoren die Tore. Die moderne Anlage war 1948 gebaut worden und produzierte als einzige der Azoren die komplette Palette an Walprodukten. Aus der Speckschicht, die am Rücken eines großen Wals bis zu 30 cm dick sein kann, wurde Öl ausgekocht, das als Treibstoff diente oder zu Seifen verarbeitet wurde. Früher steckte beispielsweise auch im Waschmittel Persil Walöl. In den Häusern von Pico waren Walöllampen lange Zeit die einzige Lichtquelle.

Im 19. Jahrhundert diente das Walöl vor allem zur Straßenbeleuchtung und als Lichtquelle für Leuchttürme, im Ersten Weltkrieg wurde daraus Nitroglycerin hergestellt, ein kriegsentscheidender Rohstoff, der als Sprengstoff verwendet wird. Ein wichtiger Grund für die Jagd des Pottwals war das Kopföl mit seinem hohen Wachsanteil, aus dem das begehrte Walrat gewonnen wurde. Die geruchslose Substanz wurde für Heilzwecke verwendet und erfreute sich in den 1950er-Jahren als Schmiermittel in der Feinmechanik, Waffen- und Raumfahrtstechnik noch einmal großer Nachfrage. Die erste definierte Lichteinheit nannte sich Candlepower, und man verstand darunter die Leuchtkraft, die von einer standardisierten Walölkerze ausging.

Aus der Walleber gewann man den Vitamin D-Lieferanten Lebertran. Knochen und Fleisch wurden ausgekocht und getrocknet und dann zu Mehl verarbeitet, das als Dünger und Viehfutter Verwendung fand. Ambra, eine harte, im Darm des Wals entstehende Substanz diente als Trägerstoff bei der Parfümherstellung. Schon die Urvölker schätzen die angeblich aphrodisierende Wirkung des Ambra. Lange Zeit wusste man nicht, dass die wohlriechenden Steinchen, die man im Meer fand, vom Wal stammen. Es wurde vielmehr die Meinung vertreten, die wertvolle Substanz wüchse wie Pilze auf dem Meeresgrund. Beim Zerlegen des Wales vor der Fabrik suchte man stets nach dem Ambra, bei dem 250 m langen Darm eines Pottwales kein einfaches Unterfangen. Durch die

AUTORENTIPP!

**URLAUB IN EINER ADEGA**

Wo sucht der gestresste Picarote, wie die Einwohner der Insel genannt werden, Entspannung? Natürlich in seiner Adega. Viele Familien auf Pico besitzen eines der direkt an der Küste gelegenen Steinhäuschen, die man früher während der Weinernte bewohnte. Hier schaut man aufs Meer, trinkt Picowein und erfrischt sich bei einem Bad im Meer. Immer mehr der Häuschen werden heute auch vermietet: »Agedas do Pico« ist einer von vielen Vermietern auf Pico. Jede der in der Ortschaft Prainha gelegenen Adegas ist anders eingerichtet, hier ist für jeden das Lieblingshaus dabei. Das Angebot an Häusern wird ständig erweitert, Meerblick und traditionelle Architektur haben sie alle.

**Agedas do Pico.** Rua do Ramal, 9940-062 Prainha, Tel. 933 25 62 77, www.adegasdopico.com

**Mitte:** Das Kachelbild erinnert an den Vulkanausbruch von 1562.
**Unten:** Inseltypisches Ferienhaus aus Lavagestein

Entwicklung der petrochemischen Industrie nahm die Nachfrage nach Walprodukten in den 1960er-Jahren immer weiter ab, die meisten Fabriken waren beim Verbot des Walfangs bereits nicht mehr in Betrieb. Eine recht kuriose Geschichte ereignete sich in der Fabrik, als es eines Tages zu einer heftigen Explosion kam. Ein Arbeiter wurde hoch durch die Luft geschleudert und überlebte – er landete weich auf einer Walschwarte. Durch die starke Auswanderungswelle in dieser Zeit, die besonders junge Männer ins Ausland trieb, nahm die Zahl der Walfänger zusätzlich ab.

Der zur Fabrik gehörende Walsausguck befindet sich auf einem Hügel oberhalb von Sant´Ana, auf den man, der Wanderwegsmarkierung folgend, einen kleinen Spaziergang machen kann. In den Kanal zwischen São Jorge und Pico verirren sich allerdings nur selten Wale, die Boote mussten in der Regel bis hinter die Ost- oder Westspitze der Insel fahren, um die Meeressäuger zu jagen. Vor der Fabrik sieht man die Winden, mit denen man die Wale über eine Rampe an Land zog, daneben steht das fotogene Walfängerdenkmal.

Direkt am Hafen hat der kleine Radiosender Radio Cais seinen Sitz. Auf den Azoren haben Regionalradiosender eine große Tradition und sogar auf Pico gibt es gleich mehrere. Es lohnt sich also, das Autoradio gelegentlich einmal einzuschalten. Die Terrasse des Segelclubs nebenan bietet sich für eine Kaffeepause an.

## Praínha do Norte und Santo Amaro

Auf dem Weg von São Roque nach Praínha liegt der attraktive Parque Florestal da Praínha. Vom Aussichtspunkt blickt man auf die Ponta do Mistério, ein vom Vulkanausbruch 1562 gebildetes

Basaltplateau an der Küste. An Azaleenhecken entlang geht es zum Picknickplatz mit Panoramablick über São Jorge.

In mehreren inseltypischen Häusern befinden sich Ausstellungen über die Geschichte der Landwirtschaft auf Pico, eine restaurierte Windmühle vervollständigt die Anlage. Unterhalb liegt die Baía de Canas, auf deren mittlerweile von Wald überwucherten Terrassenfeldern früher Weinstöcke angebaut wurden. Heute gehören viele der Ferienhäuser Portugiesen vom Festland und Azorianern von anderen Inseln.

Die Häuser von Praínha do Norte ziehen sich von der Inselrundstraße bis zum Meer, eine nette Abwechslung zu den sonst übliche Straßendörfern der Insel. Mitten im Ort thront die wuchtige Kirche Igreja da Nossa Senhora da Ajuda aus dem 18. Jahrhundert mit den später angebauten Kirchtürmen. Viele der Häuschen sind Ferienhäuser, der Blick auf São Jorge und attraktive Badeplätze machen den Ort zu einem äußerst beliebten Wochenenddomizil.

**Oben:** Der kleine Stadtgarten von São Roque
**Unten:** Kieselstrand in der Baia de Canas

**Oben:** Puppen im Kunsthandwerkszentrum von Santo Amaro
**Unten:** Die Kirche von Praínha do Norte

Santo Amaro war einst das Zentrum des Bootsbaus von Pico, durch die großen Waldgebiete im Hochland war ausreichend Material vorhanden. Heute werden hier nur noch ab und zu kleine Holzboote gebaut.

Für ihre Fingerfertigkeit beim Anfertigen von Handarbeiten sind die Frauen von Pico schon lange bekannt. Nachmittags saßen die Damen auf den schattigen Terrassen ihrer Häuser und stickten in jeder freien Minute, da ihre Arbeit besser bezahlt wurde als die der Männer auf dem Feld. Die Händler auf Faial sorgten für den Export ins Ausland. Einen Einblick in das Kunsthandwerk der Insel bekommt man in der Kooperative des Ortes.

Zwischen Santo Amaro und Ribeirinha befindet sich der spektakuläre Aussichtspunkt Miradouro Terra Alta. Über 400 m hoch ragt hier die Steilküste aus dem Meer, weit schweift der Blick über São Jorge. In der Nähe des Aussichtspunktes beginnt ein Wanderweg, der durch die landschaftlich sehr reizvolle Küstenlandschaft und Adega-Siedlungen nach Santo Amaro führt.

# Infos und Adressen

## SEHENSWÜRDIGKEITEN

**Walfabrik.** Museu da Indústria Baleeira. Museum in der ehemaligen Verarbeitungsfabrik. Di–Fr 9.15–12.30 und 14–17.30 Uhr, Sa–So 9.15–12.30 Uhr.

## ESSEN UND TRINKEN

**Canto do Paço.** Gemütlich tafelt man in einem Picohäuschen. Gute Fischauswahl, auf Vorbestellung auch Gerichte wie die inseltypische Fischsuppe (Caldo de Peixe) und Zicklein. Di Ruhetag. Ramal 4, 9940-062 Praínha, Tel. 292 65 50 87.

**Clube Naval.** Das Restaurant des Wassersportclubs am Hafen ist eine beliebte Adresse für einen Kaffee auf der Terrasse oder ein Bier am Abend. Mittags gibt es ein beliebtes Büffet. Armação Baleeiras, 9940-301 São Roque, Tel. 292 64 11 05.

## ÜBERNACHTEN

**Casa do Comendador.** Zimmer mit gehobener Ausstattung in einem herrschaftlichen Haus. Rua de Baixo 17, 9940-312 São Miguel Arcanjo, Tel. 292 64 29 50, http://casadocomendador.com

Kickern im Kreuzgang: Jugendherberge im ehemaligen Franziskanerkloster

Kunsthandwerkerin in Santo Amaro

**Pousada da Juventude.** Moderne Jugendherberge im ehemaligen Franziskanerkloster. Rua João Bento de Lima s/n, 9940-366 São Roque do Pico, Tel. 292 64 80 50, www.pousadasjuvacores.com

## EINKAUFEN

**Escola de Artesanato de Santo Amaro.** In der Kunsthandwerksschule werden Stickereien, Strohhüte und Puppen hergestellt. Mo–Fr 9–12 und 14–17 Uhr, Largo Manuel Inácio Nunes 9, 9940-183 Santo Amaro.

**Queijaria Artesanal.** Eine der zahlreichen kleinen Käsereien auf Pico mit Direktverkauf. Besichtigung nur nach Voranmeldung. Mo–Fr 8–17 Uhr, Rua da Ermida, 9940 Praínha de Cima, Tel. 292 65 53 24.

## VERANSTALTUNGEN

**Cais de Agosto.** Großes Fest in São Roque am letzten Juliwochenende mit Konzerten, Wassersportwettkämpfen und Umzügen.

## INFORMATIONEN

**ART.** An der Uferpromenade. Rua do Cais 25, 9940-353 São Roque, Tel. 292 64 25 07.

Die schwarze Küste und das blaue Meer bilden an sonnigen Tagen einen reizvollen Kontrast.



# 39 Nordwestküste

## Pico in der Nussschale

**Was wäre Pico ohne seine schwarze Basaltküste und ohne die kleinen Häuschen aus dunklem Vulkangestein? Zwischen Madalena und Lajido reihen sich eine ganze Reihe dieser Dörfchen an der Küste auf. An Wochentagen wirken sie eher verschlafen, am Wochenende ist schon etwas mehr los und zu den Weinfesten Anfang September geht es dann richtig rund. Hat man wenig Zeit für den Inselbesuch, bietet die Südwestküste viel Inseltypisches auf kleinem Raum.**

Zwei Arten von Siedlungen prägen die Insel Pico. Zum einen sind es die von Gärten und Weideland umgebenen Dörfer an der Inselrundstraße, in denen man den Großteil des Jahres verbrachte. Rund um diese Dörfer befindet sich in der Regel das wenige fruchtbare Ackerland der Insel. Zum anderen gibt es Ansammlungen von kleinen Adegas direkt an der Küste, die man nur zur Weinernte bewohnte. An Regentagen im Winter wirken die verschlossenen schwarzen Häuschen inmitten des schwarzen Lavagesteins fast etwas traurig. Im Sommer, wenn die Adegas bewohnt sind und viele Emigranten hier ihren Jahresurlaub verbringen, ist das Gegenteil der Fall. So mancher Auswanderer, der sein Leben in einer amerikanischen Großstadt fristet, träumt das ganze Jahr lang von Ruhe und Frieden in seiner Adega.

Fährt man die Straße zwischen Porto Cachorro und Lajido entlang, wird auch der Laie schnell zum Geologen. Die aufgebrochenen Krusten der Oberfläche eines Lavastroms und die schmalen, aneinander gereihten Wülste der Stricklava sind ent-

## Wein und Vulkan – Radeln und Baden an der Westküste

Die kleinen Sträßchen durch die Weinbaugebiete sind ideal für Radtouren mit Badestopps, die Strecke lässt sich auch mit dem Wagen abfahren.

**Fahrradverleih:** Mai–Okt. ART-Kiosk in Madalena; ganzjährig über A Abegoaria am Campingplatz von São Roque. Gegen Aufpreis ist auch Anlieferung und Abholung der Fahrräder an anderen Orten der Insel möglich. www.a-abegoaria.com

A **Ermida de São Mateus.** Die kleine Kapelle aus Basaltstein (Ende 17. Jahrhundert) ist zum Meer hin mit hübschen Steinmetzarbeiten geschmückt. Von hier aus kann man eine traumhafte Wanderung nach Sant'Ana unternehmen (PR10PIC), ein kurzer Spaziergang zu den Lavaformationen hinter der Kapelle lohnt auf jeden Fall.

B **Arcos.** Gemauertes Naturschwimmbecken in den Felsen, im Sommer Café.

C **Lajido.** Kleines Museum über die zum Weltkulturerbe zählenden Weinbaugebiete auf Pico. Besichtigung einer kleinen Ausstellung, einer Weinpresse und einer alten Destille, in der jeden Herbst Schnaps gebrannt wird. Für Interessierte wird ein kleiner Rundgang angeboten. Am Meer befinden sich noch die alte Rampe zum Verladen der Weinfässer und in die Rillen, die die Räder der Ochsenwagen im Lavagestein hinterlassen haben.

D **Porto Cachorro.** Kleine Wege führen durch die zerklüftete Lavaküste.

E **Cais do Mourato.** Kleines Naturschwimmbecken mit tollem Blick auf São Jorge und Faial.

F **Solares do Verdelho in Areia Larga.** An der Küstenstraße stehen mehrere der Herrenhäuser aus der Blütezeit des Weinbaus.

G **Zona do Verdelho.** Ein weites Netz von zum Schutz der Weinreben errichteten Mäuerchen.

H **Zona Balnear da Laja da Rosa.** Großes Naturschwimmbecken mit Blick auf Faial und Cafébetrieb im Sommer.

I **Zona Balnear do Pocinho.** Weiterer Badeplatz mit Picknicktischen.

J **Porto do Calhau.** Vom Hafen aus wurden früher Obst, Wein und Brennholz nach Faial transportiert.

AUTORENTIPP!

**BADEPLATZ FURNA**
Zwischen Santo António und Cais do Pico befindet sich die Zona Balnear da Furna. Die gepflegte freibadähnliche Anlage mit dem Meerwasserbecken ist nicht zu übersehen. Bei ruhigem Wetter gibt es jedoch noch ein Sahnehäubchen: Oberhalb des Badeplatzes führt ein kleiner Weg an alten Bootsschuppen vorbei zur einer kleinen Felsbucht mit vorgelagerten Felsnasen und einer langen Leiter, über die man hinunter ins unglaublich klare Wasser steigt. Allein ist man hier nie, Gesellschaft leisten unzählige Seeschwalben, die auf den Felsinselchen brüten. Darunter auch die seltene Rosenseeschwalbe, weshalb die Felsen zu einem Naturschutzgebiet erklärt wurden. Jedes Jahr pünktlich am 15. April kommen die Seeschwalben aus Afrika zurück, wo sie die Wintermonate verbringen.

lang des Weges leicht auszumachen. Kleine, hellgrüne Olivinkristalle lassen sich in den Steinen der Mauern entdecken. Die Erosion formte an einigen Stellen der Küste Lavatore und Meeresgrotten.

Nicht nur der Vulkanismus, sondern auch der Mensch hat den Lavastein geformt, an der Küste haben sich die Spuren der eisenbeschlagenen Räder der Ochsenwagen tief in das Gestein eingeprägt. Sie brachten die Weinfässer zu den in die Felsen gehauenen Rampen, wo sie auf Boote gerollt und nach Faial transportiert wurden.

Wasser war auf dem felsigen Land an der Küste knapp, man behalf sich mit Zisternen oder Gezeitenbrunnen. Mühsam hackte man mit Hand einen bis zu 20 m tiefen Schacht, in den das Meerwasser durch die Felsen sickerte. Bei Ebbe war das im Brunnen befindliche Wasser immerhin so salzarm, dass es zum Tränken der Tiere und zum Gießen, notfalls auch für den menschlichen Konsum verwendet werden konnte. Kurios sind auch die etwa zwei m hohen halbrunden Mauern, die man bereits beim Landeanflug auf Pico sehr gut erkennen kann. Sie schützten die Feigenbäume vor der salzhaltigen Luft des Meeres, jeder Baum hatte seine eigene Schutzmauer – ihre Errichtung war ein mühsames Geschäft.

## Porto Cachorro

Ein beliebter Stopp auf Inseltouren ist Porto Cachorro. Kleine Wege führen in die zerklüfteten Felsen, in einem kleinen Häuschen werden Liköre der Insel zur Verkostung angeboten. Mit den stattlichen Häuser der Weinbergsbesitzer, den kleinen Adegas, einem Gehzeitenbrunnen, einem Verladehafen mit Rampe und einer kleinen Kapelle aus dem 17. Jahrhundert ist der Ort einer der typischen Weinorte von Pico.

Einzig der graue Betonklotz am Meer scheint nicht so ganz ins Bild zu passen. Darin versteckt sich das Wellenkraftwerk von Pico, ein Pilotprojekt, das sich allerdings noch in der Testphase befindet. Die Idee ist einfach: die durch die hineinschwappende Welle verdrängte Luft treibt die Turbine an. Es war weltweit die erste Anlage dieser Art, die Strom ins öffentliche Netz speiste. Allerdings hat man immer noch mit technischen Problemen zu kämpfen.

## Schnaps war sein letztes Wort

Auf Pico gilt eine einfache Regel: Alles, was zu Alkohol vergoren werden kann oder sich mit Alkohol versetzen lässt, wird zu alkoholischen Getränken verarbeitet. Schnell bekommt man die Eigenkreationen der Familie kredenzt und bei einem Gläschen bleibt es selten. Aus »Nêveda«, einer kleinen Minze, die in jedem Garten wächst, wird Likör, ebenso aus Brombeeren. Besonders gerne wird der »Angelica« angeboten, ein süßer Dessertwein, dessen Alkoholgehalt man nicht unterschätzen sollte. Aus Mispeln und Feigen wird Hochpro-

**Oben:** Ausstellung über den Weinbau in Lajido
**Unten:** Stricklava bei Arcos

**Oben:** Weinverkostung im Centro de Interpretação in Lajido
**Mitte:** Eine alte Destille
**Unten:** Darf es ein Gläschen Verdelho sein?

zentiges gebrannt, Tresterschnaps und Weinbrand sind ebenfalls beliebt. Besonders die Produktion von Weinbrand hat auf Pico Tradition. Wenn die Qualität des Weins nicht stimmte oder er aus anderen Gründen nicht in absehbarer Zeit exportiert werden konnte, verarbeitete man ihn kurzerhand zu dem lange lagerfähigen Weinbrand. Früher wurde vielen Weinen von Pico Alkohol zugesetzt, um sie auf den Schiffsreisen über den Äquator länger haltbar zu machen.

Die Traditionsrebsorte Verdelho wird früh geerntet und zu Tafelwein verarbeitet, bleibt sie etwas länger an der Rebe, wird daraus ein sherryähnlicher Aperitif. Da es sich um eine wenig ertragreiche Sorte handelt, wird sie oft mit anderen Rebsorten verschnitten. Nachdem seit Mitte des 18. Jahrhunderts vor allem der leicht säuerliche Rotwein aus der Isabella-Rebe für den einheimischen Markt produziert wird, setzt man jetzt auf Edelreben, die sich auch auf dem portugiesischen Festland bewährt haben. Sehr gut zu Meeresfrüchten und Fischgerichten schmeckt der schwere Weißwein Frei Gigante, der in der Kooperative in Madalena gekeltert wird. Rot- und Weißwein aus Edelreben prodziert ein privater Abfüller unter der Marke »Terras de Lava«.

# Infos und Adressen

## SEHENSWÜRDIGKEITEN

**Centro de Interpretação da Paisagem da Cultura da Vinha do Pico.** Alles Wissenswerte über den Wein auf Pico. Rua do Lajido, Santa Luzia, 16. Sept.–14. Juni Di–Sa 9.30–12.30 Uhr, 15. Juni–15. Sept. tgl. 10–18 Uhr.

## ÜBERNACHTEN

**Baía da Barca.** Moderne Vier-Sterne-Anlage mit acht geschmackvollen Ferienwohnungen direkt am Meer. Blick aus dem Wohnungen entweder auf das Meer oder den Berg Pico. Pool mit Traumblick. Lugar da Barca, 9950-303 Madalena, Tel. 292 62 87 50, www.baiadabarca.com

**Cantinho do Céu.** Gemütliches, nett eingerichtetes Picohaus. Ideal für Familien. Lajido do Meio 2, 9940 Santa Luzia, Tel. 292 62 21 62, www.cantinhodoceuazores.com

## EINKAUFEN

**Adega A Buraca.** Der kleine Abfüller produziert verschiedene Schnäpse, darunter auch den für Pico typischen Feigenschnaps. Dazu gibt es eine kleine Ausstellung über das frühere Leben auf Pico. Estrada Regional 35, 9940-232 Santo António, www.adegaaburaca.com

**Porto Cachorro.** In einem kleinen Häuschen gegenüber der Felsküste werden Souvenirs und Liköre der Insel angeboten.

## AKTIVITÄTEN

**Wanderung PR10 PIC.** Ein wunderschöner Wanderweg verläuft auf alten Küstenwegen von Cabrito nach Sant'Ana. Am Besten startet man hinter der Kapelle São Mateus, geht hier über die zerklüftete Lavaküste und folgt ab Cabrito dem markierten Wanderweg.

Alt und Jung trifft sich im Café in Arcos.

# SANTA MARIA, GRACIOSA, FLORES UND CORVO

Flores
0
3 km
N
Ilhéu Francisco
Ponta Delgada
Ponta do Albarnaz
Terra da Costa
Ponta Delgada
Ponta do Ilhéu
Ilhéu da Gadelha
Pedra Alta
363
47
Ilhéu dos Abrões
Ponta Ruiva
Ladeiras
Nordküste
Ilhéu de Monchique
Ponta dos Fanais
Tapada da Forcada
596
Ponta Ruiva
Casteletes
Ilhéu de Álvaro Rodrigues
Baixa Rasa
R. de Monte Gordo
Tapada Comprida
Ilhéu Garajau
Cedros
R. do Cascalho
Alagoa
Ilhéu Alagoa
Ponta
Lagoa
48 Westküste
Porto de S. Pedro
Porto da Fajã Grande
Chão da Cruzina
Porto Velho
R. das Casas
Ponta do Baixio
Pico dos Sete Pés
849
Morro Grande
914
Monte das Cruzes
Ilhéu das Poças
Fajã Grande
Caldeira Branca
Tapada do Soares
210
Santa Cruz das Flores
R. das Alagoas
Caldeira Funda
Lagoa Comprida
Morro dos Frades
Fajãzinha
Cova da Pedra
Ponta das Bredos
R. do Silva
Ponta de Fernão Jorge
49
Caveira
Ponta da Caveira
Caldeira
Inselinneres
Caldeira da Lomba
Boca da Vereda
632
R. da Mosteiro
Ponta de Fora
46
Mosteiro
Lagoa Funda
R. Funda
Ponta das Cantarinhas
Lomba
Ilhéu do Cantário
Boca da Baleia
Atlantischer
R. das Lajes
Lajedo
Fazenda das Lajes
Costa
Pico Negro
476
Ponta do Capitão
Ozean
Lajes das Flores
Ponta das Lajes
Ponta dos Ilhéus
Ponta Lopo Vaz
Ponta da Rocha Alta

Corvo
Ponta do Marco
Ponta Torrais
Serão Alto
663
Canto da Carneira
Espigãozinho
598
Caldeirão
Pico João de Moura
Ponta Oeste
Morro dos Homens
715
50
Atlantischer
Pingas
Ozean
Cova Vermelha
Zimbral
Vila Nova do Corvo
Ponta Negra
N
0
3 km

Atlantischer Ozean
Santa Maria
0
3 km
N
Ilhéu das Lagoinhas
Baia do Tagarete
Ponta do Norte
Ponta dos Frades
Baia do Cré
Baia do Raposa
Lagoinhas 249
Lagoinhas
Norte
Anjos
Santana
Alafona
Feteiras
Pico do Norte 298
41
São Lourenço
Baia do S. Lourenço
Ilhéu de S. Lourenço
Pico Alto 587
Santana
40
Westteil
São Pedro
Santa Bárbara
Ponta das Sabinas
Baia do Cura
Almagreira
Brejo
Ponta do Cedro
Valverde
Cruz
Santo Espírito
Facho 254
Jardim
Ponta do Castelete
Gloria
Seca
Vila do Porto
Praia
42
Senhora dos Prazeres
Baia da Praia
Malbusca
Fonte do Jordão
Vigia 373
Maia
Ponta do Malmerendo
Ponta do Marvão
Ponta Malbusca
Ponta do Castelo

osa
Barro Vermelho
Ponta Barca
Cruz do Bairro
Dores
Ponta da Pesqueira
Santa Cruz da Graciosa
Sra. da Vitória
44
Terra do Conde
Westteil
Trás do Pica
Porto Afonso
Pico das Terças 163
Baia da Caldeirinha
Brasileira
Guadalupe
Baia da Lagoa
Lagoa
Ilhéu da Praia
Ribeirinha
Pedreiras
Freiteira
Praia (S. Mateus)
Esperança Velha
Pica Timão 398
Longa
45
Ostteil
Canada
Caldeira
Baia da Engrade
Atlantischer Ozean
Branca 203
Beira Mar
Ponta Branca
Luz
Ribeira
Ponta da Restinga
Baia da Folga
Ponta do Enxudreiro
Baia do Quarteiro
Carapacho
Ilhéu de Baixo
3 km

**Seite 218/219:** Der Felsen an der Ponta da Barca auf Graciosa sieht aus wie ein Pottwal.
**Mitte:** Blick über die Praia Formosa
**Unten:** Korbflechtarbeiten in Vila do Porto



# 40 Santa Maria – Westteil
## Kolumbus und Piraten

**Die kleinen Azoreninseln sind ein Reiseziel für Genießer, Urlauber die kein straffes Besichtigungsprogramm brauchen, sondern einfach die Seele baumeln lassen möchten sind hier richtig. Nach Santa Maria kommen die meisten Besucher zum Tauchen, aber auch die Insel selbst hat viele versteckte Schätze zu bieten. In den letzten Jahren wurde viel getan, um die Insel für Besucher attraktiv zu machen.**

Auf vielerlei Weise nimmt Santa Maria eine Sonderstellung auf den Azoren ein. Zunächst einmal ist sie geologisch die älteste Insel und in ihrer vulkanischen Entstehung bereits abgeschlossen. Während der Ostteil von Santa Maria mit der bergigen und üppig grünen Landschaft eher an die anderen Azoreninseln erinnert, ist der nur max. 200 m hohe Westen ungewöhnlich flach und tro-

## MAL EHRLICH

### WETTER AUF SANTA MARIA

Mit 775 mm wird am Flughafen von Santa Maria der geringste Jahresniederschlag gemessen, im flachen Westen der Insel regnet es besonders im Sommer sehr wenig. Anders sieht es im bergigen Osten aus, in Fontinhas auf 450 m ü. NN ist die Niederschlagsmenge bereits fast doppelt so hoch. Im Hochsommer kann es an der Küste recht heiß werden kann, besonders Wanderer können dann leicht ins Schwitzen kommen. Wer hiken will, sollte sich daher in die kühlere Region um den Pico Alto begeben. Die ist klimatisch besser für sportliche Aktivitäten geeignet.

cken. Durch Veränderungen in der Höhe des Meeresspiegels kommen heute geologische Formationen zum Vorschein, die früher unter dem Wasser lagen. Dazu gehören Fossilien und Muschelkalkablagerungen, die sich teilweise hoch an der Küste befinden. Besonders interessant sind die versteinerten Knochen von Meeressäugern, erst 2012 wurde der über 100 000 Jahre alte Kiefer eines Wales gefunden. Informationen bekommt man im Rahmen einer Führung im sehr gut konzipierten Museum des Naturparks in Vila do Porto.

Durch Einwirkung des feuchtwarmen Klimas im Pliozän entstanden Schichten mit feiner Tonerde, Töpfereien stellten in der Vergangenheit einen wichtigen Wirtschaftszweig dar und auch die Keramikfabriken in São Miguel bezogen ihr Material von Santa Maria. Ebenso wurde Muschelkalk zum Streichen der Häuser auf die anderen Inseln exportiert. Klimatisch ist der Westen der Insel mit seinem mediterranen Klima eine Besonderheit auf den Azoren, mit einer im Sommer fast arid wirkenden, trockenen Landschaft. Über die Azoren ziehende Tiefdruckgebiete »erwischen« die östlichste Azoreninsel oft nicht, daher wird Santa Maria auch als die Sonneninsel bezeichnet.

## Inselgeschichte

Santa Maria wurde als erste der Inseln entdeckt und besiedelt. Zunächst baute man in großem Stil Zuckerrohr an, durch die starke Konkurrenz aus Brasilien wurden Mitte des 16. Jahrhunderts allerdings Weizen und Färberwaid rentabler. Bald war der Grund der Insel im Besitz eines Dutzend einflussreicher Familien, die so genannten Morgadias durften vom Erben weder geteilt noch veräußert werden. Außerdem ließen sie große Mengen des Weizens nach Lissabon exportieren, auf der Insel kam es dadurch zu Hungersnöten.

*AUTORENTIPP!*

**SANTA MARIA BLUES**

Unterhalb der Kolumbusstatue in Anjos befindet sich das Haus eines Vereins namens »Confraria dos Escravos da Cadeinha«. Im 16. Jahrhundert hatte die Vereinigung zum Ziel, das Lösegeld für die von Piraten entführten Inselbewohner aufzutreiben. Konnte man nicht bezahlen, wurden die Gefangenen als Sklaven verkauft. Da heutzutage die Gefahr von Piraten überfallen zu werden, auf den Azoren nicht mehr allzu groß ist, widmet sich der Verein nun der Organisation kultureller Veranstaltungen. Ein schönes, kleines Event ist das Bluesfestival in Anjos, das jedes Jahr im Juli stattfindet. Hier gibt es am Abend stimmungsvolle Konzerte, vorher kann man sich am Meer den Sonnenuntergang anschauen. Auch für das leibliche Wohl ist gesorgt, ein besonderes Augenmerk wird auf kulinarische Spezialitäten der Insel gelegt.

**Associação Escravos da Cadeinha**
Centro Cultural Cristóvao, Colombo, 9580-470 Anjos, www.santamariablues.com

Blick von der Festung auf den Hafen von Vila do Porto

**Oben:** Das Forte São Brás in Vila do Porto
**Unten:** Rushhour in Vila do Porto

## SANTA MARIA

Bereits Ende des 16. Jahrhunderts wanderten die ersten Familien nach Brasilien aus, 1648 suchte 600 Personen eine bessere Zukunft in der portugiesischen Kolonie. Ermüdende Böden und durch das Abholzen der letzten ursprünglichen Wälder im 18. Jahrhundert hervorgerufene Wasserknappheit führten zu einem Abnehmen der Erträge, exportiert wurde kaum noch.

Gegen Ende des Zweiten Weltkriegs bauten die Amerikaner einen großen Flughafen auf Santa Maria, der bald der zivilen Luftfahrt übergeben wurde und zum stark frequentierten Zwischenstopp der Transatlantikflüge wurde. Gut bezahlte Jobs auf dem Flughafen mit den Annehmlichkeiten Amerikas wie Kino, Schwimmbad und ein rauschendes Sozialleben machten Santa Maria zum »Eldorado« der Azoren. Innerhalb von zwei Jahren stieg die Einwohnerzahl von 8000 auf 13 000 an, internationale Film- und Musikstars frequentierten das Hotel der Insel. Mit der Entwicklung der Düsenflugzeuge wurde der Zwischenstopp obsolet, die Insel verfiel nach einer starken Auswanderungswelle Richtung Amerika in den Dornröschenschlaf. Heute leben hier noch 5500 Menschen.

Santa Maria weist das höchste Durchschnittseinkommen der Azoren auf, da sich am Flughafen die Zentrale der Flugüberwachung des Nordatlantiks befindet. Die gut bezahlten Fluglotsen stammen meist vom Festland und müssen am Anfang ihrer Karriere einige Jahre auf Santa Maria Dienst schieben, bevor sie nach Lissabon gehen können.

Auf dem Monte das Flores, einem Hügel oberhalb von Anjos befindet sich eine Radarstation der Europäischen Raumfahrtsagentur, die in den letzten Jahren ausgebaut wurde. Hier wird unter anderem die Bahn der in Französisch-Guyana abegeschossenen Ariane-Raketen überwacht.

# Zu den Buchten an der Nordküste

Verschiedene Vegetationsstufen und extrem unterschiedliche Landschaften durchquert man auf den Wandertouren entlang der Nordküste. Von Wald bis Wüste ist alles geboten.

**Variante 1:** Der Wanderweg PR1 SMA (Länge: 14 km) beginnt am Pico Alto und endet in Anjos.

**Variante 2:** Der Wanderweg PR2 SMA (Länge: 6,5 km) beginnt in Anjos und endet in Feteiras.

**An- und Abfahrt:** Taxi

**Wegbeschaffenheit:** Wanderpfade, stellenweise etwas steilere Abstiege

**Ausrüstung:** Wanderschuhe, evtl. Stöcke, Picknick und ausreichend Wasser (keine Verpflegungsmöglichkeit unterwegs).

Ⓐ **Furna de Santana**. In der durch Erosion entstandenen Höhle an der Küste von Anjos versteckte man sich einst vor Piraten. Mit einer starken Taschenlampe lässt sich der Stollen erkunden.

Ⓑ **Trockenebene.** Hier durchquert man die im Sommer ausgetrocknete, an Mittelmeerinseln erinnernde Landschaft des flachen Teils der Insel.

Ⓒ **Monte Gordo.** Ein Abstecher auf den Hügel mit dem Walausguck lohnt der Aussicht wegen.

Ⓓ **Baía da Cré.** Der Weg verläuft oberhalb der malerischen Bucht, in der früher Kalk abgebaut wurde. An der Küste entdeckten Geologen Fossilienvorkommen, darunter Skeletteile von Walen.

Ⓔ **Barreiro da Faneca.** Auf die vegetationsverwöhnten Azorianer übt die »rote Wüste« von Santa Maria einen großen Reiz aus. Hier baute man Tonerde für die Töpfereien ab, zurück blieb eine etwa fünf Fußballfelder große kahle Ebene, auf der sich nur schwer wieder Vegetation ansiedelt.

Ⓕ **Ribeira dos Lemos.** Sie trieb in der Vergangenheit zwei Wassermühlen an.

Ⓖ **Baía do Raposo.** Ein Abstecher führt auf kleinen Pfaden in diese traumhafte, abgeschiedene Bucht. Von der Steilwand ergießt sich ein Wasserfall, in der Bucht befinden sich Ruinen von Wassermühlen. Durch ein Loch in einer Felswand gelangt man an einen idyllischen Steinstrand.

AUTORENTIPP!

**PRAIA FORMOSA**
Santa Maria punktet nicht nur mit dem meisten Sonnenschein, sondern auch mit dem hellsten Sandstrand der Azoren. In einer malerischen Bucht befindet sich die Praia Formosa, ein malerischer Sandstrand. Möchte man sich das Bad im Meer erst verdienen, kann man eine lohnenswerte Wandertour von Vila do Porto aus hierher unternehmen. Das weiße Sandareal ist bei den Insulanern nicht nur tagsüber beliebt, auch abends kommt man gerne mit Kind und Kegel hierher. Im Biergarten gibt es leckeres Essen und am Wochenende auch öfter mal Events. In der letzten Augustwoche findet hier die Maré de Agosto, das größte Musikfestival der Azoren statt. Neben regionalen Bands sind stets auch einige namhafte internationale Interpreten mit von der Partie.

**Beach-Parque** Biergarten und Partyzelt. Tel. 296 88 40 03.

**Restaurante O Paquete.** Restaurant in Form eines Schiffes direkt am Strand. Tel. 926 88 46 86.

Ein Bayer auf den Azoren

# Vila do Porto

Im Hauptort der Insel spiegeln sich noch deutlich die Anfänge der Besiedlung wider. Hier fanden die ersten Siedler ideale Bedingungen für den Bau eines Städtchens. An der geschützten Hafenbucht fließen zwei Flüsse ins Meer, die Trinkwasser lieferten und Mühlen antrieben. Das dazwischen liegende Hochplateau wurde durch das Forte São Brás oberhalb des Hafens geschützt, dahinter zog sich der Ort in langen Straßen die Anhöhe hinauf. Die Festung wurde vermutlich erst Anfang des 17. Jahrhunderts gebaut, heute dient sie nicht mehr wie einst dem Schutz vor Piraten, sondern als lohnender Aussichtspunkt über den Hafen. Ein Denkmal erinnert hier an den Untergang des portugiesischen Marineschiffs Augsto de Castilho. Im Herbst 1918 wurde es von deutschen U-Booten versenkt. 35 Überlebende erreichten zwei Tage später in einem Rettungsboot Santa Maria.

Wie viele Gebäude im Ort wurde auch das 1607 gegründete Franziskanerkloster immer wieder Opfer von Piratenüberfällen, unter denen Santa Maria besonders oft zu leiden hatte. Nachdem das Gebäude mehrmals zerstört wurde, stammt der jetzige Bau mit seinem hübschen Kreuzgang von 1725 und beherbergt die Stadtverwaltung. In einer kleinen Kapelle befindet sich eine auf der Insel für ihre Wunder verehrte Jesusfigur. Auch die Hauptkirche Nossa Senhora da Assunção wurde nicht verschont. 1616 besetzten türkische und nordafrikanische Piraten die Insel und schlugen in der von ihnen als Moschee genutzten Kirche ihr Hauptquartier auf. Sie verschleppten über hundert Insulaner und ließen den Ort geplündert und zerstört zurück. Die heutige Kirche wurde 1833 nach einem schweren Brand neu errichtet. Gefeiert wird die Schutzpatronin von Vila do Porto dann zu Maria Himmelfahrt.

# Santa Maria – Westteil

Schöne Ausblicke über das Meer bietet der markierte Wanderweg von Vila do Porto zum Strand Praia Formosa. Gleich im ersten Teil passiert man einen Aussichtspunkt an einem ehemaligen Steinbruch. Hierbei handelt es sich um Kissenlava, einst am Meeresboden entstandene, teils gasgefüllte Lavaballons. Zum Glück ist der Abbau von Steinen an dieser Stelle nun untersagt und die geologisch höchst interessante Formation wird nicht weiter zerstört. Normalerweise befindet sich Kissenlava unter dem Meeresspiegel, die Vorkommen auf Santa Maria stammen aus einer Zeit, als der Meeresspiegel wesentlich höher lag. Weiter entlang des Wanderweges passiert man einen zweiten Steinbruch, an dem sich ebenfalls zu dieser Zeit geformte Ablagerungen von Muscheln befinden.

## Ilhéu da Vila

Vor Vila do Porto liegt das kleine, unbewohnte Inselchen. Bereits der erste Geschichtsschreiber der Azoren beschrieb die große Zahl an Seeschwalben und Sturmtaucher, die hier geschützte Nistplätze finden. Heute ist das neun ha große Inselchen ein streng geschütztes Naturschutzgebiet, hier ist eine der größten Vielfalt an Seevögeln auf den Azoren zu finden. Eine besonders seltene hier nistende Art ist der Buwlersturmvogel.

## Anjos

Die große Statue ist nicht zu übersehen: Auf der Rückreise von seiner ersten Amerikafahrt soll Kolumbus 1493 Anjos besucht haben, um in der kleinen Kapelle die Messe lesen zu lassen. Die Matrosen im Büßergewand wurden zunächst für Piraten gehalten, der Vertreter des abwesenden Inselverwalters ließ die Gesellen vorsorglich festnehmen. Erst als Kolumbus ebenfalls an Land ging, konnte das Missverständnis aufgeklärt werden.

**Oben:** Kolumbusdenkmal in Anjos
**Mitte:** Moderne Architektur in Vila do Porto
**Unten:** Kappelle in Anjos

# Infos und Adressen

## ESSEN UND TRINKEN

**A Garrouchada.** Kleines Restaurant mit vielseitiger und abwechslungsreicher Karte. Absolut empfehlenswert sind die Spezialitäten des Hauses etwa Thunfischfondue. So Ruhetag. Rua D. Luis Bettencourt 25, 9580-529 Vila do Porto, Tel. 296 88 30 38.

**Bar dos Anjos.** Hierher kommt man auf einen Drink, um den Sonnenuntergang zu genießen. Aber nicht nur das, auch die Fischgerichte sind lecker. Mo Ruhetag. Lugar dos Anjos, 9580-470 Vila do Porto, Tel. 296 88 67 34.

**Churrasqueira Pipas.** Die Spezialität des beliebten Restaurants sind Grillgerichte. So Ruhetag. Rua Gingal 8, 9580-523 Vila do Porto, Tel. 296 88 20 00.

**Os Marienses.** Das Restaurant gegenüber der Markthalle bietet guten Oktopus (polvo) und Stockfischgerichte (Bacalhau). Mittags wird oft ein kleines Buffet gerichtet. Rua do Cotovelo, 9580 Vila do Porto, Tel. 296 88 20 00.

## ÜBERNACHTEN

**Campingplatz.** Schöner, terassenförmig angelegter Platz mit wenig Schatten, dafür mit Meerblick in Strandnähe. Es werden außerdem sechs Bungalows vermietet, die man unbedingt vorher reservieren sollte. Es bietet sich ein Mietwagen an, da es an der Praia Formosa weder Frühstück noch einen Laden gibt. Nur von Juni–Sept. Praia Formosa, Tel. 296 88 43 16, pcampismo@sdmsa.pt

**Casa da Almagreira.** Ein großes Ferienhaus mit gehobener Ausstattung und drei Schlafzimmern wird im Ort Almagreira vermietet. Canada do Outeiro, 9580-028 Almagreira, Tel. 282 44 44 44, www.altoazores.com

**Jugendherberge.** Beinahe ein Hotel ist die Nobel-Jugendherberge in Vila do Porto. Auf der Terrasse mit Pool und Blick über den Hafen fühlt man sich fast wie im Sternehotel. Da nur wenige Doppelzimmer vorhanden sind, sollte man gerade im Sommer früh buchen. Rua Frei Gonçalo Velho s/n, 9580-531 Vila do Porto, Tel. 296 88 35 92, www.pousadasjuvacores.com

Der Pool gehört nicht etwa zum Sterne-Hotel, sondern zur Jugendherberge.

Da die wenigen Landhäuser im grünen Teil der Insel oft schnell vermietet sind, muss so mancher Besucher der Insel auf eines der drei Hotels ausweichen. Leider befinden sich alle im trockenen und weniger reizvollen Teil der Insel. Ein gehobeneres Charme-Hotel in Vila do Porto war zum Zeitpunkt der Recherche im Bau.

**Hotel Praia de Lobos.** Das einzige Hotel direkt im Zentrum von Vila do Porto glänzt mit hilfsbereitem Service, die Ausstattung der Zimmer entspricht aber eher der einer Pension. Rua M. Assunção, 9580-525 Vila do Porto, Tel. 296 88 22 77, www.hotel-praialobos.pt

**Hotel Santa Maria.** Ordentliches, realtiv neues Drei-Sterne-Haus mit Pool etwas außerhalb direkt am Flughafen. Mit Mietwagen ist die Lage aber auf Grund der kurzen Distanzen auf der Insel kein Problem. Rua da Horta, Aeroporto de Santa Maria, 9580-421 Vila do Porto, Tel. 296 82 06 60, reservas@hotelsanta-maria.com

**Pensão Francisca.** Das nette schweizerische Ehepaar vermietet mehrere gemütliche und gut ausgestattete Zimmer incl. reichhaltigen Frühstücks. Hier kann man auf den Mietwagen gut verzichten und eines der Elektrofahrräder mieten, die den Gästen des Hauses zur Verfügung stehen. Gerade im regenarmen Sommer ist dies das ideale Fortbewegungsmittel. Brejo de Baixo, 9580-014 Almagreira, Tel. 296 88 40 33, www.azorean-spirit.com

## EINKAUFEN

**Markthalle in Vila do Porto.** Neben Obst und Gemüse gibt es auch eine gute Auswahl an frischem Fisch. Im Sommer kann man sich mit den leckeren Melonen der Insel eindecken. Außerdem handgemachte Souvenirs wie Schmuck und Naturkosmetik von Gabriela Barata (azoresbeauty.blogspot.com) und die aus Hölzern der Insel gedrechselten Schalen der jungen Schnitzerin Bruna Silva. Tel. 963 94 88 68.

Ernst blickt Kolumbus auf Anjos.

Alle größeren Supermärkte befinden sich in Vila do Porto und im Wohnviertel am Flughafen. Wohnt man in einem Ferienhaus im Osten der Insel, sollte man sich nach der Ankunft gleich mit Lebensmitteln eindecken.

## AKTIVITÄTEN

**Mantamaria.** Tauchzentrum an der Marina von Vila do Porto. Es werden auch Tauchgänge an den Felseninselchen Formigas angeboten. Vermietung von Tauchausrüstung. Tel. 296 88 29 07, http://divecenter.mantamaria.com

## INFORMATIONEN

**Posto de Turismo de Santa Maria.** Zweigstelle im Hafengebäude. Aeroporto, Apartado 560, 9580 Vila do Porto, Tel. 296 88 63 55.

# 41 Rund um Santa Bárbara

## Stufen für den Riesen

**Die Dörfer von Santa Maria sind wohl die reizvollsten der Azoren. Die Häuschen mit den arabisch anmutenden Schornsteinen haben traditionell bunte Umrandungen an Fenstern und Türen – in jedem Ort eine andere Farbe. Im Gegensatz zum kahlen Westen der Insel ist die Gegend um den Pico Alto von Wäldern geprägt und in der Bucht von São Lourenço bieten die terrassierten Weinberge ein hübsches Bild.**

Auf Santa Maria beschränkt sich die Besiedlung nicht nur auf die Küste, da durch die geringe Höhe der Insel auch das Inselinnere für den Ackerbau nutzbar war. Hier findet man nicht die sonst üblichen Straßendörfer, die Häuser verteilen sich von Gärten umgeben in der Landschaft. Neben dem Anbau von Weizen und Mais erlangte die Schafzucht einige Bedeutung. In den letzten Jahrzehnten hat sich allerdings auch hier die Rinderhaltung durchgesetzt. Erfolgreich vermarktet werden auch die aromatischen Cantaloupe-Melonen der Insel.

Hübsch sind die kleinen, gedrungenen Kirchen der Dörfer, neben denen fast immer eine Heiliggeistkapelle zu finden ist. Auf Santa Maria sind diese zwar überdacht, aber zu den Seiten hin offen, wie eine kleine Bühne. An der Inselrundstraße bei Feteiras fällt eine Kirche mit einem mächtigen Treppenaufgang ins Auge, die 1925 zu Ehren der Fatima-Madonna errichtet wurde. Steigt man die für die Gebete des Rosenkranzes stehenden Stufen hinauf, bietet sich ein toller Ausblick über die ganze Nordküste.

**Mitte:** Die Bucht von São Lourenço mit ihren Weinbergen gehört zu den schönsten Flecken der Insel. **Unten:** In der Kirche von Santa Bárbara

## Pico Alto

Auf den kleinen Azoreninseln wurde der einheimische Wald schnell gerodet, man brauchte Feuer- und Bauholz und wollte zusätzliches Weideland schaffen. Hier macht auch Santa Maria keine Ausnahme, nur um den mit 587 m höchsten Berg Pico Alto herum gibt es noch einige Reste des Lorbeerwaldes. Fast bis zum Gipfel hinauf führt ein kleines Sträßchen und sollten die Wolken Gnade walten lassen, hat man von hier einen fantastischen Ausblick. Die Gedenktafel erinnert an die größte Flugkatastrophe der portugiesischen Luftfahrtsgeschichte. Eine Boeing 707 der amerikanischen Charterfluggesellschaft Independent Air, die am 18. Februar 1989 von Bergamo nach Punta Cana unterwegs war, sollte auf Santa Maria zwischenlanden und prallte gegen den Berg. Keiner der 144 Flugzeuginsassen überlebt das durch menschliches Versagen verursachte Unglück.

## Baía de São Lourenço

Als Stufen des Riesen werden die mächtigen Weinterrassen der Baía de São Lourenço gerne bezeichnet. Ein Augenschmaus ist die aus den Überresten einer Millionen Jahre alten Caldeira bestehende Bucht. Bereits in einem Geschichtswerk des 16. Jahrhunderts wird diese Weinbauregion namentlich erwähnt, heute ist der Weinbau auf der Insel nur noch Privatvergnügen, zum Verkauf kommt das Getränk selten. Nur wenige Menschen leben das ganze Jahr an diesem wunderschönen Fleck, im Sommer jedoch beziehen Emigranten aus Amerika die vielen Sommerhäuser. Wunderbar lässt sich im türkisblauen Wasser an den kleinen Sandbuchten baden und schnorcheln. Der vorgelagerte und eine Grotte beherbergende Felsen Ilhéu do Romeiro ist ein beliebter Brutplatz für seltene Seevögel.

## Infos und Adressen

### ESSEN UND TRINKEN

**Restaurante Esplanada.** Beliebtes Restaurant mit großer Terrasse gegenüber des Schwimmbeckens. Baía de São Lourenço.

### ÜBERNACHTEN

Die meisten Übernachtungsmöglichkeiten befinden um Vila do Porto, und damit leider im landschaftlich weniger attraktiven Teil der Insel. Zum Glück gibt es im grünen Osten einige wunderschöne Ferienhäuser im inseltypischen Stil.

**Casa do Norte.** Lugar do Norte, 9580-108 Santa Bárbara, Tel. 918 21 40 30, www.facebook.com/casadonorte.santamaria

**Casa do Oleiro.** Lugar do Norte, 9580-108 Santa Bárbara, Tel. 963 33 87 45, www.casadooleiro.pt

Häuser in der Bucht von Lourenço

Straßencafé in Santo Espírito

# 42 Santo Espírito und Umgebung

## Die Traumbucht von Maia

**Ein Traum ist die Bucht von Maia: Weinberge, ein malerischer Leuchtturm und ein großes Meerwasserschwimmbecken lassen keine Urlaubswünsche offen. Wenn dann noch der Picknicktisch unter dem 80 m hohen Wasserfall frei ist, ist das Glück perfekt. An heißen Tagen lockt der Waldpark von Fontinhas zu einem schattigen Picknick und Santa Espírito hält einige Programmpunkte für Regentage bereit.**

Eine recht aktive Gruppe junger Menschen engagiert sich für das Kulturleben der Insel, wovon nicht zuletzt die vielen Musikevents zeugen. Ein richtiges Vorzeigedorf ist in dieser Hinsicht Santo Espírito. In dem 600-Einwohner-Ort haben die einzige Blaskapelle der Insel und die Folkloregruppe ihren Sitz. Als eine Frau aus dem Ort einen Kunsthandwerkspreis gewann, kaufte sie kurzerhand zwei Webstühle und legte so den Grundstein für eine Kooperative, die heute eine traditionelle Bäckerei und Weberei betreibt.

Etwas versteckt hinter der Kirche hat das Museum seinen Sitz. Hier werden Gegenständen aus Landwirtschaft und Alltag ausgestellt, eine Ausstellung befasst sich mit der Bedeutung der Töpferei in der Geschichte der Insel.

Das Eingangsportal der Igreja da Nossa Senhora da Purificação (1779) übertrifft mit seiner reichen aus Basalt gearbeiteten Barockfassade alle Gotteshäuser der Insel, auch wenn das Innere der Kirche vergleichsweise einfach ausfällt. Immerhin hat sogar der amtierende Bischof der Azoren hier zum ersten Mal der Messe beigewohnt. D. António de Sousa Braga (geb. 1941) stammte aus einer einfachen Familie, wurde aber auf Grund seiner guten Schulleistungen auf das Priesterseminar in Funchal geschickt und studierte später in Coimbra und Rom.

## Malbusca

Kurios ist der Ortsname Malbusca, der noch aus den Anfangszeiten der Besiedlung der Insel stammt. Damals war der Export der an den Klippen spontan wachsenden und zum Einfärben von Stoffen verwendeten Orseilleflechte eine bedeutende Einnahmequelle. In nicht ungefährlichen Kletterpartien erntete man die Flechte, Malbusca heißt soviel wie das »schlechte Heraufholen«. Durch die wenig appetitliche Gärung in Urin wurde aus den zerkleinerten Flechten ein purpurner Farbstoff gewonnen, mit Kalk und Leim versetzt bekam man das tiefblaue Lackmus.

Von geologischem Interesse sind die bis zu einen Meter dicken Basaltsäulen am Flusstal der Ribeira do Maloás, über die ein Wasserfall plätschert (siehe Infoteil).

## Maia

Die malerische Bucht von Maia ist ein lohnendes Ausflugsziel und wunderschön zum Baden. Ähnlich wie in São Lourenço ziehen sich auch hier von Mauern eingefasste Weinberge die Hänge hinauf. Ein gemauertes Becken mit Bar lädt zum Verweilen ein, zwei kleine Restaurants sorgen für das leibliche Wohl. Im hinteren Teil der Bucht fällt die Cascata do Aveiro die Steilwand hinab in ein Becken, zahlreiche Enten machen die Idylle perfekt. Wie in São Lourenço werden auch in Maia die meisten Häuser nur im Sommer bewohnt.

AUTORENTIPP!

**AUSSICHTSPUNKT VIGIA DA BALEIA**

Auf Santa Maria ist man bemüht, den Gästen Geologie und Geschichte der Insel näher zu bringen. Vom Aussichtspunkt oberhalb des Leuchtturms von Maia hat man nicht nur einen grandiosen Blick, sondern kommt auch in den Genuss eines Mini-Museums über den Walfang. Im restaurierten Walausguck befindet sich eine kleine Ausstellung mit alten Fotos und Infotafeln, die Überreste der Walfangstation sieht man unterhalb am Meer. Erst 1936 fing man in Santa Maria an, in größerem Stil Pottwale zu fangen, 1953 wurden zwei dieselbetriebene Kessel zum Auskochen des Öls installiert. Die Winde, mit der man die bis zu 20 m langen Tiere aus dem Wasser zog, stammte von einem in der Nähe der Insel gesunkenen norwegischen Frachter. Trotz aller Bemühungen wurde der Walfang auf Santa Maria auf Grund mangelnder Rentabilität Ende der 60er-Jahre eingestellt.

**Museu da Indústria Baleeira.** Einfach hineingehen, da nicht abgeschlossen wird. Aussichtspunkt Ponta do Castelo, Maia. Santa Maria.

**Oben:** Der Leuchtturmwärter hat den wohl besten Ausblick der Insel.
**Mitte:** Innenhof eines Ferienhauses in Maia
**Unten:** Weinberge rund um Maia

Während Maia im Winter fast verlassen wirkt, erfüllen sich die in Amerika lebenden Azorianer im Sommer ihren Traum vom Inselleben. In den amerikanischen Großstädten überkommt sie doch immer wieder die »saudade« nach dem einfachen und ruhigen Leben auf der Heimatinsel. Für die landschaftlichen Schönheiten ihrer Insel sind sie häufig empfänglicher als die Zuhausegebliebenen, von denen viele selten oder nie verreisen und so keinen Vergleich haben. Den spektakulärsten Eindruck von Maia bekommt man auf der von Santo Espírito aus markierten Wanderung: erst geht es durch beschauliches Weideland, dann tut sich ganz plötzlich der Blick über die Bucht auf und man steht am oberen Rand der steilen Weinterrassen.

## Waldpark Fontinhas

Im Sommer kann es auf Santa Maria schon einmal ordentlich heiß werden. Zum Glück gibt es östlich von Espírito Santo den auf über 250 m ü. NN gelegenen Waldpark von Fontinhas. Die Sicheltannenwälder spenden angenehmen Schatten und große Baumfarne sorgen für etwas exotisches Beiwerk. Bei einem gemütlichen Picknick kann man hier die Mittagshitze gut überbrücken.

## Infos und Adressen

### SEHENSWÜRDIGKEITEN

**Museu de Santa Maria.** Di–Fr 9–12 und 14–17 Uhr, Rua do Museu, 9580 Santo Espírito.

### ESSEN UND TRINKEN

**O Grota.** Die aus Amerika zurückgekehrte D. Aída kocht mit lokalen Produkten der Insel. Im Winter nicht immer geöffnet. Maia, Tel. 296 88 40 15.

### ÜBERNACHTEN

Gemütliche Bauernhäuser, mitten in der hügeligen grünen Landschaft um Santo Espírito:

**Casa da Lapa**, Lapa de Cima, 9580-225 Santo Espírito, Tel. 296 88 28 18.

Im Restaurant A Grota bleibt niemand hungrig.

**Casa Margarida.** Calheta, 9580-224 Santo Espírito. Kontakt in Deutschland: Margrit Steier, Tel. (06676) 918 02 09, www.traumurlaub-azoren.de

### EINKAUFEN

**Cooperativa de Artesanato Santa Maria.** Hier gibt's Webarbeiten, leckeres Brot (am besten vorbestellen) und Kekse. Mo–Fr 9–12.30 und 13.30–17 Uhr, Sa 9–14 Uhr, Termo da Igreja, 9580-238 Santo Espírito, Tel. 296 88 48 88.

### AKTIVITÄTEN

**Basaltsäulen Calçada do Gigante.** An der kleinen Straße zwischen Malbusca und Panasco zweigt nach rechts ein roter, beschilderter Feldweg ab.

In der Snackbar werden Ausflügler verköstigt.

Vom Parkplatz führt ein kleiner Pfad oberhalb der Küste nach Osten, dann geht es am Rand der Weide entlang bis zum Taleinschnitt.

**Wahoo Diving.** Die älteste Tauchbasis von Santa Maria wird von einem Deutschen geführt und bietet auch Hochseetauchziele wie Formigas und Dollarabat an. Die richtige Adresse für passionierte Taucher. Es werden auch Ausfahrten ab Maia durchgeführt. Tel. 296 88 40 05, www.wahoo-diving.de

### VERANSTALTUNGEN

**Maia Folk.** Folkfestival mit toller Atmosphäre in der Bucht von Maia in der ersten Julihälfte.

Ausfahrt zum Tauchen

# 43 Das Meer der Azoren

## Verborgene Unterwasserwelt

**Das Meer um die Azoren steht den Inseln in geologischen Besonderheiten und Artenvielfalt in nichts nach. Wale und Delfine suchen hier nach Nahrung, im Sommer ziehen große Thunfischschwärme vorbei und am Meeresgrund entspringen mehrere hundert Grad heiße Thermalquellen und schwefelhaltige Fumarolen, die so genannten schwarzen Raucher.**

Eigentlich sind die Inseln nur die Gipfel riesiger Unterwasservulkane, von denen es die meisten aber nie über die Meeresoberfläche schaffen werden. Nah dran ist allerdings die auf halbem Weg zwischen São Miguel und Terceira gelegene Banco D. João de Castro. Der höchste Punkt des vom Meeresgrund steil aufragenden Vulkankegels liegt nur 13 m unter dem Meeresspiegel. In der Mitte des Kraters befinden sich ein Fumarolenfeld und heiße Quellen, ein versenkter Seismograph meldet regelmäßig Erdbebenaktivität. Beim letzten Ausbruch 1720 entstand eine 250 m hohe Insel, die wieder im Meer verschwand. Irgendwann wird hier vermutlich eine neue Azoreninsel entstehen.

## Formigas

»Ameisen« heißen die acht Felsnasen, die 37 km nordöstlich von Santa Maria aus dem Meer ragen. Der höchste Felsen ist gerade einmal elf m hoch, außer einem Leuchtturm, der die Schiffe vor dem gefährlichen Riff Dollabarat in der Nähe warnt, sind die Inselchen kahl. Ihre wahre Faszination entfalten die Formigas unter dem Wasser, denn hier ist die Kinderstube vieler Meeresbewohner. Wale, Schildkröten und Haie finden reichlich Fut-

**Mitte:** Virtuelles Aquarium in der alten Walfabrik auf Flores
**Unten:** Zahlreiche Delfinarten bevölkern das Meer der Azoren.

ter und machen die von dicken Algenteppichen bewachsene Unterwasserwelt zu einem Traumziel für erfahrene Taucher.

## Fauna des Meeres

Die bekanntesten Meeresbewohner der Azoren sind die Pottwale, die sich besonders zwischen April und September sehr zahlreich einfinden. Oft sind es größere Gruppen von Weibchen mit ihren Jungen, die den Sommer auf den Azoren verbringen und im Winter wärmere Gewässer weiter südlich aufsuchen. Das meeresbiologische Forschungszentrum auf Faial untersucht derzeit die Nahrung der Pottwale – riesige Kraken – über deren Leben in großer Tiefe noch wenig bekannt ist. Faszinierend ist die unechte Karettschildkröte (*Carreta carreta*), die man manchmal auch bei Whalewatching-Ausfahrten zu sehen bekommt. Mit dem Golfstrom schwimmen die jungen Schildkröten von Florida auf die Azoren und kehren im ausgewachsenen Zustand wieder dorthin zurück.

## Wirtschaftszone der Azoren

30 % des Meeresgebietes der EU entfallen auf Portugal, fast 100 000 Quadratkilometer umfasst allein die ausschließliche Wirtschaftszone der Azoren. Die Fischerei in diesem Gebiet wird allerdings von der EU verwaltet. Innerhalb von 50 Seemeilen um die Inseln dürfen nur die Azorianer fischen, außerhalb der 100-Meilenzone ist aber auch den großen Trawlern anderer EU-Länder, insbesondere Spaniens, der Fischfang erlaubt. In naher Zukunft sollen die maritimen Wirtschaftszonen Madeiras und der Azoren unter die Zuständigkeit von Lissabon fallen. Umstritten ist die geplante Vergabe von Lizenzen zum Abbau von Bodenschätzen rund um die Fumarolenfelder im Meer, wo reiche Kupfervorkommen liegen.

# Infos und Adressen

### AKTIVITÄTEN

**Koje statt Hotelbett?** Eine der schönsten Arten die Azoren zu erkunden ist per Segelboot. Verschiedene Anbieter vermieten Yachten mit und ohne Skipper.

**Azoressailing.** Organisiert auch Wochenendtörns nach Santa Maria und Tagesausflüge auf die Formigas. Rua Império dos Aflitos 9, 9680-160 Vila Franca do Campo, Tel. 296 58 24 46, http://azoresailing.com

**Blueazores.** Katamaran mit deutschsprachigem Skipper auf Santa Maria. Meist einwöchige Törns zu den anderen Inseln für bis zu acht Personen. Mikael Bahner,
Tel. 916 03 95 82,
www.blueazores.com

**Sailazores.** Vermietet vor allem Yachten ohne Skipper an Gäste mit Segelerfahrung. Rua Maestro F. Lacerda 13, 9880-551 Velas, São Jorge (auch in Horta vertreten),
Tel. 911 06 55 55,
www.de.sailazores.pt

# 44 Graciosa – Westteil

## Die liebliche Insel

**Die zweitkleinste Insel der Azoren wird häufig übersehen. Sie hat nicht den Kultstatus von Corvo, keinen besonders hohen Berg und auch keinen besonders großen Krater. Auch bei den meisten Rundreisen ist selten Zeit für Graciosa. Dabei ist »die Anmutige« eine wunderbare Urlaubsinsel zum Entspannen. Touristenmassen hat man auf der Insel noch nie gesehen, auch wenn es seit kurzem sogar ein Hotel gibt.**

Graciosa ist durch ihr flaches Relief die trockenste Insel der Azoren. Keine Berge bringen die Wolken zum Abregnen. Im 19. Jahrhundert baute man deshalb riesige unterirdische Zisternen, in denen das kostbare Nass gespeichert wurde. Auch die beiden großen Wasserbecken am Hauptplatz von Santa Cruz dienten der Wasserversorgung des Viehs und der Bevölkerung. Die schnelle Abholzung des Waldes verschlimmerte das Problem und führte dazu, dass Wasser von anderen Inseln importiert werden musste. Auch Graciosa blieb von der Auswanderung nicht verschont, für die Insel-

**Mitte:** Hauptkirche von Santa Cruz
**Unten:** Im Inneren verbergen sich wertvolle Kunstschätze.

### MAL EHRLICH

**WETTER AUF GRACIOSA**

Durch die geringe Höhe der Insel können sich die Wolken nicht so in den Bergen verfangen wie auf anderen Inseln. Im Sommer kann es im Westteil der Insel sogar ausgesprochen trocken werden. Lediglich um die Caldeira im Osten hängt gelegentlich der Nebel. Viele Inselbewohner besitzen ein Sommerhaus in der Gegend um Carapacho, dort kommt bei schlechtem Wetter auch am ehesten die Sonne raus. Dorthin sollten auch Sie sich bei Nebel und Regen flüchten.

bewohner war Brasilien lange das bevorzugte Ziel. Daher rührt vermutlich auch die große Begeisterung, mit der hier Fasching gefeiert wird – und das nicht nur ein paar Tage lang. Gleich nach Weihnachten geht es los, jedes Wochenende organisiert ein anderer Verein der Insel ein Fest. Wie alle kleinen Inseln hat Graciosa mit Bevölkerungsrückgang zu kämpfen. 1950 lebten hier noch 9600 Menschen, 2001 waren es 5200, 2011 nur noch 4400.

## Santa Cruz

Das Stadtbild des Hauptortes von Graciosas prägen die Herrenhäuser aus der Blütezeit des Weinbaus, auch das Rathaus ist im ehemaligen Wohnhaus eines Adligen untergebracht. Die Hauptkirche Nossa Senhora dos Anjos wartet mit einigen für eine solch kleine Insel ungewöhnlichen Kunstschätzen auf. Das Gotteshaus wurde Ende des 15. Jahrhunderts im manuelinischen Stiel erreichtet, später jedoch baulich stark verändert. Die Bildtafeln im Hauptaltar, die das Kreuz Christi zum Thema haben stammen aus dem 16. Jahrhundert, zudem befinden sich in der Kirche einige wertvolle flämische Figuren.

Glühend verehrt wird die Jesusfigur in der Igreja da Misericórida. Am zweiten Sonntag im August jeden Jahres wird sie in einer feierliche Prozession durch den Ort getragen. Als Überrest des ehemaligen Franziskanerklosters ragt nur der Kirchturm einsam hinter den Norfolkpinien des Stadtgartens auf.

Oberhalb von Santa Cruz befinden sich drei Wallfahrtskapellen. Seit einem Erdbeben im Jahr 1717 wird die Madonna aus der Kirche im Ort Guadalupe jedes Jahr am 24. Mai von vielen Menschen begleitet hierher zu einer Messe getragen.

AUTORENTIPP!

**MUSEUM VON GRACIOSA**

Auf einer kleinen Insel wie Graciosa erwartet man kaum kulturelle Highlights. Das Museum in Santa Cruz überrascht umso mehr mit seiner modernen Architektur und einer interessanten Ausstellung zur Inselgeschichte. Der Hauptteil ist in einem ehemaligen Speicherhaus untergebracht, im Erdgeschoß befinden sich noch die Weinpresse und die Lagerräume vergangener Tage. Im ersten Stock wurden die Zimmer eines für die Insel typischen Hauses mit Möbeln, Alltagsgegenständen und Trachten nachgestellt. Im modernen 2011 eröffneten Anbau illustriert eine Vielzahl an Gerätschaften Ackerbau, Weinbau und das traditionelle Handwerk der Insel. Im ersten Stock befinden sich Räumlichkeiten für Wechselausstellungen.

**Museu Graciosa.** Mo–Fr 9–12.30 und 14–17 Uhr, im Sommer auch Sa/So 14–17 Uhr, Rua das Flores 2, 9800-384 Santa Cruz, Tel. 295 71 24 29.

**Oben:** Am Leuchtturm der Ponta da Barca
**Mitte:** Sonnenuntergang an der Nossa Senhora da Ajuda oberhalb von Santa Cruz
**Unten:** Ein einsamer Reiter auf Graciosa

## Inselnorden

Sehr flach ist der Norden von Graciosa, 95 % der Fläche der Insel liegen, ungewöhnlich für die Azoren, unter 300 m ü. NN. Weite Teile der Insel ließen sich landwirtschaftlich nutzen, ein Problem war jedoch die salzhaltige Meeresluft, die oft bis weit ins Inselinnere geweht wurde und den Anbau erschwerte. Die Weinberge schützt man ähnlich wie auf Pico mit Mauern, auch wenn die Parzellen auf Graciosa etwas kleiner ausfallen. Neben Weizen wurde auf Graciosa vor allem Gerste angebaut, eine Getreidesorte die relativ resistent gegen den Einfluss des Salzes ist. Zum Mahlen dienten Windmühlen, die mit ihrem geschwungenen Dach heute noch das Markenzeichen der Insel sind. Gleich hinter dem Flughafen thront der Leuchtturm Farol da Ponta da Barca und daneben liegt ein Felsen im Meer, dessen Form einem Pottwal entspricht.

## Serra Branca und Serra Dormida

Den Namen »weiße Insel« hat Graciosa auf Grund der Trachytvorkommen (ein relativ helles Vulkangestein) der Serra Branca erhalten. Durch starke Erosion bekamen die Höhenrücken der Gebirge ihre sanft geschwungene Form, die höchsten Punkte liegen unter 400 m ü. NN. Hier finden sich auch die wenigen guten Trinkwasserquellen der Insel. Zum Transport des Wassers von den Bergen in die Orte behalf man sich kurioserweise mit von Hunden gezogenen Wagen, da die Ochsen in der Landwirtschaft benötigt wurden.

Die höheren Regionen der Serra Branca durften schon immer von der Allgemeinheit genutzt werden. Auf dem so genannten Baldio darf noch heute jede Familie im Sommer drei Kühe kostenlos grasen lassen. Ab und zu sieht man schwarze Stiere, die beim unblutigen Stierkampf am Strick in den Dörfern zum Einsatz kommen.

# Infos und Adressen

## ESSEN UND TRINKEN

**Quinta das Grotas.** Gemütliches Restaurant in einem liebevoll dekorierten Landhaus. Caminho das Grotas 28, 9880-020 Ribeirinha, Tel. 295 71 23 34.

**Restaurante Costa do Sol.** Kleines, familiäres Restaurant mit regionalen Gerichten. Gut sind Fisch und und Oktopus. Largo da Calheta 2, 9880-346 Santa Cruz, Tel. 295 71 26 94.

## ÜBERNACHTEN

**Graciosa Hotel.** Modernes Vier-Sterne-Hotel in Meeresnähe, ca. ein km vom Zentrum von Santa Cruz. Porto da Barra 9880-378 Santa Cruz, Tel. 295 73 05 00, www.graciosahotel.com

**Quinta dos Frutos.** Mehrere einfache und sehr saubere Ferienwohnungen in den Lavasteinhäusern eines alten Bauernhofs. Eine kleine Plantage mit Bioobst gehört auch zum Anwesen. Lugar da Vitória 10, 9880-029 Santa Cruz, Tel. 295 71 25 57, www.casasacorianas.com

## EINKAUFEN

**Terra do Conde.** Der kleine Abfüller produziert einen Aperitif und einen Digestif. Mo–Fr 14–17 Uhr, Rua Mouzinho de Albuquerque, 9880 Santa Cruz.

Hier entsteht der Inselschnaps Terra do Conde.

## AKTIVITÄTEN

**Nautigraciosa.** Unter Tauchern ist Graciosa ein Geheimtipp. Tauchgänge und Verleih von Seekajaks und Fahrrädern. R. Corpo Santo, 11, 9880-368 Santa Cruz, Tel. 295 73 28 11, www.divingraciosa.com

## INFORMATIONEN

**ART Kiosk.** Verleiht auch Fahrräder. Praça Fontes Pereira de Melo, 9880-352 Santa Cruz – Graciosa, Tel. 295 71 28 88.

**Posto de Turismo da Graciosa.** Rua Castilho 7, 9880-335 Santa Cruz da Graciosa, Tel. 295 71 25 09.

Auf das moderne Hotel ist die Insel stolz.

**Mitte:** Café am kleinen Strand von Praia
**Unten:** Fischerboote in Praia



# 45 Graciosa – Ostteil

## Kleine Caldeira mit Überraschungen

**Ein tiefer Taleinschnitt trennt die steil aufragende Caldeira im Osten vom Gebirge der Serra Dormida im Westen. In dem bewaldeten Krater versteckt sich die größte Attraktion der Insel, eine faszinierende Vulkanhöhle mit großer Kuppel und einem See. Bereits im 19. Jahrhundert seilten sich Naturkundler in den Vulkanschlot ab, heute gelangt man durch einen Turm mit Wendeltreppe etwas bequemer in das Innere des Vulkans.**

Viele der ersten Siedler von Graciosa stammten von anderen Azoreninseln und Madeira, unter ihnen auch einige einflussreiche Kleinadlige. Das fruchtbare Ackerland machte die Insel auch für wohlhabende Siedler attraktiv und bald war Graciosa vom Großgrundbesitz geprägt, ein Phänomen, das sonst eher auf den größeren Inseln zu beobachten war.

Praia bot den ersten Siedlern mit dem sandigen Meeresboden einen sicheren Ankerplatz. Auf Grund der kleinen Sandbuchten im Ort setzte sich der Name Praia (Strand) durch, obwohl der Ort nach dem Schutzpatron der Kirche eigentlich offiziell São Mateus heißt. Da es in der Gegend um Santa Cruz mehr für den Ackerbau geeignete Fläche gab, verwies Santa Cruz Praia bald auf den zweiten Rang.

Bereits im 16. Jahrhundert waren nicht nur die beiden Hauptorte, sondern auch das Hinterland der relativ flachen Insel weitgehend besiedelt.

Einst war die westlich an Praia angrenzende Caldeira bis zum Rand mit Lava gefüllt, am westlichen Kraterrand lief sie sogar über und floss durch das Tal, das die Caldeira vom Rest der Insel trennt bis zum Meer. Diese windgeschützte Senke, in der auch der Ort Luz liegt, wurde früher vor allem für Obstgärten und als Weideland genutzt. Am südlichen Rand des Tales befindet sich die Bucht von Folga, ein malerischer kleiner Fischerhafen mit uriger Kneipe und einer dem Hl. Antonius geweihten Kapelle. An der Südküste der Insel wurden viele Häuser auf Grund der sinkenden Bevölkerungszahlen verlassen. In den letzten Jahren wurden viele davon als Feriendomizile renoviert und immer mehr werden auch an auswärtige Gäste vermietet.

## Praia

In Praia liegt der Haupthafen der Insel, der mittlerweile über eine künstliche Mole verfügt. Vor dem sich entlang der Bucht hinziehenden Ort liegt das Inselchen Ilhéu da Praia. Dieses streng geschützte Eiland ist einer der besten Brutplätze für seltene Vogelarten, wie der auf den Azoren nur hier und auf dem Ilhéu de Baixo brütende Madeira-Wellenläufer. Das Inselchen darf nur in Begleitung eines Rangers betreten werden. Einen schönen Blick über den Ort und die Küste hat man von der Kapelle Senhora da Saúde hoch über Praia.

## Furna do Enxofre

Die Caldeira ist der kälteste und feuchteste Teil der Insel, am Kraterrand wird mit 405 m ü. NN der höchste Punkt der Insel verzeichnet. Heute ist der in den 1950er-Jahren noch kahle Krater dicht mit Bäumen bewachsen. Zur Zeit der Entdeckung war die Insel Graciosa bewaldet gewesen, doch schon

AUTORENTIPP!

**TERMAS DO CARAPACHO**

Ein Problem auf den kleinen Azoreninseln sind Programmalternativen bei schlechtem Wetter. Hat man Höhle und Museum bereits besichtet, bietet Graciosa zum Glück eine kleine aber feine Therme. Bereits seit dem 18. Jahrhundert nutzt man das Thermalwasser zur Behandlung von Rheumaleiden und Hautkrankheiten. Vor einigen Jahren wurde das alte Badehaus auf den neuesten Stand gebracht, nun kann man entweder im Badebecken und Whirlpool relaxen oder verschiedene Kuranwendungen in Anspruch nehmen. Das Badehaus liegt direkt am Meer und falls doch noch die Sonne herauskommt, findet sich direkt davor ein schönes Meeresschwimmbecken.

**Termas do Carapacho.** Tgl. 10–19 Uhr, Porto da Barra, 9880-378 Carapacho, Tel. 295 73 05 00, www.graciosahotel.com

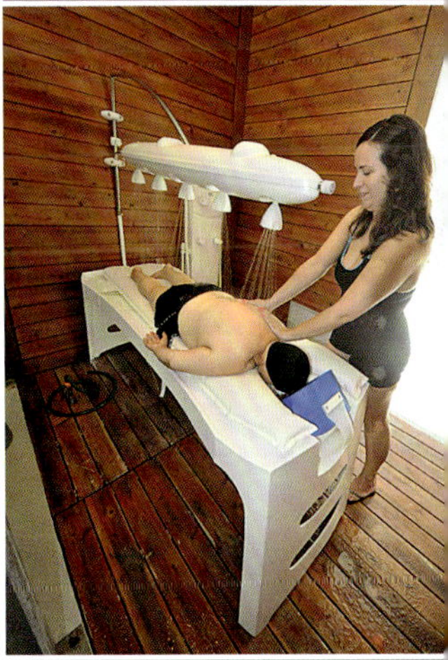

**Oben:** Das Besucherzentrum der Höhle gibt sich futuristisch.
**Mitte:** Im Inneren der Furna do Enxofre
**Unten:** Badeplatz in Carapacho

200 Jahre später schreibt ein Chronist, die Insel weitgehend gerodet vorgefunden zu haben. Im 19. Jahrhundert bat man um die Mithilfe der Bewohner beim Pflanzen von Bäumen, große Wiederaufforstungsprojekte, wie etwa an der Caldeira wurden Ende der 1960er-Jahre vom Forstamt durchgeführt.

Im Inneren der durch einen Straßentunnel leicht erreichbaren Caldeira befindet sich nicht nur ein attraktiver Waldpark, sondern auch die faszinierende »Schwefelhöhle«, wie sie übersetzt heißt. Der Hohlraum entstand einst aus einem Lavasee, dessen Oberfläche erkaltete und fest wurde, während die darunter befindliche, noch flüssige Lava versickerte. Ein Pfad führt durch den Wald zum futuristischen Besucherzentrum, das über die Sicherheit der Besucher wacht. Am Boden der Höhle treten nicht nur Schwefeldämpfe aus, sondern auch beträchtliche Mengen an Kohlendioxid. Werden die Richtwerte überschritten, ist ein Besuch der Höhle nur teilweise oder gar nicht möglich. Eine Alternative an klaren Tagen ist ein Spaziergang auf dem Sträßchen, das einmal komplett außen um die Caldeira führt. Hier bieten sich schöne Ausblicke auf die Graciosa und die Nachbarinseln Terceira und São Jorge. Bewaffnet mit einer Taschenlampe kann man unterwegs die Furna da Maria Encantada, einen Lavastollen am oberen Innenrand der Caldeira, erkunden.

Einer der berühmtesten Besucher der Furna do Enxofre war Albert I. von Monaco, der 1879 in die Höhle hinabkletterte. Der Zugang über den Treppenturm wurde erst 1939 gebaut. Aber nicht nur wissenschaftliches Interesse war der Grund, sich in die Höhle abseilen zu lassen. In besonders trockenen Jahren war der kleine See am Grund der Höhle die einzige Möglichkeit, an Trinkwasser zu kommen.

# Infos und Adressen

## SEHENSWÜRDIGKEITEN

**Furna do Exofre.** 16. Sept.–30. Apr. Di–Sa 14–17.30 Uhr, 1. Mai–14. Juni Di–Fr 9.30–13 und 14–17.30 Uhr, Sa 14–17.30 Uhr, 15. Juni–15. Sept., tgl. 10–18 Uhr, Tel. 295 71 40 09.

## ESSEN UND TRINKEN

**Dolphin Snack Bar.** Café-Restaurant im Ferienort Carapacho, unweit von Badeplatz und Therme. Terrasse mit Meerblick. Carapacho 16, 9880-120 Luz, Tel. 295 71 20 14.

**José João.** Regionale Küche im gemütlichen Speisesaal oder auf der Terrasse zum Meer. Rua Pontes Pereira Melo 148, 9880-235 Praia, Tel. 295 73 28 55.

## ÜBERNACHTEN

Das Markenzeichen von Graciosa sind die schmucken Windmühlen. In einigen kann man auch übernachten.

**Boina de Vento.** Rua dos Moinhos de Vento 44, 9880-280 Praia, Tel. 295 73 21 33, www.boinadevento.com

Jemand zu Hause?

Ferienhaus in der Quinta da Gabriele

**Moinho de Pedra.** 9880-229 Praia, Tel. 295 71 25 01, www.moinho-de-pedra.pt

Ein deutsches und ein schweizerisches Paar haben sich in der Nähe des kleinen Ortes Luz niedergelassen und erfüllen sich hier ihren Traum vom naturnahen Leben. Zudem vermieten sie jeweils zwei gemütliche Ferienhäuser.

**Quinta da Gabriele.** Carapacho 52, 9880-120 Luz, Tel. 295 71 43 52, www.azoren-gesundheitsurlaub.com

**Quinta Perpetua.** Caminho da Ribeira 3, 9880-173 Luz, Tel. 295 71 43 17, www.azoren-graciosa.com

## EINKAUFEN

**Pastelaria Queijadas da Graciosa.** Hier werden kleine mit einer Eigelb-Zuckermasse gefüllten Küchlein hergestellt, die Inselspezialität schlechthin. Rochela, 9880-280 Praia.

## AKTIVITÄTEN

**Gracipescas.** Tauchgänge und andere Wassersportaktivitäten, vermietet auch Zimmer. Tel. 916 05 30 23, www.gracipescas.com.pt

## VERANSTALTUNGEN

**Heiliggeistfeste.** Die Besonderheit auf Graciosa sind kranzförmige Brote, die auf einem langen Stab aufgefädelt zur Kirche getragen werden.

# 46 Flores – Santa Cruz und Lajes

## Am westlichsten Außenposten Europas

**Mitte:** Kleine Insel – große Kirche: die Hauptkirche von Santa Cruz
**Unten:** Lebensgroßes Modell eines Pottwales vor der ehemaligen Walfabrik

**Mit Naturschönheiten sind die Azoren im Allgemeinen reich gesegnet, aber Flores setzt dem Ganzen noch einmal ein Sahnehäubchen auf – im wahrsten Sinne des Wortes, denn Butter war das Hauptexportprodukt der Insel. Santa Cruz und Lajes sind die einzigen größeren Orte der Insel, aber auch hier geht das Leben beschaulich seinen Gang und abends trifft man sich dann zum Walk rund um die Landepiste des Flughafens.**

Die Infrastruktur von Flores zentriert sich auf die beiden Hauptorte und Verwaltungszentren in denen etwa zwei Drittel der knapp 3800 Menschen umfassenden Inselbevölkerung wohnen. Beide Orte haben eine Verbindung zur Außenwelt, in Santa Cruz liegt der Flughafen, an der Mole in Praia legen die Frachtschiffe und im Sommer die Personenfähren an.

## Aller Anfang ist schwer

Auf den erst 1452 entdeckten westlichen Azoreninseln, die unter dem Namen »Ilhas Floreiras« als eigenständiger Archipel galten, ging die Besiedlung nur schleppend vonstatten. Abenteuerlustige Flamen von der Zentralgruppe gaben die Insel bald wieder auf, erst Anfang des 16. Jahrhunderts ließen sich dauerhaft Bewohner nieder. Santa Cruz und Praia zählten durch die relativ geschützten Buchten mit Sicherheit zu den ersten Siedlungen. Man ließ sich nicht wie auf anderen Inseln zunächst an einem Ort nieder, sondern segelte rund um die Insel und verteilte die Siedler auf alle flachen, küstennahen Landstrichen.

Im 18. Jahrhundert stieg die Bevölkerungszahl an, von Reisenden wurde immer wieder berichtete, dass die Menschen in äußerster Armut lebten, exportiert wurden Holz und Stoffe aus der Wolle der damals recht zahlreichen Schafe. Erst als junge Männer von Flores auf amerikanischen Walfängern anheuerten und ihr in Amerika verdientes Geld in die Insel investierten, besserte sich die Situation etwas. Ab Mitte des 19. Jahrhunderts betrieb man auf der Insel selbst Walfang. 1944 lässt ein Lissabonner Geschäftsmann eine moderne Fabrik bauen, die seit kurzem das azorenweit beste Museum zu diesem Thema beherbergt.

## Santa Cruz

Das Zentrum von Santa Cruz ist schnell besichtigt. Das 1641 gegründete Franziskanerkloster São Boaventura und die Hauptkirche Nossa Senhora da Conceição (1859) mit der drittgrößten Kirchenfassade der Azoren sind die architektonischen Höhepunkte. Wunderbar sind im Sommer die Naturschwimmbecken mit kristallklarem Wasser, im oberhalb gelegenen Café spielt sich auch das Nachtleben ab. Ist das Meer ruhig, legt vom kleinen Hafen die Fähre nach Corvo ab, bei starkem Seegang brechen sich die Wellen spektakulär an der kleinen Mole. Der beste Blick über Santa Cruz bietet sich vom 200 m hohen Monte das Cruzes oberhalb des Ortes. Im Ort befinden sich außer den besten Einkaufsmöglichkeiten auch die drei Hotels der Insel.

## Lajes

Jahrhunderte lang forderten die Bewohner von Flores eine bessere Hafenanlage, aber erst 1992

AUTORENTIPP!

**BOOTSTOUR ENTLANG DER KÜSTE**

Nicht nur die Insel Flores selbst, auch die Küste ist fantastisch. Wasserfälle stürzen von den Klippen ins Meer, Grotten bilden riesige Kuppeln und schroffe Felsinselchen bieten reizvolle Fotomotive. Eindrucksvoll ist eine Tour von Santa Cruz entlang der zerklüfteten Ponta Ruiva bis zum Leuchtturm Farol do Albernaz. Faszinierend ist die 25 m hohe Meeresgrotte Gruta dos Enxaréus an der Ponta da Caveira südlich von Santa Cruz, in der sich früher Piraten und Schmuggler versteckten.
Die Bootstouren werden mit Zodiacs durchgeführt (wasserfeste Kleidung) und sind nur bei ruhiger See möglich. Die Veranstalter bieten auch Tagestouren nach Corvo an.

**Extremeociente.** Über Hotel Ociental, Rua dos Baleeiros, 9880 Santa Cruz, Tel. 918 38 91 89, www.hotelocidental.com oder Elisiario Malheiros. Tel. 917 91 89 64, elisiariomalheiros@hotmail.com

**Oben:** Blick über Lajes das Flores
**Mitte:** Fischerboote am Hafen von Lajes
**Unten:** Alte Inselpfade führen in die Fajã de Logo Vaz.

wurde der Traum mit dem Bau der neuen Mole in Lajes wahr. Am Hafen befindet sich eine kleine Bucht mit dunklem Sand, an der steinigen Küste von Flores eine Rarität und daher im Sommer sehr beliebt. Oberhalb des Hafens thront der Leuchtturm, dahinter gruppieren sich die Wohnhäuser der 1951 eingerichteten Marinefunkstation, die bis 1993 in Betrieb war. Die Damenwelt der Insel freute sich damals über den plötzlichen Zuzug der meist alleinstehenden jungen Männer vom Festland und nicht wenige heirateten und blieben auf Flores.

Die Kirche Nossa Senhora do Rosário wurde in der zweiten Hälfte des 19. Jahrhundert fast komplett neu aufgebaut, kurios ist ein Kandelaber und ein Silberkelch in der Kapelle des Allerheiligsten, die von Papst Pius X. als Dank für die Hilfe bei dem Schiffsunglück des Passagierschiffes Slavonia im Jahr 1909 (siehe S. 254) auf die Insel geschickt wurde.

Im oberen Teil des Ortes steht nicht zu übersehen ein modernes verspiegeltes Gebäude. Hierbei handelt es sich um das neue, futuristisch anmutende Kulturzentrum, in dem Konzerte und Ausstellungen einen würdigen Rahmen finden sollen.

Wenige Kilometer östlich von Lajes liegt das nur zu Fuß erreichbare Sonneneck der Insel: die Fajã de Lopo Vaz. Auf dem fruchtbaren Landstück unterhalb der Steilküste wurde eine der ersten Siedlungen der Insel gegründet, der Fußweg in die Fajã ist einer der ältesten Inselpfade, die Stufen wurden bereits vor mehreren hundert Jahren gebaut. Heute gibt es hier nur noch Sommerhäuser und kleine Gärten, in denen dank des milden Mikroklimas vorzügliche Bananen gedeihen. Ein schöner, schattiger Picknickplatz lädt am Anfang des Weges zu einer Rast ein.

## Infos und Adressen

### ESSEN UND TRINKEN

**Casa do Rei.** Sucht man eine Alternative zur deftigen Inselküche, ist man hier richtig. Mit nettem Ambiente bieten hier die schweizerischen Besitzer kreative Küche mit fast ausschließlich auf der Insel produzierten Zutaten. Auch Salatteller und vegetarische Gerichte. Tgl. 18–21.30 Uhr, Di Ruhetag. Rua Peixoto Pimentel, Monte, 9960-478 Lajes, Tel. 922 25 92 89, www.restaurantcasadorei.com

Im Restaurant Casa do Rei

**Hotel Servi-Flor.** Bestes Restaurant in Santa Cruz, trotz 1970er-Jahre Flair. Bairo dos Franceses, Santa Cruz. Tel. 292 59 01 00.

### ÜBERNACHTEN

**Hotel das Flores.** Modernes Vier-Sterne-Hotel am östlichen Ortsrand Santa Cruz. Zona do Boqueirão, 9970-390 Santa Cruz, Tel. 292 59 04 20, www.inatel.pt

### AKTIVITÄTEN

**Fábrica do Boqueirão.** Lebensgroße Puppen und das Modell eines aufgeschnittenen Pottwals in Originalgröße veranschaulichen die Arbeit in der Walfabrik. Englischsprachige Führung. Das begehbare Innere eines Pottwales war Ende 2013 im Bau. Nebenan befindet sich auch das Besucherzentrum des Naturparks. 2014 soll es zur sehr informativen Ausstellung auch eine englische Übersetzung geben. Toll ist das »virtuelle Aquarium«: auf unzähligen Bildschirmen bekommt man einen Einblick in die Unterwasserwelt der Azoren. 16. Sept.–14. Juni Di–Sa 14–17.30 Uhr, im Sommer tgl. 10–18 Uhr, Porto do Boqueirão, Santa Cruz.

**Museu das Flores**. Im ehemaligen Franziskanerkloster. Anfang 2014 war das Museum wegen Umbau geschlossen. Convento de São Boaventura, 9970-315 Santa Cruz, Tel. 292 59 21 59.

### INFORMATIONEN

**Posto de Turismo das Flores.** Zweigstelle am Flughafen. Rua Dr. Armas da Silveira, 9970-331 Santa Cruz, Tel. 292 59 23 69.

Azorenwein macht das Essen perfekt.

# 47 Ponta Delgada und Nordküste

## Auf den Spuren der Franzosen

**In vielen Kurven windet sich die Straße entlang der zerklüfteten Küste von Santa Cruz an die Nordspitze der Insel. Von hier aus hat man die besten Ausblicke auf die 28 km entfernte Nachbarinsel Corvo. Beeindruckend ist das breite Tal westlich von Fazenda, in dem sich majestätisch der Pico da Sé erhebt. Ganz im Norden thront oberhalb von Ponta Delgada der Leuchtturm Farol do Albernaz und sendet sein Lichtsignal Richtung Amerika.**

Ponta Delgada ist mit 360 Einwohnern das größte Dorf der Insel. Auf der ins Meer ragenden Landzunge betrieb man außer Fischerei etwas Viehzucht. 1966 erst wurde der Ort durch eine Fahrstraße mit Cedros verbunden, vorher sicherte das »Sahneboot« die Verbindung zur Außenwelt. Es brachte die von den Bauern erzeugte Sahne zur Butterfabrik nach Santa Cruz und im Gegenzug notwenige Güter nach Ponta Delgada. Bis in die 1950er-Jahre ging man sowieso hauptsächlich zu Fuß, das erste Auto kam erst 1949 auf die Insel. Die lang ersehnte Straße war den Franzosen zu verdanken, die zur Zeit des Kalten Krieges oberhalb von Ponta Delgada eine Radarstation zur Bahnverfolgung von auf einem Testfeld in der Nähe von Bordeaux abgeschossenen Raketen errichteten. Der portugiesische Staat, auf Grunde der übermäßigen Auswanderung um die Zukunft der Insel besorgt, verlangte im Gegenzug von den Franzosen Mithilfe bei der Verbesserung der Infrastruktur der Insel. So wurde unter anderem das Wasserkraftwerk fertig gestellt und 1967 landete das erste Flugzeug auf Flores.

**Mitte:** Nicht zu übersehen ist die Kirche von Fazenda.
**Unten:** Idyllischer Picknickplatz im Waldpark

## Entlang der Nordküste

In Cedros sticht die 1950 neu errichtete Kirche ins Auge, während deren Bau an der benachbarten Bucht große Mengen an dringend benötigtem feinem Sand angespült wurden – ein heute noch gerne zitiertes Wunder. In dem sich bis zum Meer erstreckenden Tal von Alagoa gab es einst große Orangenhaine, in guten Jahren konnte man sogar Früchte nach England exportieren. Eine kleine Asphaltstraße führt bis zu einem idyllischen Picknickplatz, mit Blick aufs Meer und die vorgelagerten Felsen. Auch das malerisch auf einer Landspitze gelegene verschlafene Örtchen Ponta Ruiva ist einen Abstecher wert.

## Probleme auf Flores

Die meisten Grundschulen in den Dörfern sind zwar mittlerweile geschlossen, aber seit 2007 kann man auf Flores immerhin Abitur machen. Zuvor mussten die Schüler ab der 10. Klasse das Gymnasium auf Faial besuchen. Um einen Termin beim Facharzt wahrzunehmen oder ein Kind zur Welt zu bringen, ist eine Flugreise nach Faial nötig, die Propellermaschinen der SATA werden öfter mal zur Ambulanz. Wird es ganz dringend, kommt aus Terceira ein Helikopter und nicht wenige azorianische Kinder kommen in der Luft zur Welt. Die Eltern können in diesem Fall die Koordinaten im Meer als Geburtsort eintragen lassen.

Ein trauriges Thema, über das wenig gesprochen wird, ist eine unheilbare Erbkrankheit, die in Flores extrem gehäuft auftritt. Die so genannte Machado-Joseph-Disease zerstört nach und nach die motorischen Funktionen des Kranken. Lange wurde diese Krankheit nur bei Azorianern beobachtet, mittlerweile konnten auch in anderen Teilen der Welt vereinzelte Fälle nachgewiesen werden.

## Infos und Adressen

### ESSEN UND TRINKEN

**O Pescador.** Das einzige Restaurant in diesem Teil der Insel serviert in freundlich-rustikalem Rahmen vor allem Fischgericht. Rua da Terra Chã (im oberen Teil des Ortes an der Kirche), 9970-078 Ponta Delgada, Tel. 292 59 26 92.

### ÜBERNACHTEN

**Haus Helga und Sara.** In spektakulärer Lage mit Blick auf Corvo oberhalb des Ortes Cedros befinden sich die beiden kleinen Ferienhäuser des Ehepaares Schneider, die ihren Gästen auch gerne Tipps zur Urlaubsgestaltung geben. Vermietung von Juni–Sept. Rua da Igreja, 9970-031 Cedros, Tel. 292 54 21 43, www.cedros-flores-azoren.de

### AKTIVITÄTEN

**Reserva Florestal de Recreio Luís Paulo Camacho.** Wunderschöner gelegener Waldpark mit Wildgehegen, Pfauen, Fischzucht und Picknickplatz. Mo–Fr 9–18 Uhr, Sa–So 10–19 Uhr, Fazenda de Santa Cruz.

Zerklüftete Küstenlandschaft bei Ponta Delgada

**Mitte:** Landschaft um Lajedo
**Unten:** Einsamer Wanderer in Fajãzinha



# 48 Fajã Grande und Westküste

## Im Land der Wasserfälle

**Im Inselwesten zieht die Natur der Insel noch einmal alle Register: Ganze Reihen an Wasserfällen stürzen von der Steilwand, die Küste ist immer wieder von reizvollen Taleinschnitten durchzogen, riesige Basaltsäulen zieren die Landschaft. Oberhalb der Küste reihen sich kleine, schmucke Dörfchen, verbunden durch alte Pfade, die die Westküste zum Wandermekka der Insel machen.**

In die westlichste Ecke Europas zwischen Lajedo und Fajã Grande kamen die Errungenschaften der modernen Zivilisation erste spät: Mitte der 1970er-Jahre kam elektrischer Strom, Fernsehen gab es erst 1986, Handyempfang 2009. Auswanderung war hier schon immer Thema, im 19. und 20. Jahrhundert wurde der Westen von Flores re-

### MAL EHRLICH

#### GESICHERTER RÜCKFLUG

Der typische Smaltalk auf Flores? Da geht es natürlich ums Wetter. Der Jahresniederschlag ist auf Flores (mit 1700 mm am Flughafen) etwa doppelt so hoch wie auf den östliche Azoreninseln. Es kann auch im Sommer vorkommen, dass Flüge auf Grund der Wetterbedingungen auf den nächsten Tag verschoben werden. Daher sollte man Flores gleich am Anfang der Azorenreise besuchen, um nicht Gefahr zu laufen, den Rückflug nach Hause zu verpassen. Auch hier gilt: Die wolkenfreien Tage für Touren ins Inselinnere nutzen. Gute Chancen auf Sonne hat man in der Fajã de Lobo Vaz, in der fast subtropisches Klima herrscht.

gelrecht zum Zentrum der illegalen Emigration, die letzte Chance, noch auf ein Schiff nach Amerika gelangen. In den 1960er- und 1970er-Jahren bluteten die Dörfer durch die massive Abwanderung nach Amerika regelrecht aus, einige Siedlungen wurden komplett verlassen. Mehrere stattliche Häuser in Fajã Grande erinnern noch an die glorreiche Vergangenheit des einst zweitgrößten Ortes des Insel. Frischen Wind bringt eine kleine Gruppe Aussteiger aus dem Ausland, die hier ihr Paradies entdeckt haben und den Naturtourismus auf der Insel voranbringen. Im Sommer allerdings kommt etwas mehr Leben in die Dörfer: Sommerhäuser werden bezogen und Wanderer und Sonnenanbeter tummeln sich in der Fajã Grande. Dann sieht man auch mehr junge Leute als sonst auf der Insel. Viele von ihnen ziehen ein Leben auf größeren Inseln wie São Miguel der Abgeschiedenheit von Flores vor. Oft bleibt den jungen Erwachsenen keine andere Wahl, denn so schön die Landschaft der Insel ist, ist doch die Zahl der qualifizierten Arbeitsplätze gering.

In den Dörfern im Landkreis Lajes gibt es eine ganze Reihe von Mini-Museen, mit Ausstellungen zu Traditionen und Lebensweise auf der Insel. Auch in Fajã Grande kann am Ortseingang links ein typisches Inselhaus besichtigt werden. Die Öffnungszeiten ändern sich häufig, daher besser bei der Touristeninformation am Flughafen erfragen.

## Piraten und Schiffswracks

Im 16. und 17. Jahrhundert passierten die reich beladenen Handelsschiffe auf dem Weg nach Terceira die Insel Flores, das vorgelagerte und von Fajã Grande aus zu sehende Felsinselchen Monchique diente der Seefahrt als wichtiger Orientierungspunkt. Oft wurden die Einwohner der Insel

AUTORENTIPP!

**CANYONING**

Schon von weitem sind die unzähligen Wasserfälle von Flores ein Naturschauspiel, doch wie wäre es, mitten drin zu sein? Jahrelang hat Marco die Wasserfälle der Insel erforscht, Haken befestigt und Routen ausgearbeitet. Jetzt können sich Besucher gut gesichert ins Abenteuer stürzen: Mit Neoprenanzug und Helm geschützt seilt man sich durch Wasserfälle ab, durchschwimmt Wasserbecken und klettert weiter. Es gibt sogar Routen, die direkt im Meer enden, wo ein Boot auf die Abenteuerlustigen wartet. Dieses einmalige Naturerlebnis wird für Anfänger und Fortgeschrittene angeboten, auch Kinder ab zehn Jahren können mitmachen. Marco organisiert außerdem Wandertouren auf den markanten Pico da Sé und Ausflüge nach Corvo.

**West Canyon.** Tel. 968 26 62 06, www.westcanyon.net

**Oben:** Gemächliches Leben in Fajã Grande
**Mitte:** Auf Flores hergestellte traditionelle Gitarren
**Unten:** In der Mühle von Fajãzinha

Opfer der auf Beute wartenden Piraten, aber auf Flores schaffte man es häufiger als auf den anderen Inseln, sich mit den wilden Gesellen zum beiderseitigen Vorteil friedlich zu einigen. Vom König entsandte Inspektoren kritisierten immer wieder den schwunghaften Handel, den die Einwohner mit den Korsaren betrieben und die sie sogar als Untermieter aufnahmen.

Vielen Schiffen wurde die Küste von Flores zum Verhängnis und besonders vor der Westküste liegt eine ganze Reihe an Wracks. Die berühmteste Geschichte kommt bekannt vor: Die Gäste des Altantikdampfers RMS Slavonia bitten den Kapitän, er möge doch etwas näher an die Inseln heranfahren. Der Kurs wird geändert und im dicken Nebel läuft das 155 m lange Schiff der Cunnard Line in der Nähe von Lajedo auf einen Felsen auf. Dank der tatkräftigen Hilfe der Bevölkerung und zweier zur Hilfe herbeigekommenen Schiffe konnten alle 600 Passagiere und Besatzungsmitglieder gerettet werden. Für die Bewohner von Lajedo aber brachte das aufgegebene Wrack vor der Küste unverhofften Luxus: Aus Teilen des Schiffes baute man Häuser, noch heute sind Dachbalken und Böden aus dem Holz der Slavonia zu finden. Manche kamen sogar in den vorher auf der Inseln unbekannten Luxus einer Badewanne, in einem anderen Haus finden sich die Fenster des Musikzimmers. Viele Leute bewahren Besteck, Teller, ja sogar mit dem Logo der Rederei bestickte Tischtücher und Bettlaken auf.

## Basaltsäulen und ein kurioses Grab

Oberhalb von Lajedo befindet sich eine der größten Attraktionen von Flores: der Rocha dos Bordões, der »Felsen der Wanderstäbe«, an die die riesigen Basaltsäulen durch ihre Form erinnern. Durch

## Rundgang Wanderparadies Westküste

**Lajedo – Fajã Grande (PR2FLO):** Auf alten Pfaden mit tollen Ausblicken auf die Steilwand gegenüber durchwandert man die Dörfer Mosteiro und Fajãzinha. Hier steigt der Weg bis zur Inselrundstraße an, um dann durch Waldland und Felder nach Fajã Grande zu führen. Vorsicht: Bei nassem Wetter ist die alte Pflasterung beim Abstieg nach Fajãzinha extrem rutschig, Stöcke sind hilfreich.
**Länge:** 10 km

**Fajã Grande – Ponta Delgada (PR1FLO):** Eine lohnenswerte Tour, denn dieser Küstenabschnitt lässt sich nur zu Fuß erkunden. Am Ende der Ponta da Fajã führt ein alter Pfad die Steilküste hinauf und passiert wunderschöne alte Wacholderbäume. Früher legten die Bauern der Fajã den Weg täglich mit Milchkannen beladen zum Melken der Kühe auf den Hochweiden zurück. Auf und ab geht es dann über die Viehweiden vorbei am Leuchtturm nach Ponta Delgada. Geht man die Route umgekehrt, bieten sich tolle Ausblicke über Fajã Grande, allerdings ist der Abstieg steil und besonders bei Regen sehr rutschig. **Länge:** 7,5 km

**An- und Abfahrt:** Bei gutem Timing sind Start- und Endpunkt der beiden Touren mit dem Linienbus von Santa Cruz aus erreichbar, ansonsten Taxi.
**Ausrüstung:** Rutschfeste Wanderschuhe, Stöcke und Regenschutz. Evtl. Badesachen.
**Verpflegung:** Restaurants in Fajãzinha, Fajã Grande und Ponta Delgada.

Ⓐ **Spaziergang zum Poço da Alagoinha** – Nur knapp einen Kilometer lang ist die Kurzwanderung auf einem alten Pfad zu dem kleinen von mehreren Wasserfällen gespeisten See.

Abendstimmung in Fajã Grande

Ⓑ **Moinho da Alagoa** – Einzige noch in Betrieb befindliche Mühle der Insel. Das Mühlrad ist eine kuriose Konstruktion mit Schaufeln aus halbierten Schiffsbojen.

Ⓒ **Poço do Bacalhau –** Ein kurzer Weg führt vorbei an alten Mühlen zum malerischen Wasserfall in dessen Becken sich im Sommer herrlich baden lässt

Ⓓ **Ponta da Fajã** – Der Ort mit der Kirche Nossa Senhora do Carmo (1898) darf nach einem Erdrutsch 1987 offiziell nicht mehr fest bewohnt werden, ganz hält man die umstrittene Regelung allerdings nicht ein.

das schnelle Erkalten der Lava im Inneren des Schlotes eines mittlerweile zum großen Teil durch Erosion zerstörten Vulkankegel entstanden 200 bis zu 28 m hohe Basaltsäulen. Öfter fallen in dieser Region der Insel spitze Felsnadeln auf. Hier trotzt der harte Basalt der Schlotfüllung im Gegensatz zum übrigen Material des Vulkans der Erosion.

In Lajedo befindet sich die 1771 erbaute Marienkirche Nossa Senhora dos Milagres. Mitte August findet hier das Fest des Dorfes statt, zu dem sich Pilger der ganzen Insel aufmachen.

Kurios ist das mit einem Totenkopf geschmückte »Piratengrab« auf dem Friedhof von Mosteiro. Begraben ist hier António de Freitas (1792–1864), der in Macau durch Handel mit Opium und Kindersklaven zu großem Reichtum kam und später in seinen Heimatort zurückkehrte. Immerhin finanzierte er großzügig eine neue Kirche, in der sich eine vermutlich aus Asien mitgebrachte Figur der Heiligen Filomena befindet. Auch die Senhora da Boa Viagem (die Frau der guten Reise) ist in der Kirche zu finden, vermutlich aus Dankbarkeit für die gut überstandene lange Seereise von Macau nach Flores.

**Oben:** Blick zurück auf Fajã Grande
**Mitte:** Ein kurioses Grab auf dem Friedhof von Mosteiro
**Unten:** Die Natur hat es mit Fajãzinha besonders gut gemeint.

# Infos und Adressen

## ESSEN UND TRINKEN

**Costa Ocidental.** Café und kleiner, gemütlicher Speiseraum. Große Portionen, deftige Küche. Rua Senador André de Freitas, 9960-010 Fajã Grande, Tel. 292 55 20 41.

**Pôr do Sol.** Ein von Blumen umgebenes Steinhäuschen am Ortsende von Fajãzinha beherbergt eines der beliebtesten Restaurants der Insel. In gemütlicher Atmosphäre kommen hier lecker zubereitete regional Gerichte auf den Tisch. Mo Ruhetag. Okt.–Mai nur Sa/So mittags geöffnet. 9960-110 Fajãzinha, Tel. 292 55 20 75.

## ÜBERNACHTEN

**Aldeia da Cuada.** Idyllischer kann man kaum Urlaub machen: 16 liebevoll restaurierte Steinhäuschen, gemütlich azorianisch eingerichtet und umgeben von Blumen. Die Autos bleiben auf dem Parkplatz vor dem Dorf, Pfade mit alter Pflasterung führen zu den Häusern. 9960-070 Cuada, Tel. 292 59 00 40, www.aldeiadacuada.com

**Argonauta.** Kaum jemand kennt Flores und seine Geschichte so gut wie der Italiener Pierluigi Bragaglia. Im Sommer vermietet er in seinem selbst renovierten historischen Haus in Fajã Grande mehrere Zimmer und organisiert auch Ausflüge für seine Gäste. Rua Senador André de Freitas 5, 9960-030 Fajã Grande, Tel. 292 55 22 19, www.argonauta-flores.com

Auf dem Weg zur Aldeia da Cuada

**Casa Atlântida.** Die modernen, gut ausgestatteten Ferienhäuser liegen direkt an der felsigen Küste von Fajã Grande. Tel. 922 14 76 02, astrugo@hotmail.com

## EINKAUFEN

**Queijaria Artesanal.** In der kleinen Käserei stellt D. Ilda aus der Milch ihrer Kühe Frischkäse und gereiften Käse her. Pico Redondo 6, 9960-110 Fajãzinha, www.queijaria.fajazinha.com

Köchin im Restaurant Pôr do Sol

**Mitte:** Die verwunschene Caldeira Negra
**Unten:** Ausblick über die Caldeira Funda



# 49 Flores – Inselinneres
## Seen und sattes Grün

**Das Hochland von Flores ist der Traum einer archaischen Landschaft mit üppigstem Grün und tief eingeschnittenen Kraterseen. Leider hüllt sich das Inselinnere gern in Wolken, zeigt sich blauer Himmel, sollte man nicht lange überlegen. Die Spontaneität wird belohnt, besonders zur Zeit der Hortensienblüte sind die Ausblicke von den kleinen Sträßchen umwerfend.**

Die häufige Nebelbildung auf der Hochebene mag für Besucher bisweilen ärgerlich sein, für den Wasserhaushalt der Insel ist er jedoch von entscheidender Bedeutung und ohne das regenreiche Hochland gäbe es die spektakulären Wasserfälle an der Westküste nicht. An den Flanken einiger Caldeiras im Hochland befinden sich die ursprünglichen Lorbeerwälder, darunter auch seltene Pflanzen, wie die an der Lagoa Seca und Lagoa Negra vorkommende, mehrere Meter hohe Wolfsmilchart (*Euphorbia stygiana*). Botaniker lieben die Westgruppe der Azoren, denn hier gibt es noch einige seltene und auf den anderen Inseln bereits ausgestorbene endemische Arten wie das Azoren-Vergissmeinnicht.

## Rund um den Morro Alto

An der Straße von Santa Cruz nach Fajã Grande liegen vier malerische Seen. Einige Stufen führen hoch zu einem Aussichtspunkt, von dem aus man die Lagoa Negra, Comprida und Seca überblicken kann. Tief sind die drei Krater in die umliegende Landschaft eingeschnitten. Es handelt sich um Maare, die sich während der letzten Phase vulkanischer Aktivität der Insel vor etwa 3000 Jahren gebildet haben. Diese besonders steilen Krater entstehen durch das Aufeinandertreffen von Magma mit Grundwasser und die daraus resultierenden heftigen Explosionen. Der tiefste See der Azoren ist dabei mit 108 m die Lagoa Negra (manchmal auch als Lagoa Funda bezeichnet), die Lagoa Comprida kommt nur auf 18 m. Obwohl die Lagoa Seca von unterhalb des Pico dos Sete Pés entspringenden Quellen gespeist wird, nimmt der Wasserstand gerade im Sommer enorm ab. Früher nutzte man den steilen Kessel als Schweinepferch, die Ferkel wurden am See ausgesetzt und als ausgewachsene Tiere später wieder geholt.

Über den Seen thront der Morro Alto, mit 914 m der höchste Berg der Insel. Auf seinen windgepeitschten Gipfel führt eine Schotterstraße. Von hier blickt man über weite Teile der Insel, von den vier Seen sieht man allerdings nur die Lagoa Branca. Diese ist der älteste und flachste der Seen, im Sommer verwandelt sich das von dichten Moospolstern umgebene Gewässer fast in ein Moor, im Herbst tummeln sich hier Zugvögel aus Amerika. Die zwei 86 m hohen Antennen auf dem Gipfel wurden 1986 errichtet, um das vom höchsten Berg Faials aus gesendete Fernseh- und Telefonsignal zu empfangen, damals die zweitlängste Übertragungsdistanz dieser Art weltweit. Mit dem Bau einer Sattelitenanlage in Santa Cruz im Jahr 2000 wurden die Antennen obsolet.

## Caldeira Rasa und Funda

Weiter südlich befinden sich zwei weitere reizvolle Seen, die 27 m tiefe Lagoa Funda und die 17 m tiefe, zum Baden geeignete Lagoa Rasa. Die dunkle Lagoa Funda ist von Sicheltannenwäldern umgeben und wird von einem Wasserfall gespeist. Die von hier nach Lajes führende Straße ist eine der landschaftlichen Paradestrecken der Insel.

## Infos und Adressen

### AKTIVITÄTEN

**Birdwatching.** An der Lagao Branca wurde der erste Unterstand der Azoren zur Beobachtung der Vogelwelt gebaut. Während die Zugvögel die dunklen, tiefen Seen eher meiden, scheinen sie an der weiten, sumpfigen Lagoa Branca großen Gefallen zu finden. Im Herbst findet sich ein internationales Völkchen von Vogelenthusiasten auf Flores und Corvo ein. Ziel ist, sonst in Europa nicht vorkommende Vögel des amerikanischen Kontinents zu fotografieren, darunter Enten- und Reiherarten. Die Seite für Vogelfans: www.birdingazores.com

**Kleiner Spaziergang an den Seen.** An der Lagoa Comprida beginnt der Wanderweg nach Fajã Grande. Der erste Teil ist einfach und passiert die vier umliegenden Seen. An der Caldeira Branca angekommen, kann man entweder zurückgehen oder wenig später einer schnurgeraden Piste nach links bis zur Straße folgen, hier wieder links bis zum Ausgangspunkt. Rundweg ca. 4,5 km.

Die Caldeira Seca ist unter Vogelfreunden ein Geheimtipp.

**Mitte:** Vila Nova do Corvo – der einzige Ort der Insel
**Unten:** Schweine hielten sich die Bewohner von Corvo schon immer.





# 50 Corvo
## Der Winzling der Azoren

**Vom Meer aus gesehen mag man kaum glauben, dass das steil aus dem Meer aufragende Inselchen bewohnt ist. Einzig im Süden der Insel gibt es eine flaches Landstück an der Küste, auf dem sich die Landepiste des Flughafens und der Ort Vila Nova do Corvo drängen. Die einzige Straße der Insel führt hoch zum Caldeirão, einem großen Einsturzkrater mit kleinem See, und glücklichen Kühen auf kräutergespickten Weiden.**

Gerade mal 17 km$^2$ groß ist die Insel. Am Morro do Homem, dem höchsten Punkt es Kraters, erreicht sie aber immerhin 718 m. Auf Grund der vorherrschenden Winde aus Nordost ist die Erosion an diesem Teil der Küste weit fortgeschritten. An klaren Tagen beeindruckt der Blick vom Kraterrand, die kleinen Vulkankegel im See bilden mit etwas Fantasie die neun Inseln der Azoren ab. Einfach ist auch heute das Leben auf der kleinsten Azoreninsel nicht, im Winter kann das Frachtschiff schon mal für ein oder zwei Wochen ausfallen, von Flügen ganz zu schweigen. Der Alltag geht trotzdem seinen gewohnten Gang – man ist an die Schwierigkeiten gewohnt. Nicht zuletzt Dank der 130 Schweine, die jedes Jahr auf der Insel für den Eigenbedarf geschlachtet werden, ist der Gefrierschrank stets gut gefüllt.

## Im Spiegel der Geschichte

Bis in die 1960er-Jahre lebten die Einwohner Corvos fast autark. Um zu überleben, war man auf Zusammenhalt angewiesen, viele Arbeiten verrichtete man gemeinsam und der Ältestenrat auf dem

Dorfplatz entschied über die Geschicke der Insel. Bis 1955 legte das Frachtschiff nur etwa sechsmal im Jahr auf Corvo an, zwischen November und Februar war man vollkommen von der Außenwelt abgeschnitten.

Die kleinen Steinhäuser im alten Teil von Corvo scheinen sich eng beisammen an den Hang zu drücken, man suchte so Schutz vor den Winterstürmen. Wo einst Getreidefelder lagen, befindet sich heute die Landepiste des Flughafens und das Neubaugebiet. Die Windmühlen neben dem Terminal des Flughafens erinnern noch an diese Zeit. Obst und Gemüse baute man auf Terrassenfeldern oberhalb des Ortes an und im alten Teil des Ortes findet man neben jedem Haus noch den alten Schweinepferch. Haupteinnahmequelle der Insel war bis in die 1960er-Jahre die Schafzucht und die Herstellung von Wollbekleidung. Weite Teile des Inselinneren sind Gemeinschaftsland, der »Baldio«, das noch heute von den Bewohnern gemeinsam bewirtschaftet wird. Hier hielt man die Schafe, die einmal im Jahr am »Tag der Wolle« von den Inselbewohnern geschoren wurden. An diesem wichtigsten Tag des Jahres fanden sich alle Inselbewohner an der Caldeira ein, veranstalteten ein großes Picknick und feierten ausgelassen. Schafe sucht man heute vergebens, auch Corvo hat sich wie die anderen Inseln auf die Haltung von Rindern zur Fleisch- und Milchwirtschaft spezialisiert.

## Alltag auf Corvo

Lediglich 430 Einwohner zählt die Insel und das auch noch mit akutem Frauenmangel, denn auf 240 Männer kommen lediglich 190 Frauen, um 1900 zählte man noch doppelt so viele Einwohner. Obwohl vor einigen Jahren der Hafen ausgebaut wurde, schlagen bei dem auf Corvo häufigen starken Seegang die Wellen über die Kaimauer und

AUTORENTIPP!

**CORVO IM FILM**

Der junge Filmemacher Gonçalo Tocha wollte nicht mal eben schnell eine Reportage auf Corvo drehen. Er und sein Kameramann wohnten monatelang und auch während des Winters auf der Insel und filmten alles, was ihnen vor die Linse kam. Den erst misstrauischen Inselbewohnern imponierte schließlich das Durchhaltevermögen der Filmleute, immer mehr Haustüren öffneten sich für die Kamera, an deren Präsenz man sich irgendwann gewöhnt hatte. So entstand der drei Stunden lange Film *É na terra não é na lua,* der mit seinen melancholischen Bildern nie langweilig wird. Der Film wurde auf vielen Filmfestivals gezeigt und mehrfach mit Preisen ausgezeichnet. Zur Premiere in Lissabon konnte die Abordnung aus Corvo leider nicht anreisen – wegen schlechten Wetters musste mal wieder der Flug abgesagt werden. Der 2011 produzierte Film ist mit englischen Untertiteln versehen.

Blick von Flores auf Corvo

**Oben:** Windmühlen auf Corvo
**Mitte:** Kürbisse gedeihen besonders gut.
**Unten:** Auf Corvo genießt man die Einsamkeit.

machen ein Anlanden unmöglich. Ebenfalls erst seit kurzer Zeit gibt es ein eigenes kleines Fährboot und regelmäßige Verbindungen nach Flores, vorher war man auf die Zodiacs von Privatleuten angewiesen. Ansonsten ähnelt das Leben in Vila Nova do Corvo dem einer normalen Kleinstadt: Es gibt zwei Banken, drei Läden, einen Bäcker, eine kleine Mehrzweckhalle für Veranstaltungen, eine neue Sporthalle, eine Post, eine Gesundheitsstation mit Inselarzt, ein kleines Seniorenheim, einen Kindergarten und eine Schule.

Mussten die Kinder früher ab der 10. Klasse auf eine andere Insel, können die Schüler seit 2013 bis zum Abitur auf Corvo bleiben. Danach sind die Jobaussichten begrenzt: Die Mehrzahl der Arbeitnehmer sind bei der Gemeinde angestellt und dort sind die meisten Stellen vergeben. Die andere Haupteinnahmequelle ist die Landwirtschaft, in diesem Fall vor allem die Aufzucht von Rindern auf den Hochweiden, die dann per Schiff zu Viehauktionen auf dem Festland transportiert werden. Nach einigen Startschwierigkeiten scheint es nun auch mit der Käserei wieder bergauf zu gehen. Sollte der Käse von Corvo erhältlich sein, heißt es zuschlagen – er ist einer der besten der Azoren. In der Freizeit engagiert man sich gerne bei der Blaskapelle, der Feuerwehr und den Pfadfindern. Ein richtiges Städtchen also – nur eben sehr, sehr klein.

## Nossa Senhora dos Milagres – die Madonna der Wunder

Obwohl die Madonnenfigur in der Kirche von Corvo nicht groß ist, wird sie von der Bevölkerung glühend verehrt. Die wertvolle flämische Figur stammt aus dem 16. Jahrhundert und wurde einer Legende nach im Meer gefunden. Die Geschichte wiederholt sich in vielen Orten der Azoren und in einigen Fällen hat sie vermutlich auch einen wahren Hintergrund. Da Piraten oft die Kirchen der Inseln plünderten, zog man es manchmal vor die wertvollsten Figuren dem Meer anzuvertrauen, anstatt sie in die Hände der »Ungläubigen« gelangen zu lassen. Die bemalten Holzfiguren wurden dann auf einer anderen Insel angespült und dort als Wunder verehrt. Zur Madonna der Wunder wurde die Figur 1632 als die erste Kapelle von Flores von Piraten zerstört wurde, die Figur jedoch gerettet werden konnte. 1674 bekam Corvo einen eigenen Pfarrer und eine neue Kirche, die Ende des 18. Jahrhunderts noch einmal neu gebaut wurde. Ein Brand im Jahre 1932 zerstörte viel von der wertvollen Inneneinrichtung der Kirche, die Madonnenfigur blieb jedoch wie durch ein Wunder von den Flammen verschont.

Das größte Fest auf Corvo findet zu Ehren dieser Figur Mitte August statt. Dann ist auf Corvo mal so richtig etwas los und die Insel platzt aus allen Nähten. Die Verwandten aus Amerika kommen zu Besuch und viele Jugendliche von Flores campen

Wo einst Felder lagen, befindet sich heute der Flughafen.

**Oben:** Der Kirchturm ragt über die niedrigen Häuser.
**Unten:** Die engen Gassen von Vila Nova do Corvo

**Oben:** Ein Kälbchen freut sich über Besuch.
**Unten:** Blick auf den Caldeirão

dann auf Corvo. Neben dem regligiösen Teil gibt es mehrere Abende lang ein Unterhaltungsprogramm, wozu auch auf den Azoren bekannte Rockbands von anderen Inseln gehören.

## Schutz für Seevögel

Oft trifft man in Corvo junge Vogelkundler bei ihrer Arbeit. Sie überwachen das Ergebnis eines Schutzprojekts für Seevögel auf der Insel. Unterstützt von einem Life-Projekt für bedrohte Tierarten der europäischen Union untersuchte man auf der Insel, wie man bedrohten Seevögelarten beste Lebensbedingungen bieten kann. Insbesondere Ratten, Mäuse und sich unkontrolliert ausbreitende eingeführte Planzen bedrohen die Vogelwelt. Zusätzlich wurden künstliche Nester gebaut, die von den Seevögeln sehr gut angenommen werden. Die auf Corvo erziehlten Ergebnisse möchte man dann auf andere Inseln übertragen.

Im Herbst finden sich alljährlich viele Vogelbeobachter auf Corvo ein, alle Unterkünft der Insel sind dann Jahre im Voraus ausgebucht. Die Enthusiasten versuchen vor allem Zugvögel aus Amerika zu sichten, die sonst in Europa nicht vorkommen.

# Infos und Adressen

## ESSEN UND TRINKEN

**Bar dos Bombeiros.** Kleinere Snacks gibt es in der beliebten Bar der freiwilligen Feuerwehr. Avenida Nova.

**Restaurante Traineira.** Das einzige Restaurant Corvos befindet sich gleich oberhalb des Hafens. So Ruhetag. Tel. 292 59 60 88.

## ÜBERNACHTEN

**Hotel Comodoro.** Das kleine Inselhotel bietet schöne, große Zimmer mit Frühstück und ein Apartment. Im Herbst finden sich Birdwatcher aus aller Welt zur Vogelbeobachtung ein, die wenigen Zimmer der Insel sind dann oft Jahre im Voraus ausgebucht. Caminho do Areeiro, 9980 Vila Nova do Corvo, Tel. 292 59 61 28, corvoazores@yahoo.com

## EINKAUFEN

**Queijaria do Corvo.** In der Käserei kann man sich mit dem würzigen Inselkäse eindecken. Mo–Fr geöffnet. Caminho da Horta Funda, Vila Nova do Corvo.

## AKTIVITÄTEN

**Centro de Interpretação.** Hier ist ein großes Inselmodell zu sehen und bald auch Fotos vom Besuch Albert I. von Monaco auf der Insel. Hier gibt es Inselkarten und weiteres Informationsmaterial. 16. Sept.–14. Juni Di–Sa 14–17.30 Uhr, 15. Juni–15. Sept. tgl. 10–13 und 14–18 Uhr, Canada da Graciosa, Vila Nova do Corvo.

Ein letzter Blick auf Corvo

**Fähre Arielle.** Das kleine Fährboot verkehrt bei ruhiger See zwischen Flores und Corvo. Tickets (Zahl begrenzt!) in den Bürgerläden RIAC. Nur Mo–Fr geöffnet. Flores: Praça Marquês de Pombal, 9970 Santa Cruz; Corvo: Rua do Jogo da Bola, 9980 Vila Novo do Corvo.

Die Gewässer um Corvo sind reich an Fischen.

# REISEINFOS

**Seite 266/267:** Abendstimmung an der Bucht von Porto Pim in Horta
**Oben:** Landeanflug mit dem Propellerflugzeug
**Mitte:** Der neue Fährhafen von Horta
**Unten:** Autofähre am Hafen von Ponta Delgada

## Anreise

Die Regional-Airline SATA Internacional fliegt ab Frankfurt Mittwoch (im Sommer) und Sonntag direkt nach Ponta Delgada. Die Flugzeit beträgt 4,5 Std. Dienstag (im Sommer) und Samstag (ganzjährig) starten die Flieger ab München mit Zwischenlandung in Porto. Die Reisezeit beträgt insgesamt 6,5 Std.

Air Berlin fliegt ebenfalls jeden Mittwoch direkt nach Ponta Delgada und bietet zudem Zubringerflüge aus vielen deutschen Städten an. Von Lissabon aus fliegt man in etwas mehr als 2 Std. mehrmals täglich nach Ponta Delgada/São Miguel, Terceira und Faial, an einigen Wochentagen auch nach Pico und Santa Maria. Reisende aus Österreich und der Schweiz müssen nach dem aktuellen Stand in Lissabon umsteigen. Eine Fährverbindung vom Festland gibt es nicht.
Infonummer der SATA in Deutschland:
06031/73 76 40, www.flysata.de
Air-Berlin-Service: 01805737800 (Deutschland), 0848737800 (Schweiz), 0820737800 (Österreich)
www.airberlin.com

## Apotheken

Apotheken gibt es in allen größeren Ortschaften. Leuchtet ein grünes Kreuz, gibt es hier alle Medikamente, bei einem blauen Kreuz nur rezeptfreie. In der Regel von 9–18 Uhr geöffnet, die diensthabende Notfallapotheke in größeren Orten steht angeschrieben.

## Baden

Auf den Inseln São Miguel, Santa Maria und Faial gibt es hübsch gelegene Sandbuchten, die selten überlaufen sind. Viele Azorianer bevorzugen die

Naturschwimmbecken für einen schnellen Sprung ins kühle Nass. Dort, wo einst Lava in Meer floss, haben sich an vielen Stellen kleine Becken gebildet, manchmal wird mit künstlichen Mauern etwas nachgeholfen. Besonders auf Pico, Faial und Terceira gibt es traumhafte Plätze, Badesandalen und eine Isomatte als Unterlage machen den Badespaß perfekt. Baden »Oben-ohne« oder FKK ist auf den Azoren nicht üblich, gegebenenfalls wird man sogar vom Bademeister darauf aufmerksam gemacht.

## Banken / EC-Automaten

Banken sind in der Regel zwischen 9 und 15 Uhr geöffnet. Hier kann man auch Geld wechseln. EC-Automaten (Multibanco) mit deutscher Sprachoption findet man praktisch überall, auch in kleineren Orten. EC- und Kreditkarten werden in größeren Orten fast überall als Zahlungsmittel akzeptiert. Gerade in ländlichen Regionen oder auf kleineren Inseln ist die Bezahlung manchmal nur mit Bargeld möglich.

## Busse

Gerade auf den kleineren Inseln verkehren die Linienbusse nicht allzu häufig. Meist fahren sie

Immer mehr Azorianer entdecken das Strandleben.

**Oben:** Überschaubar: das Flughafenterminal von Santa Maria
**Mitte:** Rettungsschwimmer am Badeplatz am Hafen von Ponta Delgada
**Unten:** Am Strand von Mosteiros

morgens von den kleinen Orten in den Hauptort und abends wieder zurück. Häufige Verbindungen gibt es beispielsweise zwischen den größeren Orten auf São Miguel oder zwischen Angra und Praia auf Terceira. In Ponta Delgada, Horta und Angra verkehren werktags Stadtbusse. Manche Tourismusbüros halten Fahrpläne bereit, Tickets kauft man beim Fahrer.
Fahrpläne: http://horarios.visitazores.de/

## Diplomatische Vertretungen

Deutscher Honorarkonsul auf São Miguel:
João Luís Cogumbreiro, Abelheira de Cima 86, Fajã de Baixo, 9500-459 Ponta Delgada, Tel. 918 79 26 33, Pontadelgada@hk-diplo.de

## Feiertage

1. Jan. Neujahr
Karfreitag
25. April Tag der Nelkenrevolution (*Dia da Liberdade*)
1. Mai Tag der Arbeit (*Dia do Trabalhador*)
Pfingstmontag, gleichzeitig Regionalfeiertag der Azoren
10. Juni Nationalfeiertag (*Dia de Camões*)
15. August Maria Himmelfahrt
8. Dezember Unbefleckte Empfängnis Marias
25. Dezember Weihnachten

Zudem hat jeder Landkreis einen eigenen Feiertag, der in der Regel auf den Tag des wichtigsten Festes des Ortes gelegt ist.

Fronleichnam, Allerheiligen, der Tag der Republik am 5. Oktober und der Tag der Unabhängigkeit von Spanien am 1. Dezember sind ab dem Jahr 2013 für mindestens fünf Jahre keine arbeitsfreien Feiertage.

**Oben:** Internetverbindung ist auch auf den kleinen Inseln gut.
**Mitte:** Die Blaskapelle ist immer mit dabei.
**Unten:** Prozession in Ribeira Grande

# Informationen

Tourismusinformationen (Posto de Turismo) gibt es in den größeren Orten und an den meisten Flughäfen. Die Öffnungszeiten varrieren je nach Jahreszeit und Bedarf, die Tourismusinformationen an den Flughäfen sind aber in der Regel zur Ankunft der Flüge geöffnet.

Zudem betreibt der Tourismusverein ART eigene Informationskioske auf den Inseln der Zentralgruppe. Ein Besuch lohnt sich, es gibt gutes Infomaterial und in einigen Orten auch Fahrräder zu mieten. www.artazores.com

Auf der offiziellen Webseite des Tourismusverbandes der Azoren findet man viele Informationen über alle Inseln auch in deutscher Sprache. www.visitazores.com

Die private Seite www.azoren-online.com bietet eine große Fülle an praktischen Informationen auf Deutsch.

# Internet

Die Azoren verfügen über eine gute Internetanbindung. Viele Cafés bieten kostenloses Wifi an, in vielen Hotels ist Internet zumindest in den öffentlichen Bereichen gratis. Möchte man es über den

**Oben:** Lichterschmuck an der Kirche in Vila Franca
**Mitte:** Gleich werden die Segel gehisst.
**Unten:** Auf der Fähre nach Pico

**Oben:** Horta im Abendlicht
**Mitte:** Traditionelles Haus bei Mosteiros auf São Miguel
**Unten:** Wanderer bei Sete Cidades

Hotelcomputer versuchen, wird es in der Regel teuer.

## Island-Hopping

Die Verbindungen zwischen den Inseln werden von SATA Air Açores mit Propellermaschinen bedient. Alle Inseln der Azoren verfügen über Flughäfen, im Sommer werden fast alle täglich angeflogen. Zwischen den Hauptinseln São Miguel, Terceira und Faial gibt es die häufigsten Verbindungen. SATA fliegt auch von Ponta Delgada nach Madeira und Gran Canaria und es ist somit möglich, mehrere Inselgruppen in einer Reise zu verbinden.

Die Fähre von Transmaçor verbindet ganzjährig die Inseln Faial, Pico und São Jorge, im Winter verkehrt sie allerdings weniger häufig. Zwischen Faial und Pico kann man bequem zu einem Tagesausflug pendeln, die Fahrt dauert nur 30 Min. www.transmacor.pt

Fähren zwischen allen Inseln verkehren nur im Sommer. Die etwas in die Jahre gekommenen griechischen Fährboote sind nicht allzu schnell, und auf dem Weg von São Miguel nach Faial

macht man auf allen Inseln unterwegs Stopp. Zudem gab es in den letzten Jahren immer wieder technische Probleme, die den Fahrplan durcheinander bringen. Ganz gut klappt es in der Regel zwischen São Miguel und Santa Maria (Fahrtzeit 2,5 Std.). Tickets erhält man im Büro am Fährhafen in Ponta Delgada oder in den Bürgerläden »RIAC«, die es in jedem größeren Ort gibt.
www.atlanticoline.pt

## Karten

In allen Tourismusbüros bekommt man eine kostenlose und meist auch aktuelle Karte der jeweiligen Insel ausgehändigt, die für die Orientierung mit dem Mietwagen vollkommen ausreicht. Auf der Rückseite befinden sich detaillierte Stadtpläne aller größeren Orte der Insel, in die auch die Sehenswürdigkeiten eingezeichnet sind.

Eine recht genaue und wasserfeste Azorenkarte mit allen Inseln ist im Maßstab von 1:70.000 beim Reise Know-How Verlag erschienen.

Das genaueste Kartenmaterial wird vom militärkartografischen Dienst Portugals erstellt. Auf der offiziellen Webseite der Azoren kann man sich die Kartenausschnitte zu den offiziellen Wanderwegen kostenlos ausdrucken und so auf teure (Buch-)Anschaffungen verzichten.
http://wanderwege.visitazores.com/de

## Klima

Sonne, Regen und Nebel zur gleichen Zeit – auf den Azoren kein Problem. Im Frühling und im Herbst gibt es als Dreingabe dann gleich noch einen Regenbogen. Im Winter bewegen sich die Mindesttemperaturen um die 10° C, im Sommer bleiben die Höchstwerte unter 30° C. Allerdings

**Oben:** Garten im Casa do Capitão auf Faial
**Mitte:** Buchladen in Ponta Delgada
**Unten:** Natursteinhäuser sind auf vielen Inseln zu finden.

**Oben:** Bar in Anjos auf Santa Maria
**Mitte:** Geerntete Trauben auf Pico
**Unten:** Ein Gläschen Picowein

lässt die durchschnittliche Luftfeuchtigkeit von 76 % die gefühlte Temperatur kühler bzw. wärmer erscheinen. Der Jahresniederschlag ist mit 775 mm auf Santa Maria am niedrigsten und mit 1716 mm auf Flores am höchsten, wobei es in höheren Lagen deutlich mehr regnet. Die Azoren klimatisch einzuordnen ist schwierig, meist spricht man von einem gemäßigten Meeresklima. In Wirklichkeit sind die Inseln eher ein Sammelsurium an Mikroklimaten, wovon einige sonnige Fleckchen an der Küste schon fast als subtropisch gelten können. Schnee fällt auf den Azoren nur auf dem Gipfel des Picos (2351 m), sollten auf anderen Inseln mal für einige Stunden ein paar Flöckchen Schnee liegen bleiben, ist es eine große Sensation: Viele Azorenbewohner kommen selten oder nie in den Genuss der weißen Pracht.

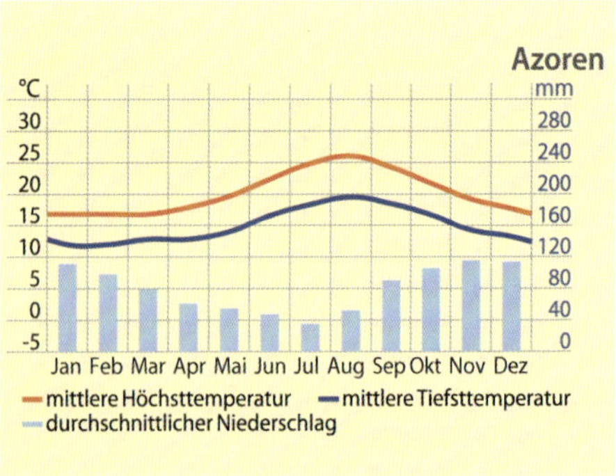


## Kriminalität

Die Azoren sind ein sicheres Reiseziel und Kriminalität betrifft Touristen nur sehr selten. Trotzdem sollte man nicht zu leichtsinnig sein und etwa keine Wertgegenstände von außen gut sichtbar im Auto liegen lassen.

## Medizinische Versorgung

In den Hauptorten von São Miguel, Terceira und Faial gibt es Krankenhäuser (Hospitais) in kleineren Orten Gesundheitszentren (Centros de Saúde). Für Behandlungen im Notfall wird die europäische Krankenversicherungskarte akzeptiert, allerdings fällt trotzdem wie für die Azorianer auch eine kleine Gebühr (Taxa moderadora) an. Behandlungen in Arztpraxen müssen immer voll bezahlt werden.

## Mietwagen

Autos kann man auf allen Inseln bis auf Corvo mieten. Auf jeder Insel gibt es zahlreiche Vermieter und auch Firmen wie Hertz oder Europcar haben auf den Azoren Vertretungen. Man braucht fast immer eine Kreditkarte. Beim Preisvergleich sollte man genau darauf achten, welche Versicherungen eingeschlossen sind, sonst kann ein vermeintlich günstiges Angebot schnell teuer werden. Es empfiehlt sich der Abschluss einer Vollkaskoversicherung mit möglichst geringer Selbstbeteiligung. Die Straßen auf den Azoren sind eng, ein Kratzer ist hier schnell geschehen.

## Notrufe

Die Notrufnummer auf den Azoren ist 112, man wird dann zur richtigen Stelle weiter verbunden.

## Öffnungszeiten

Die Geschäfte sind in der Regel von 9 bis 19 Uhr geöffnet. Eine Siesta gibt es nicht, maximal haben kleinere Läden eine Stunde Mittagspause. In den größeren Orten haben fast alle Geschäfte und Supermärkte durchgehend geöffnet. Viele große Supermärkte haben durchgehend bis 22 Uhr geöffnet, das gilt auch für das Wochenende. Die

**Oben:** Mit dem Esel unterwegs auf Terceira
**Mitte:** An der Bergstation vor der Besteigung des Pico
**Unten:** Mit solch einem Wachhund braucht man keine Polizei.

traditionellen Geschäfte sind Samstagnachmittag und Sonntag geschlossen. Museen haben häufig montags geschlossen, am Wochenende können die Öffnungszeiten ebenfalls eingeschränkt sein, besonders im Winter.

Große Supermärkte der Ketten Solmar und Continente findet man in den Vororten der größeren Orte. Kleine Lebensmittelläden mit beschränktem Angebot gibt es überall auf dem Land.

## Post

Die portugiesische Post nennt sich »Correios«, ist rot und in allen größeren Orten vertreten. Eine Briefmarke (selo) für Postkarte und Brief innerhalb Europas kostet 72 Cent, ins außereuropäische Ausland 80 Cent (Stand Anfang 2014). Die Postämter sind am Wochenende geschlossen.
Für Briefmarkensammler interessant: Jedes Jahr werden immer wieder sehr schöne azorianische Sondermarken herausgegeben.

## Rauchen

In Restaurants und in öffentlichen Gebäuden darf außer in ausgewiesenen Bereichen nicht mehr geraucht werden. In vielen Kneipen darf man bei ausreichender Belüftung im Moment noch rauchen, aber auch dies soll sich ab 2015 ändern. Zigaretten sind auf den Azoren sehr günstig, besonders wenn man zu den in den beiden Tabakfabriken in São Miguel produzierten Marken greift. Die gesamte Produktion wird auf den Inseln selbst verqualmt, jeder vierte Azorianer ist Raucher.

## Reisen mit Handicap

Für Rollstuhlfahrer können die schmalen Gehsteige in den Orten zum Problem werden. Die meisten

**Oben:** Am Hafen von S. Mateus auf Terceira
**Mitte:** Golfplatz auf Terceira
**Unten:** Esel auf Terceira

Hotels und auch einige der neueren Ferienwohnungen verfügen über behindertengerechte Zimmer. Aktivitäten für Reisenden mit Handycap bietet auf São Miguel der Verein Cresaçor.
Tel. 296 28 15 54, cresacor@cresacor.org

## Sonnenschutz

In puncto Sonnenschutz sollte man sich die Azorianer lieber nicht zum Vorbild nehmen. Das Hautkrebsrisiko durch die starke Sonneneinstrahlung wird von vielen noch unterschätzt. Auch an bedeckten Tagen sollte man deshalb auf Sonnenschutz mit hohem Faktor achten. Durch die selten wirklich heißen Temperaturen und den angenehmen Wind bleibt man oft länger in der Sonne als in südlicheren Urlaubsregionen. Für ausgedehnte Wandertouren ohne Schatten und für den Strand empfiehlt sich eine Kopfbedeckung.

## Sportarten

Die Azoren sind die ideale Destination für einen Aktivurlaub. Wandern, Tauchen und Surfen sind bei den Besuchern beliebt, aber auch Aktivitäten wie Canyoning, Kajaktouren und Reiterferien werden angeboten und gern wahrgenommen.

## Sprache

Die Azorianer sprechen Portugiesisch und gerade auf der Insel São Miguel mit einem auch für Festlandsportugiesen manchmal schwer verständlichen Akzent. In fast allen Unterkünften, Restaurants etc. spricht man Englisch, und auch auf dem Land ist fast immer jemand zu finden, der notfalls übersetzen kann. Viele Azorianer haben einen Teil ihres Lebens in Amerika und Kanada verbracht. Fließend Deutsch sprechen bisher nur wenige Azorianer, es kann also etwas schwierig werden,

**Oben:** Blick durch Baumheiden auf den Pico
**Mitte:** Haus auf Santa Maria
**Unten:** Abkühlung in Ponta Delgada

**Oben:** Weinbau auf Terceira
**Mitte:** Detail der Casas do Capitão auf Faial
**Unten:** Fajã de São João auf S. Jorge

sich ohne Englischkenntnisse auf eigene Faust durchzuschlagen. Mittlerweile werden aber von vielen Veranstaltern organisierte Reisen mit deutschsprachiger Reiseleitung angeboten. Viele ältere Azorianer »aus besserem Hause« sprechen zudem sehr gut Französisch.

## Taxen

Fahrten mit dem Taxi halten sich auf den Azoren preislich im Rahmen. Taxameter gibt es keine, für Fahrten von A nach B werden feste Tarife berechnet. Für Rundfahrten fallen in etwa 20 € pro Stunde an. Viele Wandertouren sind Streckenwanderungen, hier kann ein Taxi mehr Sinn manchen als ein Mietwagen.

## Telefonieren

Vorwahl für die Azoren: 00351
Da in Portugal wirklich jeder ein Handy besitzt, gibt es nur noch wenige öffentliche Telefonzellen. Vorsicht beim Telefonieren vom Hoteltelefon: Hier kann es schnell teuer werden.

## Trinkgeld

Wird man im Restaurant am Tisch bedient, gibt man in der Regel ein kleines Trinkgeld. Das Restgeld wird zunächst auf einem Tellerchen zurückgebracht und man kann sich in Ruhe überlegen, was man geben möchte und auf dem Tellerchen liegen lassen. Trinkt man nur einen schnellen Espresso an der Bar gibt man in der Regel kein Trinkgeld.

Auch Taxifahrer oder die Zimmermädchen freuen sich über eine kleine Anerkennung, da die im Dienstleistungssektor gezahlten Gehälter recht niedrig sind.

## Übernachten

Große Hotels und Pensionen gibt es in verschiedenen Preiskategorien vor allem in den Hauptorten. Während durch das Ausbleiben der portugiesischen Touristen einige Hotels schließen mussten, erfahren kleine Unterkünfte und Landhäuser gerade einen Boom. Durch die kurze Saison sind die Übernachtungspreise im Sommer relativ hoch, am günstigsten ist es von November bis März/April. Sucht man auf den Azoren spontan ein Hotelzimmer in gehobenerer Kategorie, wird es in der Regel teuer. Bucht man über Veranstalter oder im Internet kommt man in den meisten Fällen um einiges günstiger weg. Neben Hotels findet man auf den Azoren folgende Unterkunftskategorien:
**TH Turismo de Habitação:** Unterkünfte in alten Herrenhäusern mit begrenzter Anzahl an Zimmern. Die Besitzer wohnen auf dem Anwesen und es wird in der Regel Frühstück angeboten.
**CC Casas do Campo:** Qualitativ hochwertige und zur Umgebung passende Landhäuser.
**TR Turismo Rural:** Rustikale Unterkünfte in ländlicher Umgebung.

Unterkünfte im ländlichen Raum kann man buchen über: www.toprural.com oder www.casasacorianas.com (auf Deutsch, mit Fotos und Beschreibungen der Häuser).

Preisgünstige Unterkünfte sind residenciais (Pensionen) und casa de hóspedes (sehr einfache Pensionen). In den letzten Jahren sind auf den Azoren mehrere toll ausgestattete Jugendherbergen (pousadas da juventude) gebaut worden, die auch Doppelzimmer vermieten.

Ein Campingurlaub ist ebenfalls möglich, viele der Plätze liegen direkt am Meer. Fast alle Zeltplätze sind im Winter geschlossen.

**Oben:** Die Besitzer der Quinta das Mercês auf Terceira
**Mitte:** Zimmer im Hotel Terra Nostra in Furnas
**Unten:** Quinta da Mó in Furnas

**Oben:** Landschaft bei Lagoa auf S. Miguel
**Mitte:** Azorianer sind freundliche Menschen.
**Unten:** Weideland auf Corvo

## Vegetarier

Immer mehr Restaurants bieten vegetarische Gerichte an, besonders auf den größeren Inseln. Ein rein vegetarisches Restaurant gibt es bisher nur in Ponta Delgada. Möchte man sich auf kleineren Inseln nicht ausschließlich von Omelette und Pizza ernähren, empfiehlt sich eine Unterkunft mit Kochmöglichkeit.

## Veranstalter

Viele Veranstalter haben mittlerweile die Azoren mit im Programm. Von Studienreisen mit unterschiedlichen Schwerpunkten über Wanderreisen in Kleingruppen bis hin zu individuellen Rundreisen wird einiges angeboten. Allerdings kennen viele Reisebüromitarbeiter die Azoren kaum und es hapert manchmal bei der Beratung. Bei speziellen Wünschen kann man sich an auf die Azoren spezialisierten Reiseveranstalter wenden, die die Inseln selbst kennen. Viel Erfahrung auf den Azoren haben folgende Veranstalter:

**Deutschland:** Azoren Archipel, Ludwig-Erhard-Platz 2-4, 63110 Rodgau, Tel. 06106/28 66 00, www.azoren-archipel.de
Sea Breeze Travel, Franz-Kolbing-Str. 3, 86157 Augsburg, Tel. 0821/227 83 70, www.seabreeze-travel.de
**Schweiz:** Amin Travel, Badener Str. 427, 8003 Zürich, Tel. 044/492 42 66, www.amin-travel.ch

## Verkehr

Auf Landstraßen darf man 80 km/h fahren, in Ortschaften 50, auf den wenigen Schnellstraßen streckenweise auch schon mal 100. An die Tempolimits sollte man sich halten, gerade auf São

Miguel werden oft Blitzer aufgestellt und auch Telefonieren am Steuer kann teuer werden. Das Alkohollimit beträgt 0,5 Promille, hat man den Führerschein weniger als drei Jahre sind allerdings nur 0,2 Promille erlaubt. Vorsichtig fahren sollte man auf den Azoren ohnehin, weiß man doch nie, ob nicht hinter der Kurve ein Pferdewagen oder eine Kuhherde auftauchen.

## Wetterprognosen

Durch die großen Distanzen zwischen den Inseln ist auch das Wetter selten überall auf den Azoren gleich. Daher hat jede Inselgruppe ihren eigenen Wetterbericht. Die offizielle Prognose findet man auf www.meteo.pt. Gute Dienste leistet auch die Wetterseite Windguru, die Prognosen im Dreistundentakt für jede Insel erstellt (www.windguru.cz). Außerdem liegt in den meisten Cafés die Regionalzeitung aus, in der sich die Wetterprognose für den laufenden Tag befindet. Oft heißt es aber einfach: bewölkt mit Aufheiterungen, Schauer möglich. Häufig gilt: Kommt das Wetter von Westen, gibt es das heute auf Pico herrschende Wetter morgen vermutlich auf São Miguel. Die sicherste Prognose ist immer noch der morgendliche Blick aus dem Fenster oder aber auf die Webcam.
Webcams auf São Miguel und Santa Maria:
www.spotazores.com
Hauptorte alle Inseln:
www.climaat.angra.uac.pt

## Zeit

Die Zeitdifferenz zu Deutschland beträgt –2 Std., zu Lissabon und Madeira –1 Std. Von der Lage her müssten die Azoren noch eine weitere Stunde zurück liegen, man möchte aber eine allzu große Zeitdifferenz zum Festland vermeiden. Praktisch: Am Abend ist es etwas länger hell.

**Oben:** Restaurant in Velas auf S. Jorge
**Mitte:** Fährfahrt von Pico nach S. Jorge
**Unten:** Dachterrasse des Hotel Talisman in Ponta Delgada

# Azoren mit Kindern

Die Azorianer lieben Kinder – und je blonder sie sind, desto mehr sind sie begeistert. Familie und Kinder sind für viele das höchste Gut und wer selbst keinen Nachwuchs hat, kümmert sich geduldig um Nichten und Neffen. Daher bringt man allerorten viel Verständnis für den mit Kindern verbundenen Lärmpegel auf, Trotzanfälle von Kleinkindern werden höchstens mit einem nachsichtigen Lächeln quittiert.

Kühe auf Pico

Trotzdem sollte man sich den Azorenurlaub mit Babys und Kleinkindern gut überlegen: Die engen Gehwege in den Orten eignen sich nicht gut für Kinderwagen und an den Stränden geht es meist sofort recht steil ins Wasser. Sehr attraktiv werden die Azoren für Kinder ab etwa fünf Jahren, die vielleicht auch schon schwimmen können. Landurlaub mit viel Platz zum Toben, Tiere allerorten, Picknickplätze und die Meeresbewohner stehen dann gerade bei Stadtkindern hoch im Kurs. Auch Teenies lassen sich mit der Aussicht auf abenteuerliche sportliche Aktivitäten nicht allzu schwer zu einem Familienurlaub überreden.

## LANDURLAUB

Der Urlaubsspaß steht und fällt mit der richtigen Unterkunft. Gerade die **Landhäuser mit Garten und Grillplatz** sind für Kinder ideal, die auch gerne mal toben. Auch schön sind **Quintas mit großen Gärten** und vierbeinigen Freunden. Hier können die Kids beim Füttern der Tiere helfen und manch dicke Freundschaft wird mit dem Haushund oder der Hauskatze geschlossen. Ist dann auch noch ein Pool vorhanden, sind die Kinder glücklich und beschäftigt. Für Kinder im Teeniealter kann es auf dem Land etwas einsam werden. Ein Kompromiss ist hier, zumindest einige Nächte in einem der größeren Ort zu verbringen, wo abends noch etwas los ist. Ist das Reisebudget begrenzt, stellt ein **Campingurlaub** eine gute Alternative dar. Viele Plätze liegen direkt am Meer und man bekommt schnell Anschluss zu azorianischen Familien, die auch gerne von dieser preisgünstigen Art des Urlaubs Gebrauch machen.

## WALE UND DELFINE

**Die Riesen des Meeres** stehen bei Kindern hoch im Kurs. Die Ausfahrten mit den Zodiaks sind an sich schon ein kleines Abenteuer und wenn die Delfine mit dem Boot spielen, ist die Begeisterung groß. Halbwegs seefest sollten die Kids allerdings sein. Ausfahrten gibt es auf São Miguel, Terceira, Faial und Pico. Für Jugendliche von 14 bis 17 Jahren bietet die Arbeiterwohlfahrt ein einwöchiges Delfincamp auf der Insel Pico.
www.jugendwerk24.de

## VULKANE

Für Kinder im Grundschulalter sind Vulkane ein interessantes Thema. Wenn es wie in Furnas zischt und brodelt, das Mittagessen aus einem Vulkanloch kommt und man auch noch im heißen Thermalwasser baden kann, ist das Urlaubsglück mit Sicherheit perfekt. Lavabomben, Stricklava und Caldeiras – schnell werden die Kleinen zu Experten. Toll wenn dann noch ein Buch über das Thema im Reisegepäck ist. Kleiner Tipp: Für Kinder klingt »Besteigung eines Vulkans« mit Sicherheit vielversprechender als »Wandern«. Interessant ist es für Kinder in Furnas (Highlight 10): Wasser unterschiedlicher Temperatur sprudelt aus der Erde, in den heißen Quellen kann man baden und falls man über ein Ferienhaus mit Küche verfügt, kann man ein Essen im Vulkanloch selbst zubereiten. Fleisch oder Fisch wird dazu mit Gemüse und Kartoffeln in einen großen Alutopf gestapelt. Der Topf sollte gut zugeschnürt sein und wird dann in einen Sack verpackt, an den man ein Seil bindet. Dann bringt man den Topf zu den Kochlöchern am See, wo ein Angestellter der Gemeinde beim Schaufeln hilft und über die Kochzeit informiert. Mit dem fertigen Essen gesellt man sich dann zu den azorianischen Familien an den umliegenden Picknicktischen.

## HÖHLEN

Hinabsteigen in den Schlund eines Vulkans bis zu einem verwunschenen See oder einen Lavastollen erkunden, Höhlen finden Kinder immer spannend. Dort zu laufen, wo einst glühendheiße Lava floss und versteinerte Lavatropfen von der Decke hängen, lässt die wenigsten Kinder kalt. Die Höhlen sind außerdem eine gute Möglichkeit, um den Nachwuchs bei Regenwetter bei Laune zu halten. Für Besucher geöffnete Vulkanhöhlen gibt es auf São Miguel (Highlight 2), Terceira (Highlight 18) und Graciosa (Highlight 45).

## WALDPARKS

Was machen die Azorianer mit Kind und Kegel am Wochenende? Da geht es mit der Großfamilie in den nächsten **Parque Florestal** zum großen Picknick. Auf allen Inseln gibt es diese wunderschön angelegten Naherholungsgebiete. Unter großen Bäumen befinden sich lauschige Picknickplätze mit Grillstellen, an denen oft sogar Feuerholz bereitliegt. Während die Eltern grillen, können sich die Kids auf dem Spielplatz austoben, die Spazierwege erforschen und den Wildgehegen einen Besuch abstatten. Die schönsten Waldparks sind der Pinhal da Paz (São Miguel), Parque Florestal das Fontinhas (Santa Maria), Mata da Serreta (Terceira), Parque Florestal das Sete Fontes und Parque Florestal da Silveira (São Jorge), Miradouro da Ponta do Mistério (Pico), Parque Florestal do Capelo (Faial) und Reserva Florestal e de Recreio de Luís Pato (Flores).

Blick auf Vila Franca, S. Miguel.

# Kleiner Sprachführer

## GRUNDLEGENDE AUSSPRACHEREGELN

s am Wortende = sch
c vor e und i = s
c vor a, o und u = k
ç = s
ch = sch
g vor e und i = sch
j = sch
v = w
x = sch
-em/-im-/-om = m ist stumm, der Vokal davor wird nasal gesprochen

## ZAHLEN

| | | | |
|---|---|---|---|
| 1 | um/uma | 2 | dos |
| 3 | três | 4 | quatro |
| 5 | cinco | 6 | seis |
| 7 | sete | 8 | oito |
| 9 | nove | 10 | dez |
| 11 | onze | 12 | doze |
| 13 | treze | 14 | quatorze |
| 15 | quinze | 16 | dezaseis |
| 17 | dezasete | 18 | dezoito |
| 19 | dezanove | 20 | vinte |
| 21 | vinte-e-um | 30 | trinta |
| 40 | quarenta | 50 | cinquenta |
| 60 | sessenta | 70 | setenta |
| 80 | oitenta | 90 | noventa |
| 100 | cem | 200 | duzentos |
| 1000 | mil | | |

## SMALLTALK

**Guten Tag (vor dem Mittagessen)** Bom dia
**Guten Tag (nach dem Mittagessen)** Boa tarde
**Gute Nacht** Boa noite
**Danke (männlicher Sprecher)** obrigado
**Danke (weiblicher Sprecher)** obrigada
**bitte** por favor/faz favor
**bitte (als Antwort auf Danke)** de nada
**Sprechen Sie Englisch?** Fala Inglê?
**Wie heißt Du? Wie heißen Sie?** Como te chamas?/Como se chama?
**Ich heiße ...** Chamo-me ...
**ja/nein** sim/não
**mit/ohne** com/sem

## ORIENTIERUNG – ZEIT UND ORT

**Können Sie mir sagen wo ... liegt?** Pode-me dizer onde fica ...?
**rechts** direita
**links** esquerda
**geradeaus** em frente
**See** lagoa
**Strand/Meeresschwimmbecken** praia/piscina natural
**Hafen** porto
**Wanderweg** trilho pedestre
**Montag** Segunda-feira /3ª
**Dienstag** Terça-feira /3ª
**Mittwoch** Quarta-feira / 4ª
**Donnerstag** Quinta-feira /5ª
**Freitag** Sexta-feira /6ª
**Samstag** Sábado
**Sonntag** Domingo
**Werktage** dias úteis
**Feiertage** feriados
**Bus** autocarro/camioneta
**Fahrplan/Öffnungszeiten** horário
**geschlossen** fechado
**offen** aberto
**Toilette (Damen/Herren)** casa de banho (senhoras, M/senhores, H)

## KULINARISCHES

**Bier** cerveja
**Espresso** café
**Rotwein** vinho tinto

**Saft** sumo
**schwarzer/grüner Tee** chá preto/verde
**süßer Dessertwein** vinho abafado
**Wasser (mit Kohlensäure)** água (com gás)

**Mahlzeiten**
**Frühstück** pequeno almoço
**Mittagessen** almoço
**Tagesgericht (meist mittags angeboten)** prato do dia
**Abendessen** jantar

**Grundnahrung**
**Brot** pão
**Essig** vinagre
**Fisch** peixe
**Fleisch** carne
**Hühnchen** frango/galinha
**Kartoffel** batata (inglesa)
**Käse** queijo
**Nudeln** massa
**Olivenöl** azeite
**Reis** arroz

**Süßes**
**Eis** gelado
**Hefebrot (süß)** massa sovada
**Honig** mel
**Marmelade** doce de fruta/ compota
**Nachspeise** sobremesa
**Obstsalat** salada de fruta
**Quittenmarmelade** marmelada

**Früchte**
**(Honig- oder Cantaloupe-) Melone** melão
**Cherimoya, Süßsack** anona
**Erdbeere** morango
**Guave** goiaba
**Guave, kleine** araçal
**Kapstachelbeere, Physalis** tomate de capucho
**kleine Zitronenart mit orangefarbener Schale** limão galego
**Orange** laranja
**Passionsfrucht** maracujá
**Wassermelone** melancia
**Wollmispel** nêspera

## KRANKHEIT UND NOTFALL

**Hilfe** Socorro
**Können Sie einen Krankenwagen rufen?** Pode chamar uma ambulância?
**Ich brauche einen Arzt.** Preciso dum médico.
**Ich reagiere allergisch auf ...** Sou alérgica a ...
**Halsschmerzen** dor de garganta
**Ich bin erkältet.** Estou constipada.
**Tabletten gegen Reiseübelkeit** comprimidos para enjoo
**Schmerztabletten** comprimidos para dores
**Apotheke (diensthabende Apotheke)** farmácia (de serviço)

## GELD

**Geld** dinheiro
**Wie viel kostet es?** Quanto é?
**Preis** Preço
**Geldautomat** multibanco
**EC-Karte** cartão de débito
**Kreditkarte** cartão de crédito
**Ich möchte zahlen.** Queria pagar.
**Gemeinsam/getrennt zahlen** pagar juntos/seperadamente
**die Rechnung** a conta
**Rechnung** (für Steuerzwecke) fatura

# IMPRESSUM

Verantwortlich: Ulrich Jahn
Redaktion: Christe Klus-Neufanger
Layout: Graphitecture, Fabienne Lutz
Korrektur: Nadja Pietraszek
Umschlag: Ulrike Huber
Repro: Repro Ludwig, Zell am See
Kartografie: Huber Kartografie, Heike Block
Herstellung: Bettina Schippel
Printed in Slovenia by Korotan

★★★★★

**Sind Sie mit diesem Titel zufrieden? Dann würden wir uns über Ihre Weiterempfehlung freuen.**
Erzählen Sie es im Freundeskreis, berichten Sie Ihrem Buchhändler, oder bewerten Sie bei Onlinekauf. Und wenn Sie Kritik, Korrekturen Aktualisierungen haben, freuen wir uns über Ihre Nachricht an Bruckmann Verlag, Postfach 40 02 09, D-80702 München oder per E-Mail an lektorat@verlagshaus.de.

Unser komplettes Programm finden Sie unter:

www.bruckmann.de

Alle Angaben dieses Werkes wurden von den Autoren sorgfältig recherchiert und auf den neuesten Stand gebracht sowie vom Verlag geprüft. Für die Richtigkeit der Angaben kann jedoch keine Haftung übernommen werden.

Bildnachweis: Alle Bilder des Umschlags und des Innenteils stammen von Thomas Stankiewicz.

Umschlag:
Vorderseite:
Oben: Teegebiet auf Sao Miguel
Mitte rechts: Im Hafen von Horta auf Faial
Mitte links: Aida Grota in ihrem Restaurant auf der Insel Santa Maria
Unten: Westküste der Insel Flores
Rückseite:
Links: Restaurant Fornos de Lava mit Chef Joaquim-Francisco auf der Insel Sao Jorge
Rechts: Lagoa do Santiago u. Azul bei Sete Cidades in der Caldeira auf Sao Miguel

Die Deutsche Nationalbibliothek verzeichnet diese Publikation in der Deutschen Nationalbibliografie; detaillierte bibliografische Daten sind im Internet über http://dnb.d-nb.de abrufbar.


ISBN 978-3-7654-6185-9